JOHN W. R. TAYLOR / GORDON SWANBOROUGH

Vom weißen bis zum roten Stern

Die Militärflugzeuge der Welt

MOTORBUCH VERLAG STUTTGART

Einband und Schutzumschlag: Siegfried Horn

Copyright © 1971 by Ian Allan Ltd., London.
Die englische Ausgabe ist dort erschienen unter dem Titel
MILITARY AIRCRAFT OF THE WORLD
Die Übertragung ins Deutsche besorgte
Dietrich Seidl.

ISBN 3–87943–257–0

2. Auflage 1974.
Copyright © 1972 by Motorbuch Verlag, 7 Stuttgart 1, Postfach 1370.
Eine Abteilung des Buch- und Verlagshauses Paul Pietsch GmbH & Co. KG.
Sämtliche Rechte der Verbreitung in deutscher Sprache – in jeglicher Form und Technik – sind vorbehalten.
Satz und Druck: SV-Druck, 7304 Ruit.
Buchbinderische Verarbeitung: Verlagsbuchbinderei Karl Dieringer, 7000 Stuttgart.
Printed in Germany.

Zu diesem Buch

Etwas vorschnell glaubte man in der Mitte der fünfziger Jahre prophezeien zu können, daß das bemannte Flugzeug seine beherrschende Rolle als militärisches Instrument an die Raketenwaffen und unbemannten Flugkörper verlieren werde. Aber auf der einen Seite waren die USA dann in Vietnam (wie schon in Korea) gezwungen, z.B. auf den Weltkrieg II – Typ Douglas Skyraider, ein Propellerflugzeug mit Kolbenmotor, zurückzugreifen – und auf der anderen Seite sind äußerst komplexe Flugzeug-Neuentwicklungen vorangetrieben worden, die das Schlagwort vom „missile-Zeitalter" Lügen zu strafen scheinen:
In den USA arbeitet man an einem vierstrahligen strategischen Überschall-Bomber mit veränderlicher Flügelgeometrie und an neuen Generationen von Jagdflugzeugen und Jagdbombern für USAF und US Navy.
Auch in der UdSSR wurden inzwischen neue Kampfflugzeuge von gewaltiger Waffenwirkung und Flugleistung geschaffen. Durch den Umbau der Tu-114 in ein fliegendes Warn- und Leitsystem (NATO-Bezeichnung „MOSS"), das den Einsatz von Mach 3 – Abfangjägern gegen einfliegende Feindflugzeuge steuert, ist die Sowjetunion den Vereinigten Staaten von Amerika gegenüber sogar einen Schritt voraus, denn für die USAF wird ein ähnliches System – basierend auf der Boeing 707-320 – zur Zeit erst entwickelt. Es gibt sogar Gerüchte über einen neuen Tupolew-Überschall-Bomber mit Pfeilflügeln, der der B-1A von North American Rockwell etwa entsprechen soll.
Das Militärflugzeug ist also nach wie vor von wesentlicher Bedeutung – die rund 300 Typen, die in diesem Buch beschrieben werden, sind ein augenfälliger Beweis dafür. Es sind nicht nur alle derzeit bei den verschiedensten Luftwaffen im Dienst befindlichen Einsatzflugzeuge beschrieben sondern auch alle Schulflugzeuge, Transporter und die Flugzeuge der zweiten Linie. Kein anderes Buch enthält alle wesentlichen Militärflugzeuge in solch umfassender und trotz aller Ausführlichkeit kompakter Form und in so preiswerter Darbietung.
Die Flugzeuge der ersten Linie – Jagdflugzeuge, Bomber, Aufklärer, Kampfhubschrauber, strategische und taktische Transporter – sind mit Bild und Dreiseiten-Ansicht aufgeführt. Die Flugzeuge der zweiten Linie, veraltende Typen, leichte Transporter, Verbindungsflugzeuge und Schulflugzeuge sind – mit Ausnahme der Dreiseiten-Ansicht – nicht weniger genau behandelt.
Die Dreiseiten-Ansichten wurden von Dennis Punnett gezeichnet. Der Verfasser ist den Herstellerfirmen, den Presse- und Informationsabteilungen der einzelnen Luftwaffen, der sowjetischen Nachrichten-Agentur TASS und vielen anderen für die Überlassung von Fotos und Einzelangaben zu Dank verpflichtet. Ohne diese Hilfe hätte das vorliegende Buch seinen gegenwärtigen Stand der Vollständigkeit und Genauigkeit nie erreichen können.

Aermacchi M.B. 326   Italien

Zweisitziger Trainer für die Anfangsschulung und leichtes Kampfflugzeug.
Im Serienbau und im Einsatz.
Daten und Foto: M.B.326K
Antrieb: 1 Rolls-Royce Bristol Viper 632-43-Strahltriebwerk von 1814 kp Schub.
Spannweite: 10,85 m
Länge: 10,64 m
max. Startgewicht: 5433 kg
Höchstgeschwindigkeit: 927 km/h (Mach 0,82)
Bewaffnung: 2 30 mm Aden- oder Defa-Kanonen im Rumpfvorderteil; 4 Unterflügelstationen für bis zu je 454 kg Waffenlast und 2 äußere Stationen für je 340 kg Waffenlast.

Entwicklung und Einsatz

Der erste von zwei Prototypen dieses weitverbreiteten zweisitzigen (Tandemanordnung) Trainers für die Grundschulung absolvierte am 10.Dezember 1957 seinen Erstflug. Er wurde von einem Strahltriebwerk des Typs Rolls-Royce Bristol Viper 8 von 1750 lb (794 kp) Startschub angetrieben. Die Produktionsmuster wurden mit dem Viper 11(Startschub 2500 lb (1134 kg)) ausgerüstet, und die erste Maschine der von den Italienischen Luftstreitkräften bestellten 100 Stück flog am 5. Oktober 1960. Die Auslieferung dieses Fertigungsloses war im Jahre 1966 abgeschlossen, doch wurde in der Folge ein weiteres kleines Los bestellt. Die acht M.B.326B und die sieben M.B.326F, die die Luftstreitkräfte Tunesiens beziehungsweise Ghanas erhielten, sind ähnlich der M.B.326B, haben jedoch sechs strukturell verstärkte Aufhängepunkte an den Tragflächen für Außenlasten wie Maschinenkanonenbehälter, 260 lb-Bomben, Raketen, Kamerabehälter oder Treibstofftanks. Im Frühjahr 1967 brachte man bei Aermacchi den Prototyp der M.B.326G zum Erstflug, einer bewaffneten Version mit einem Viper-Strahltriebwerk von 3410 lb (1547 kg). Die Seriensionen führen die Bezeichnung M.B.326GB; 17 Maschinen dieses Typs wurden von den brasilianischen Luftstreitkräften in Auftrag gegeben, (davon wird die Mehrzahl unter Lizenz von Embraer in Brasilien gefertigt). Die für die Luftwaffe und Marine Australiens bestimmte Version ist die mit dem Viper 11-Triebwerk ausgerüstete M.B.326H. 12 Maschinen davon wurden von Aermacchi ausgeliefert; die restlichen 75 des auf insgesamt 87 auf Rechnung der R.A.A.F. und 10 auf Rechnung der R.A.N. lautenden Gesamtauftrags werden von der australischen Firma CAC gebaut. In Südafrika baut die Atlas Aircraft Corporation die M.B.326M Impala, die im wesentlichen der bewaffneten M.B.326G entspricht. Am 22. August 1970 machte die einsitzige M.B.326K ihren Erstflug; dieser Prototyp war mit einem Viper 540 ausgerüstet, doch der zweite Prototyp hatte Triebwerk und Flugleistungen wie im Datenblatt angegeben. Auch die Serienversion entspricht im wesentlichen diesen Angaben.

Aérospatiale SA 321 Super Frelon   Frankreich

**Schwerer Transport- und U-Boot-Kampfhub-
schrauber; im Serienbau und Truppendienst.
Foto: SA 321G**

Antrieb: 3 Turboméca Turmo IIIC6-Wellenturbinen von je
1550 shp
Rotordurchmesser: 18,90 m
Rumpflänge: 20,08 m
Leergewicht: 6626 kg
Höchstgeschwindigkeit: 275 km/h in Seehöhe
max. Reichweite: 1020 km
Unterbringungsmöglichkeit: 2 Mann Besatzung, 30 Soldaten, 15 Tragbahren oder eine entsprechende Frachtmenge.
Bewaffnung: U-Boot-Bekämpfungswaffen bei der Marineversion, darunter bis zu vier Zielsuchtorpedos, die an
beiden Rumpfseiten zu je zwei Stück mitgeführt werden.

Entwicklung und Einsatz

Der Super Frelon (Frelon = Hornisse) ist der
größte jemals in Frankreich gebaute Hubschrauber und stellt eine Weiterentwicklung der
mit Triebwerken geringerer Leistung ausgerüsteten Frelon dar, von der insgesamt zwei
Prototypen geflogen sind. Ein mit Sikorsky geschlossenes Übereinkommen zur technischen
Zusammenarbeit führte dazu, daß der Super
Frelon einige typische Sikorsky-Entwurfsmerk-
male aufweist, darunter einen bootartig ge-
stalteten und abgedichteten Rumpf mit Stabilisierungsschwimmern an den Hauptfahrwerkbeinen, um amphibische Einsätze zu ermöglichen. Auch die Rotorsysteme stammen von
Sikorsky.
Der erste der beiden Prototypen des Super
Frelon absolvierte am 7. Dezember 1962 den
Erstflug. Er war mit zwei 1320 hp Turmo-Wellen-
turbinen ausgerüstet und stellte in der Folge
einen Hubschrauber-Geschwindigkeitsrekord
über einen 15/25 km-Kurs auf, der bis 1971 stand
(217,77 mph = 350,39 km/h). Der zweite Prototyp entsprach der U-Boot-Kampfversion für die
Marine (vier Mann Besatzung, Sonar, Suchradar
in den Stabilisierungsschwimmern und Einbaumöglichkeit für andere Spezialausrüstung und
Bewaffnung). Den Prototypen folgten vier mit
1500 hp-Turbinen ausgerüstete Vorserienmuster
wovon das erste am 31. Januar 1964 und das
letzte am 9. Januar 1965 flog. Bis heute gingen
18 Aufträge auf die U-Boot-Kampfversion
SA 321G für die französische Marine ein, ferner
16 Transporthubschrauber für die Luftstreitkräfte Südafrikas und 12 Transporthubschrauber für die israelische Armee.
Im Einsatz bei der französischen Marine wird ein
mit Erfassungs- und Verfolgungsgerät ausgerüsteter Super Frelon gewöhnlich von zwei oder
drei mit Angriffswaffen bestückten Super Frelon
begleitet. Die erste Super Frelon-Einheit wurde
im Mai 1970 aufgestellt.

Aérospatiale/Westland
SA 330 Puma

Frankreich/
Großbritannien

Transporthubschrauber; im Serienbau und im Truppendienst.

Antrieb: 2 Turboméca Turmo IIIC4-Wellenturbinen von je 1320 shp
Rotordurchmesser: 15,00 m
Rumpflänge: 14,06 m
max. Startgewicht: 6400 kg
Höchstgeschwindigkeit: 281 km/h in Seehöhe
max. Reichweite: 620 km mit Standardtreibstoff
Unterbringungsmöglichkeit: 2 Mann Besatzung und 16 bis 20 Soldaten, 6 Tragbahren und 4 Patienten auf Sitzen oder entsprechend Fracht.

Entwicklung und Einsatz

Die Aérospatiale (beziehungsweise die damalige Sud-Aviation) entwickelte den SA 330 auf die Ausschreibung der französischen Armee für einen "helicoptère de Manoevre" hin, also für einen Hubschrauber mittlerer Größe, der bei allen Witterungs- und Klimabedingungen taktische Unterstützungs- und Transporteinsätze ausführen sollte. Der SA 330 war der erste neue Hubschrauber, der eine „SA"-Bezeichnung trug, waren seine Vorgänger doch entweder SE- oder SO-Typen gewesen, was auf ihre gemeinsame Abstammung von den ursprünglichen Sud-Est- beziehungsweise Sud-Ouest-Staatsunternehmen hinweist. Die Zustimmung zur Entwicklung des SA 330 wurde im Juni 1963 im Rahmen eines Vertrags gegeben, der den Bau von zwei Prototypen und von sechs Vorserienmaschinen vorsah. Der erste SA 330 flog am 15. April 1965. Der SA 330 ist einer von drei in einem gemeinsamen französisch-britischen Programm entwickelten Hubschraubern, das 1968 beschlossen wurde. Die für die Royal Air Force bestimmten Exemplare werden bei Westland im Werk Hayes unter Verwendung britischer und französischer Komponenten montiert. Der achte französische SA 330 wurde 1968 nach Großbritannien exportiert, um als Musterflugzeug (Serien Nr. XW241) zu dienen. Die französische Armee plant die Beschaffung von insgesamt 88 SA 330, die Royal Air Force von 40 Maschinen. Weitere 38 Einheiten wurden von Algerien, der Elfenbeinküste, Portugal, Mexiko und Südafrika bestellt. Die Auslieferung startete 1969, und die erste französische SA 330-Einheit nahm im Juni 1970 den Dienst auf. Der erste britische Puma H.C.Mk.1 flog im Dezember 1970 zum ersten Mal.

Aérospatiale SA 316 Alouette III   Frankreich

Mehrzweckhubschrauber, bewaffneter Aufklärungs- und Panzerbekämpfungshubschrauber; im Serienbau und im Truppendienst.

Antrieb: 1 Turboméca Artouste III B-Wellenturbine von 870 shp (Leistung reduziert auf 550 shp)
Rotordurchmesser: 11,02 m
Länge: 10,03 m
Leergewicht: 1110 kg
max. Abfluggewicht: 2200 kg
Höchstgeschwindigkeit: 210 km/h in Seehöhe
max. Reichweite: 540 km
Unterbringungsmöglichkeit: 1 Pilot und bis zu 6 Passagiere, 2 Tragbahren und 2 weitere Patienten auf Sitzen oder eine entsprechende Frachtmenge.
Bewaffnung (wahlweise): verschiedene Anordnungen von MG, 20 mm-Kanonen, AS. 11- oder AS. 12- Lenkwaffen und Raketen.

Entwicklung und Einsatz

Der Alouette III, eine größere und leistungsstärkere Weiterentwicklung des Alouette II (siehe Seite 157) ist im militärischen Einsatz als taktischer Transporthubschrauber oder für die Erdkampfunterstützung verwendbar und kann eine Vielfalt von Waffen aufnehmen. Die Grundversion wird von einem Artouste-Triebwerk angetrieben, wie sie im Datenblatt beschrieben ist. Der Erstflug fand am 28. Februar 1959 statt. Dieser Hubschrauber steht als SA 316A, als SA 316B (verstärktes Rotorgetriebe, erhöhtes Fluggewicht) und als SA 316C (mit Artouste IIID, Auslieferung 1971) zur Verfügung. Mitte 1970 belief sich der Auftragsbestand für alle Versionen auf 823 Maschinen, von denen 643 ausgeliefert waren. 124 gingen an die französischen Streitkräfte und französische zivile Operatoren. Weitere Exemplare werden von insgesamt 89 Eignern in 57 Ländern eingesetzt. 80 Muster werden für die indische Armee und Flugstreitkräfte von dem indischen Unternehmen HAL gebaut; 60 Maschinen werden in der Schweiz produziert. Eine Ableitung aus dem SA 316, der SA 319A, der mit einer Astazou XIV-Wellenturbine von 600 Wellen-PS ausgerüstet ist, steht für die französischen Streitkräfte in der Serienfertigung. Diese Variante wird 1971 von dem SA 319B abgelöst, der ein Astazou XVI-Triebwerk erhält. Das Abfluggewicht des SA 319A beträgt 2250 kg, die Höchstgeschwindigkeit 220 km/h und die maximale Reichweite 603 km.

Antonow An-12
(NATO-Codebezeichnung Cub)

UdSSR

Mittel- bis Langstreckentransportflugzeug; im Serienbau und im Einsatz.

Antrieb: 4 Iwtschenko AI-20K-Turboproptriebwerke von je 4000 ehp
Spannweite: 38,00 m
Länge: 33,00 m
max. Abfluggewicht: 600 km/h
Reichweite: 3400 km bei 550 km/h Geschwindigkeit und einer Nutzlast von 10 000 kg.
Unterbringungsmöglichkeit: Besatzung von 5 Mann und Soldaten, Fahrzeuge oder Fracht.
Bewaffnung: 20 mm-Kanone im Heckstand.

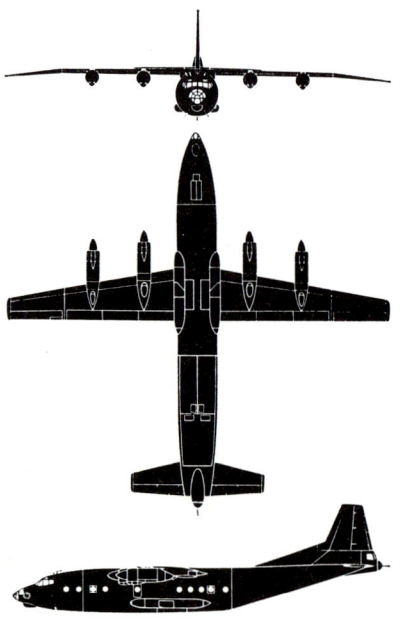

Entwicklung und Truppendienst

Dieses Turboprop-Transportflugzeug, eine Ableitung aus dem Verkehrsflugzeug An-10, ist der Standardtransporter der sowjetischen Luftwaffe für das Absetzen von Fallschirmspringern, für Versorgungsflüge und schwere Transporteinsätze. Das Hauptfahrwerk besteht aus zwei Vierrad-Einheiten, die in seitliche Gondeln am Rumpf eingefahren werden und mit Niederdruckreifen ausgerüstet sind, wodurch die An-12 auch von nicht vorbereiteten Start- und Landepisten eingesetzt werden kann. Eine Laderampe, die das Beladen mit Fahrzeugen und Fracht erleichtert, bildet das Unterteil des hochgezogenen Rumpfhecks und kann zum Zweck des Absetzens von Fallschirmtruppen und Versorungsgütern auch im Flug geöffnet werden. Die Hauptkabine der An-12 ist 13,49 m lang, 3 m breit und 2,40 m hoch. Zu den ausländischen Luftstreitkräften, an die An-12 geliefert wurden, gehören Algerien, Ägypten, Indien, Indonesien, Irak und Polen. Eine Zivilversion, bei der der Heckwaffenstand wegfällt, tut bei der Aeroflot im reinen Frachteinsatz Dienst und wurde auch an verschiedene andere Länder des Ostblocks ausgeliefert. Mindestens eine Antonow An-12 wurde mit Schneekufen für den Arktis-Einsatz ausgerüstet und gehört zu den größten Flugzeugen, die jemals auf diese Weise gestartet und gelandet sind.

Antonow An-22   UdSSR
(NATO-Codebezeichnung Cock)

Schweres strategisches Langstreckentransportflugzeug; im Serienbau und im Truppendienst.

Antrieb: 4 Kusnetsow NK-12MA-Turboproptriebwerke von je 15 000 shp
Spannweite: 64,40 m
Länge: 57,80 m
max. Nutzlast: 80 000 kg
max. Abfluggewicht: 250 000 kg
Höchstgeschwindigkeit: 740 km/h
Reichweite: 10 950 km mit max. Treibstoff und 45 000 kg Nutzlast, 5000 km mit max. Nutzlast
Unterbringungsmöglichkeit: 5 oder 6 Mann Besatzung, 28 bis 29 Passagiere und Fracht.

Entwicklung und Truppendienst

Die Antonow An-22, die am 27. Februar 1965 Erstflug hatte, war bis zum Erscheinen der amerikanischen Lockheed C-5A Galaxy (siehe Seite 83) das größte Flugzeug der Welt. Sie stellt eine natürliche Weiterentwicklung aus der An-10/12-Reihe dar und stand bis Mitte 1967 bei der Aeroflot und bei den sowjetischen Luftstreitkräften im Einsatz. Zu diesem Zeitpunkt führten zwei Prototypen mit zivilen Zulassungsnummern Experimentalfrachtdienste durch, während drei andere Maschinen mit Militärzulassung im Juli 1969 an der Vorführung in Domodedowo teilnahmen. Nach der Landung wurden aus den drei in Domodedowo gezeigten An-22 Frog 3- und Ganef-Lenkwaffenbatterien entladen. Normalerweise liegt die Nutzlastkapazität der An-22 bei 80 000 kg. In einer Reihe von Rekordflügen im Oktober 1967 wurde jedoch eine Maximallast von 100 446 kg transportiert. Ein besonderes Entwurfsmerkmal der An-22 sind vier Laufkatzen, die auf Überkopf-Führungsschienen über die gesamte Kabinenlänge laufen und das Be- und Entladen von Fracht durch die Heckfrachttür und -rampe erleichtern sollen. Im Jahre 1969 waren An-22 bei verschiedenen Luftwaffeneinheiten der Sowjetunion im Einsatz. 1970 ging eine Maschine über dem Atlantik verloren, die sich auf einem Unterstützungsflug in das Erdbebengebiet in Peru befand.

Avro Shackleton

Großbritannien

Langstrecken-Marineaufklärungs- und U-Boot-Kampfflugzeug; im Truppendienst.
Daten, Foto und Dreiseitenansicht:
Shackleton M.R.Mk.3, Phase 3

Antrieb: vier 2455 hp Rolls-Royce Griffon 57A-Kolbenmotoren und 2 Rolls-Royce Bristol Viper 203-Hilfstriebwerke von je 1134 kp Schub
Besatzung: 10 Mann
Spannweite: 36,52 m
Länge: 28,19 m
Abfluggewicht: 45 360 kg
max. Marschgeschwindigkeit: 483 km/h
typische Reichweite: 5890 km bei einer Fluggeschwindigkeit von 320 km/h in einer Höhe von 460 m
Bewaffnung: zwei 20-mm-Kanonen im Rumpfbug; Bomben, Minen, Wasserbomben, Torpedos etc. im Waffenschacht.

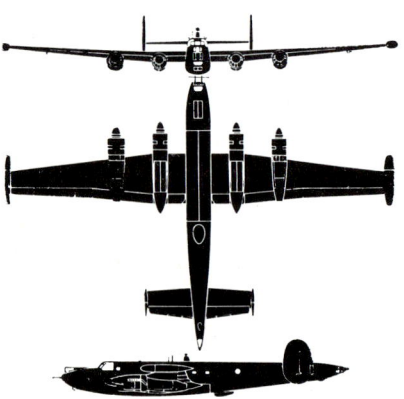

Entwicklung und Truppendienst

Die Shackleton M.R. (ursprünglich G.R.) Mk.1 hatte ihren Ursprung in der Avro-Type 696, einer Variante des Lincoln-Bombers, die für den Aufklärungseinsatz bei der Marine bestimmt war. Die erste Shackleton-Version M.R.Mk.1, von der 77 Maschinen gebaut wurden, nahm Ende 1951 den Dienst bei der No. 120 Squadron des R.A.F. Coastal Command auf. Die Mk.1 kann von späteren Versionen durch ihren kürzeren, stärker gerundeten Rumpfbug mit festem Radom unter der Rumpfspitze und durch das stumpf auslaufende Rumpfheck unterschieden werden. Im Jahre 1952 wurde die M.R.Mk.2 (Prototypbezeichnung WB833) mit längerem, strömungsgünstiger gestaltetem Rumpfbug, spitz verlaufendem Heckkonus und Einziehradar unter dem Rumpf entwickelt. Mit einer Ausrüstung, die mittlerweile Mk.3-Standard entspricht, bleibt die Mk.2C im Dienst des Strike Command, wird jedoch nach und nach durch die Nimrod ersetzt. Die Shackleton M.R.Mk.3 weist Flügelspitzentanks, Bugradfahrwerk statt des früher verwendeten Heckfahrwerks und weitere Verfeinerungen auf. Das erste Serienmuster (WR 970) flog am 2. September 1955; die Serienauslieferung begann Anfang 1958. Insgesamt wurden 69 Shackleton Mk.2 und 42 Mk.3 gebaut. Um die Leistungen der Mk.3 zu steigern, wurden sie umfangreichen Modifikationen bis zum Phase 3-Standard unterzogen; darunter fallen Strukturverstärkungen, Erhöhung der Kraftstoffkapazität und der Einbau von zwei zusätzlichen Hilfstriebwerken vom Typ Rolls-Royce Bristol Viper, die im hinteren Bereich der äußeren Triebwerkgondeln montiert sind, um die Startleistungen zu verbessern. 1970 waren noch bei sieben Staffeln des R.A.F. Strike Command Shackletons im Einsatz, eine weitere Shackleton-Staffel tat im Ausland Dienst. Der Navigationstrainer Shackleton T.Mk.4, der von der Mk.1 abgeleitet ist, fliegt beim Maritime Operational Training Unit. Im Verlauf des Jahres 1970 wurde eine Shackleton als Erprobungsträger für ein Frühwarnsystem der R.A.F. modifiziert. Eine Staffel Mk.3 Shackleton steht bei der südafrikanischen Luftwaffe im Dienst.

BAC 167 Strikemaster
(und Jet Provost)

Großbritannien

Zweisitziges COIN-Kampfflugzeug und Schulflugzeug; im Serienbau und im Truppendienst. Daten, Foto und Dreiseitenansicht: Strikemaster

Antrieb: 1 Rolls-Royce Bristol Viper 535-Strahltriebwerk von 1547 kp
Spannweite: 11,25 m
Länge: 10,36 m
max. Abfluggewicht: 5216 kg
max. Reichweite: 2224 km
Höchstgeschwindigkeit: 760 km/h in 6100 m Höhe

Entwicklung und Truppendienst

Die BAC 167 Strikemaster stellt eine Weiterentwicklung aus der ursprünglichen, bewaffneten Jet Provost dar, mit der man dem Bedarf kleiner Luftstreitkräfte nach einem relativ preisgünstigen bewaffneten COIN-Flugzeug und Trainer entsprechen wollte. Die Unterschiede gegenüber dem jetzigen Jet Provost T.Mk.5-Trainer bestehen im wesentlichen aus einem leistungsstärkeren Triebwerk, fest angebauten Flügelspitzentanks und erhöhter Feuerkraft. Gemeinsam ist den beiden Konstruktionen Strikemaster und Jet Provost 5 das druckbelüftete Cockpit. Die erste Strikemaster startete am 26. Oktober 1967 zu ihrem Erstflug, und mittlerweile sind über 90 Bestellungen eingegangen: von der Luftwaffe Saudi-Arabiens (Mk.80), der Volksrepublik Südjemen (Mk.81), den Luftstreitkräften des Sultanats Muscat und Oman (Mk.82), der Luftwaffe von Kuwait (Mk.83), dem Air Defense Command von Singapur (Mk.84), der Luftwaffe Kenias (Mk.87) und der Royal New Zealand Air Force. In der Serienfertigung stehen ferner 110 Jet Provost T.Mk.5 für die Royal Air Force, die mit dem Viper 202-Triebwerk mit 1134 kp Startschub, Druckkabine und auf Wunsch lieferbaren Flügelspitzentanks ausgerüstet sind. Sie ersetzen die Jet Provost T.Mk.4, die noch keine Druckkabine aufwies und die T.Mk.3, die als Antrieb ein Viper 102 von 793 kp Startschub hatte. Die Muster Mk.1 und Mk.2 stellten Entwicklungsflugzeuge dar. Die Exportmuster der Jet Provost – sie hatten Einbaumöglichkeit für zwei 0,303 inch-Maschinenkanonen in den Lufteinlässen des Triebwerks und Unterflügelstationen begrenzter Tragfähigkeit – waren die T.Mk.51 (mit Viper 102) für Ceylon, den Sudan und Kuwait und die T.Mk.52 (mit Viper 202) für Venezuela, Sudan, Irak und Südjemen. Eine bewaffnete Version der Jet Provost T.Mk.5 wurde an den Sudan ausgeliefert und ergänzte dort die Mk.51 und Mk.52; sie führt die Bezeichnung Jet Provost 55 (BAC 145).

BAC Lightning

Großbritannien

**Einsitziges Überschalljagdflugzeug; im Truppendienst.
Daten, Fotos und Dreiseitenansicht: Lightning F.Mk.6**

Antrieb: 2 Rolls-Royce Avon 301-Strahltriebwerke mit Nachverbrennung von je 7420 kp Schub
Spannweite: 10,61 m
Länge: 16,84 m
Höchstgeschwindigkeit: über Mach 2
Bewaffnung: 2 Red Top- oder Firestreak-Luft-Luft-Raketen bzw. 2 Behälter mit 24 Luft-Luft-Raketen oder wahlweise 2 30 mm Aden-Kanonen im Waffenschacht. In der Erdkampfversion Mk.53 werden 2 30 mm-Kanonen und 44 2 Zoll-Raketen mitgeführt; ferner können 144 Stück 2 Zoll-Raketen in Matra-Behältern oder 6 454 kg-Bomben an Unter- und Überflügelstationen transportiert werden.

Entwicklung und Truppendienst

Die Lightning F.Mk.1, die aus dem Forschungsflugzeug P.1A abgeleitet wurde, hatte am 4. April 1957 Erstflug. Diese Version sowie die F.Mk.1A,

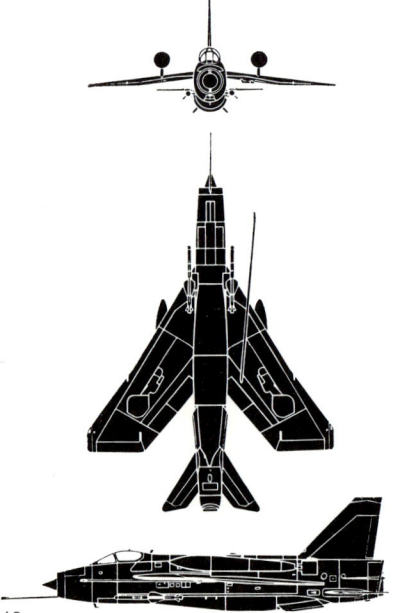

die eine Vorrichtung für die Betankung in der Luft aufweist, waren bei drei R.A.F.-Staffeln stationiert; allerdings stehen heute nur mehr einige wenige Exemplare in Dienst, die als Hochgeschwindigkeitsziele für andere Staffeln dienen, die spätere Lightning-Versionen fliegen. Die F.Mk.2 – sie hatte am 11. Juli 1961 Erstflug wies viele Verbesserungen auf und konnte sowohl mit der Red Top- als auch der Firestreak-Lenkwaffe bestückt werden. Diese Version befindet sich noch im Einsatz. 30 Exemplare davon, die auf F.Mk.2A umgerüstet wurden und einige der Version F.Mk.6 entsprechenden Verbesserungen aufweisen, stehen bei der R.A.F. Germany im Einsatz. Die F.Mk.3, die am 16. Juni 1962 ihren Erstflug absolvierte, besitzt Avon-Triebwerke der Baureihe 300, eine vergrößerte Heckflosse und stark verbesserte Ausrüstung, obwohl die beiden 30 mm Aden-Kanonen, mit denen noch frühere Versionen ausgerüstet waren, bei ihr fehlen. Aus dieser Variante wurde die letzte Lightning-Version F.Mk.6 (Erstflug 17. April 1964) abgeleitet, bei der die äußere Flügelprofil-Vorderkante weniger gepfeilt und konisch gekrümmt ist. Außerdem wurde das Fassungsvermögen des Rumpf-Treibstofftanks mehr als verdoppelt. Diese Version kann für Langstrecken-Überführungsflüge mit 2 Treibstofftanks ausgerüstet werden, die über dem Flügel montiert werden. Ca. sechs R.A.F.-Staffeln in Großbritannien und im Ausland setzen Mk.3 und Mk.6 Lightnings ein. Ferner stehen die Lightning T.Mk.4 (Erstflug 6. Mai 1959) und T.Mk.5 (Erstflug 29. März 1962) im Einsatz; dies sind die den Mustern F.Mk.1 und F.Mk.3 entsprechenden doppelsitzigen, voll einsatzfähigen Trainerversionen (die Piloten sitzen hier nebeneinander). Saudi-Arabien hat 34 Lightning F.Mk. 53-Mehrzweck-Interzeptoren bzw. -Erdkampfflugzeuge erhalten, die Unter- und Überflügelstationen für die Aufnahme von Raketen oder Bomben, 44 Raketen in Einzieh-Rumpfstationen und zwei 30 mm-Kanonen im vorderen Teil dieser Rumpfstation aufweisen. Als die Lieferung dieser Flugzeuge noch nicht endgültig feststand, wurden 7 Mk.2 aus R.A.F.-Beständen und Mk.4 Lightning zur Verfügung gestellt, erstere als F.Mk.52. Kuwait ist mit einer kleineren Zahl von Lightning-Kampfflugzeugen ausgerüstet, und beide Länder haben ferner in geringen Stückzahlen die Exportversion T.Mk.55 der T.Mk.5 erhalten. Die Serienfertigung der Lightning lief Anfang 1970 aus.

BAC VC 10

Großbritannien

**Langstrecken-, Truppen- und Frachttransport-
flugzeug; im Truppendienst.**

Antrieb: 4 Rolls-Royce Conway R.Co.43-Strahltrieb-
werke von je 9880 kp Schub
Spannweite: 44,45 m
Länge: (ohne Flugbetankungsvorrichtung): 40,47 m
Abfluggewicht: 146 056 kg
max. Marschgeschwindigkeit: 935 km/h
typische Reichweite: 7600 km mit max. Nutzlast
Unterbringungsmöglichkeit: 150 Passagiere in mit Blick-
richtung nach hinten angeordneten Sitzen oder eine entsprechende Frachtmenge.

Entwicklung und Truppendienst

14 VC 10 C.Mk.1 (Modell 1106)-Strahltransporter
wurden an die No. 10 Squadron des R.A.F. Air
Support Command ausgeliefert. Das Modell 1106
ähnelt bezüglich seiner Außenabmessungen
zwar der Verkehrsflugzeugversion der VC 10, die
bei der BOAC im Einsatz ist, ist jedoch mit den
leistungsstärkeren Conway 43-Triebwerken und
dem Seitenleitwerk-Tank der Super VC 10 ausgerüstet. Zu den anderen Änderungen zählen
die Installation eines großen Frachttors vor der
Kabine auf der linken Rumpfseite, einer auf
Wunsch einbaubaren Betankungssonde für die
Luft-Luft-Betankung und einer Bristol Siddeley
Artouste-Hilfsturbine im Heckkonus, die zum
Anlassen der Triebwerke und für die Lieferung
elektrischer Energie am Boden dient. Der Haupteinsatzzweck der VC 10 der R.A.F. besteht im
raschen Transport von Truppen oder Personal
in alle Teile der Welt, während Ausrüstung und
Versorgungsgüter in den langsameren Short
Belfast-Transportern befördert werden. Die erste
VC 10 C.Mk.1 für die R.A.F. machte am 26. No-
vember 1965 ihren Erstflug. Die Auslieferung lief
am 7. Juli 1966 an und war im Jahre 1968 abgeschlossen. Die Flugzeuge erhielten individuelle
Bezeichnungen nach Trägern des Victoria Cross.
Im Verlauf des Jahres 1969 wurde eine VC 10 der
R.A.F. an Rolls-Royce entliehen. Sie wurde zu
einem fliegenden Erprobungsträger für das
RB.211-Triebwerk umgebaut.

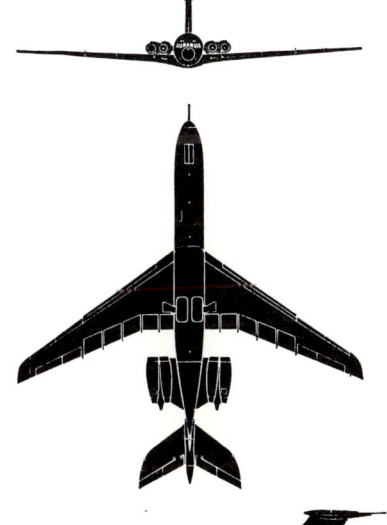

BAC/Breguet (SEPECAT) Jaguar

Großbritannien/Frankreich

Leichtes einsitziges taktisches Unterstützungs-
flugzeug; in Entwicklung.
**Dreiseitenansicht: Jaguar E. Daten und Foto:
Jaguar S**

Antrieb: 2 Rolls-Royce/Turboméca Adour 101-Zwei-
kreistriebwerke von je 3175 kp Schub (mit Nachverbrennung)
Spannweite: 8,49 m
Länge: 15,52 m
max. Abfluggewicht: 14 742 kg
Höchstgeschwindigkeit: 1700 km/h (Mach 1,6) in 11 000 m
Höhe
max. Reichweite: 4210 km mit Außenbehältern
Bewaffnung: 2 30 mm-DEFA- oder Aden-Kanonen im
unteren Rumpfbereich; eine Waffenstation unter dem
Rumpf und 4 Stationen unter dem Flügel zur Aufnahme
von bis zu 4536 kg an AS.30- oder Martel-Lenkwaffen,
1150 lb-Bomben, Napalm-Behältern, Raketenbehältern
usw. An den Flügelspitzen können Luft-Luft-Lenkwaffen
mitgeführt werden.

Entwicklung und Truppendienst

Die aus dem Projekt Breguet Br 121 abgeleitete
Jaguar ist ein leichtes Mehrzweck-Kampfflugzeug, das in fünf Hauptversionen gebaut wird:
Die Version Jaguar A ist ein einsitziges taktisches
Erdkampfunterstützungsflugzeug für die französische Luftwaffe; das für die Royal Air Force
bestimmte Gegenstück ist die Jaguar S. Jaguar M
ist ein Einsitzer für die französische Marine. Als
Jaguar E wird der zweisitzige Fortgeschrittenentrainer für die französischen Streitkräfte bezeichnet, während der Trainer für die Royal Air Force
die Bezeichnung Jaguar B führt. Mit der Entwicklung hat man das internationale Konsortium SE-
PECAT betraut, das von BAC und Breguet gebildet wurde.
Die Entwicklungsgeschichte der Jaguar begann
1965, und der erste der insgesamt zwei Jaguar
E-Prototypen startete am 8. September 1968 zum
Erstflug. Die zweite Jaguar E flog am 11. Februar
1969. Die Erstflugdaten der beiden Jaguar A
sind der 29. März beziehungsweise der 27. Mai
1969. Darauf folgten die Jungfernflüge des Jaguar M-Prototyps am 14. November 1969 und
der beiden einsitzigen Jaguar-Prototypen Groß-
britanniens am 12. Oktober 1969 und am 12. Juni
1970. Der letzte Prototyp, eine Jaguar B, flog
1971, und die Auslieferung der Version E soll
1972 anrollen. Die bisher erteilten Aufträge lauten auf 25 E, 25 A, 15 S und 15 B; insgesamt wird
mit Beschaffungszahlen von eventuell je 200 Maschinen für Frankreich und Großbritannien ge-
rechnet. Die Royal Air Force wird alles in allem
35 Jaguar B und 165 Jaguar S erhalten, was für
die Ausrüstung von neun Staffeln ausreicht. Die
Doppelsitzer werden für das Einsatztraining und
für die Umschulung verwendet. Die erste mit Jaguar ausgerüstete Einsatzstaffel wird die 7.
Escadre de Chasse der französischen Luftstreitkräfte sein. Man nimmt an, daß sie Ende 1972
aufgestellt wird.

Bell AH-1 HueyCobra/SeaCobra USA

Bewaffneter Hubschrauber; im Serienbau und im Truppendienst.
Daten: AH-1J
Foto und Dreiseitenansicht: AH-1G

Antrieb: 1 Pratt & Whitney T400-CP-400-Wellenturbine von 1800 shp
Rotordurchmesser: 13,41 m
Rumpflänge: 13,59 m
max. Abfluggewicht: 4535 kg
Höchstgeschwindigkeit: 333 km/h
max. Reichweite: 577 km
Bewaffnung: dreiläufige XM-197 20 mm-Kanone in Kinnturm und 4 Außenanschlußpunkte für Minigun-Behälter oder Raketen usw.

Entwicklung und Truppendienst

Die Firma Bell entwickelte den Huey Cobra aus der UH-1 „Hueycopter" auf eigene Initiative weiter, um den Anforderungen der U.S. Army für einen bewaffneten Hubschrauber zu entsprechen, der als Zwischenlösung bis zur Serienfertigungsaufnahme des Kampfhubschraubers Lockheed AH-56A Cheyenne gedacht war. Die Ausschreibung zielte insbesondere auf Vietnam-Einsätze ab, da man dort die Erfahrung gemacht hatte, daß der bewaffnete Hubschrauber ausgezeichnet geeignet ist, bei Landes- und Evakuierungsoperationen unbewaffneter Hubschrauber gegen gegnerisches Bodenfeuer vorzugehen. Der Prototyp Bell 209 Huey Cobra absolvierte am 7. September 1965 den Erstflug. Er war mit dem Triebwerk- und Rotorsystem des UH-1 ausgerüstet, wies aber einen neuen Rumpf geringen Querschnitts auf, in dem der Pilot und der Bordschütze hintereinander im Cockpit sitzen. Nach der Truppenerprobung durch die Army wurden im April 1966 zwei Vorserienflugzeuge und ein erstes Serienlos bestellt, die die Bezeichnung AH-1G führten. Der Einsatz in Vietnam wurde Mitte 1967 gestartet, und mittlerweile beläuft sich der Auftragseingang auf dieses Hubschraubermuster auf insgesamt 1008 Maschinen. Die frühen Modelle des AH-1G der Army besaßen Kinntürme vom Typ TAT-102A mit einem Sechslauf-7,62 mm-Minigun. Spätere Maschinen haben das Waffensystem XM-28, das aus zwei Miniguns oder zwei 40 mm-XM-129-Granatwerfern oder aus je einem von beiden besteht. Im Mai 1968 orderte das U.S. Marine Corps 49 AH-1J Sea Cobra (siehe Datenblatt), die mit einem Twin Pac-Triebwerk und überarbeiteter Bewaffnung ausgerüstet sind. Bevor die Auslieferung an die Truppe erfolgte, erhielten die Marines 38 AH-1G. Die ersten Exportaufträge auf den Huey Cobra kamen von der Royal Australian Air Force, die Anfang 1971 11 Maschinen bestellte.

Bell UH-1 Iroquois   USA
(und Agusta-Bell 204B/205)

Mehrzweckhubschrauber; im Serienbau und im Truppendienst.
Daten: UH-1H, Foto: UH-1L, Dreiseitenansicht: UH-1B

Antrieb: 1 Lycoming T53-L-13-Wellenturbine von 1400 shp
Rotordurchmesser: 14,63 m
Rumpflänge: 12,77 m
Leergewicht: 2116 kg
max. Abfluggewicht: 4309 kg
Höchstgeschwindigkeit: 204 km/h
Reichweite: 511 km bei einer Geschwindigkeit von 204 km/h.

Entwicklung und Truppendienst

Die Auslieferung des mit T53-L-1A-Triebwerk ausgerüsteten HU-1A (Modell 204) Iroquois, der für verschiedenartige Transport- und Evakuierungsaufgaben mit sechs Sitzen oder zwei

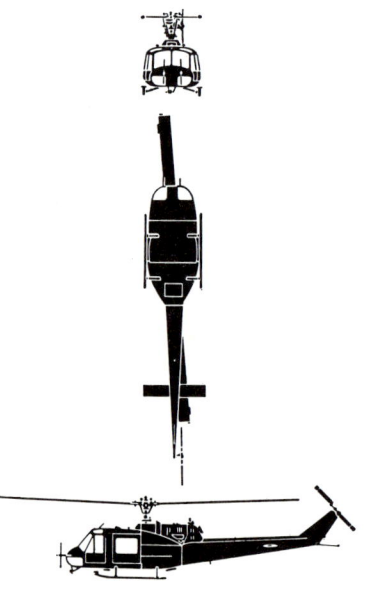

Tragbahren versehen werden kann, lief am 30. Juni 1959 an. Der HU-1B (Erstflug 1960, jetzige Bezeichnung UH-1B) hatte eine größere Kabine für die Aufnahme von acht Passagieren oder drei Tragbahren und war mit der 960 shp T53-L-5-Turbine ausgerüstet. Von dieser Version wurde eine große Anzahl für die U.S. Army und für die Streitkräfte Australiens, Österreichs, Italiens, der Niederlande, Norwegens, Saudi-Arabiens, Spaniens, Schwedens und der Türkei gebaut, und die Firma Fuji in Japan fertigte sie in Lizenz für die japanischen Streitkräfte. In Vietnam fanden viele UH-1B, die mit Maschinenkanonen oder Raketenbehältern zu beiden Rumpfseiten bestückt wurden, für bewaffnete Unterstützungseinsätze Verwendung. Der UH-1C, der eine 1100 shp T53-L-11-Turbine und einen Rotor größerer Profiltiefe erhielt, wurde ebenfalls in Vietnam geflogen. Die Version UH-1D (Modell 205) weist eine vergrößerte Kabine für 12 bis 14 Mann oder sechs Tragbahren und eine T53-L-11-Turbine auf, die einen Rotor größeren Durchmessers antreibt. Dieses Modell wurde in großen Stückzahlen von der U.S. Army bestellt, steht aber darüber hinaus auch im Einsatz in Neuseeland, Australien, Brasilien und Chile. In der Bundesrepublik wurde es von Dornier für die Heeresflieger in Lizenz gebaut. Bei der U.S. Army und den neuseeländischen Streitkräften löste der UH-1H, der mit einem 1400 shp T53-L-13-Triebwerk ausgerüstet ist, das Modell D ab. Eine Version des UH-1B gewann im Jahre 1962 eine Ausschreibung des U.S. Marine Corps für einen Erdkampf-Unterstützungshubschrauber und steht heute als UH-1E im Dienst. 1963 führte die U.S.A.F. den UH-1F mit 1100 shp T58-GE-3-Turbine als Unterstützungshubschrauber ein. Auch einige wenige TH-1F wurden ausgeliefert. Heute steht die Version UH-1N (Modell 212) in der Serienfertigung, die – mit dem kanadischen Pratt & Whitney PT6T-3 Twin-Pac-Doppeltriebwerk ausgerüstet – die Nachfolge des UH-1F antreten soll. Bestellungen liegen bisher von Seiten der U.S. Navy, des U.S. Marine Corps und der U.S. Air Force vor. Der HH-1K ist eine Rettungshubschrauberversion der Navy des UH-1E; der TH-1L und UH-1L sind Trainings- bzw. Mehrzweckausführungen für die Navy. Die Army-Versionen UH-1M besitzen Nachtsichtgeräte zum Abschuß ihrer Waffen. Kanada hat die Versionen CUH-1H und CUH-1N bestellt, und schließlich produziert Agusta in Italien Versionen, die den Bell-Modellen 204 und 205 entsprechen.

Beriew Be-12
(NATO-Codebezeichnung Mail)

UdSSR

Marineaufklärungs-Amphibienflugzeug; im Serienbau und im Truppendienst.
Die Daten sind geschätzte Werte.

Antrieb: 2 Iwtschenko AI-20D-Turboproptriebwerke von je 4000 shp
Spannweite: 32,90 m
Länge: 29,20 m
max. Abfluggewicht: 29 500 kg
Höchstgeschwindigkeit: 610 km/h
Reichweite: 4000 km
Bewaffnung: Angriffswaffen an 6 Unterflügelstationen und im hinten im Bootskörper liegenden Bombenschacht

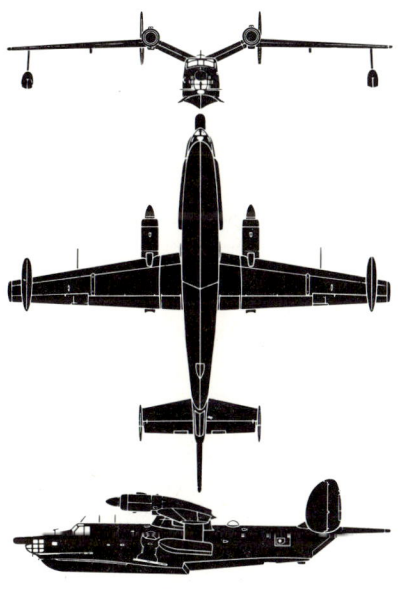

Entwicklung und Truppendienst

Von der Existenz dieses turbopropgetriebenen Amphibiums hörte man zum ersten Mal im Jahre 1961, als ein einziges Exemplar anläßlich des sowjetischen Flugtages über Moskau im Flug vorgeführt wurde. Das flüchtige Debut der Be-12 reichte jedoch aus, sie als nahen Verwandten der kolbenmotorgetriebenen Be-6 einzustufen, die damals zur Standardausrüstung der Flugbootstaffeln der Morskaya Aviatsiya gehörte. Man nimmt an, daß der Prototyp zum ersten Mal im Laufe des Jahres 1960 geflogen ist.

Ein wenig mehr über den neuen Typ wurde bekannt, als im Oktober 1964 von der Be-12, die die Bezeichnung Tschaika (Seemöwe) führt und bei den sowjetischen Streitkräften als M-12 bekannt ist, eine Reihe von Höhenrekorden aufgestellt wurde. Diese Rekordflüge bewiesen, daß die Be-12 in der Lage war, eine Nutzlast von 10 100 kg zu transportieren und ohne Nutzlast eine Höhe von 12 192 m zu erreichen.

Einige Muster der Be-12 nahmen im Juli 1967 an der sowjetischen Luftfahrtschau in Domodedowo teil und bewiesen damit, daß die Maschine mittlerweile in Dienst gestellt worden war – vermutlich als Nachfolgemuster für die Be-6. Obwohl die Be-12 der Be-6 in mancher Beziehung – Triebwerk und Fahrwerk ausgenommen – entspricht, weist sie im Detail viele Entwurfsverfeinerungen auf. Im April 1968 wurde von einer Be-12 ein Geschwindigkeitsrekord von 565 km/h über einen 500 km-Kreis in ihrer Klasse (Flugboot) aufgestellt. Die Be-12 steht heute bei den Einheiten der sowjetischen Nord- und Schwarzmeerflotte im Einsatz. Bestimmten Informationen zufolge sollen einige Maschinen dieses Typs in Ägypten stationiert sein und über dem Mittelmeer für Patrouilledienste verwendet werden.

Boeing B-52 Stratofortress　　　　　　USA

Schwerer strategischer Strahlbomber; im Truppendienst. Daten und Dreiseitenansicht: B-52H, Foto: B-52G

Antrieb: 8 Pratt & Whitney TF33-P-3-Zweikreistriebwerke von je 7711 kp Schub.
Spannweite: 56,42 m
Länge: 47,55 m
max. Abfluggewicht: 221 350 kg
Höchstgeschwindigkeit: 1040 km/h in 15 250 m Höhe
Reichweite: 20 120 km
Bewaffnung: 1 mehrläufige 20 mm-Kanone in ferngesteuertem Heckwaffenstand; 2 Luft-Boden-Lenkwaffen vom Typ AGM-28 Hound Dog unter der Tragfläche; Bomben und ADM-20 Quail-Lenkwaffen im Bombenschacht; ALE-25-Raketenbehälter unter der Tragfläche.
Unterbringungsmöglichkeit: 6 Mann Besatzung

Entwicklung und Truppendienst

Die Entwicklungsgeschichte der B-52 begann bereits Mitte 1945, bevor noch die kleinere B-47 ihren Erstflug absolviert hatte. Zwischen 1954 und 1962 wurden insgesamt 744 Maschinen dieses Typs gebaut. Die erste Einsatzversion war die B-52B, die ab Juni 1955 bei der Truppe war. Durch fortgesetzte Entwurfsverfeinerungen und Übernahme neuer Ausrüstung sowie leistungsstärkerer Triebwerke entstanden die Versionen B-52C, B-52D, B-52E und B-52F, die alle in den Boeing-Werken Seattle und Wichita produziert wurden. Die in größten Stückzahlen hergestellte Variante war die in Wichita gebaute B-52G, die einen mit integralen Treibstofftanks ausgerüsteten „nassen" Flügel aufwies und dadurch größere Reichweitenleistungen erbrachte. Ferner war diese Version mit zwei Flügelstationen zur Aufnahme der nuklearen Stand-off-Bombe Hound Dog versehen. Die B-52G-Version, die am 26. Oktober 1958 zum ersten Mal flog, hatte ferner einen ferngesteuerten Heckwaffenstand. 193 Maschinen der B-52G wurden gebaut. Die letzte B-52-Version war die B-52H, die statt der vorher verwendeten Pratt & Whitney J57-Einkreiser Zweikreistriebwerke vom Typ Pratt & Whitney TF33-P-3 und verbesserte Abwehrbewaffnung erhielt, darunter eine Vulcan-Kanone im Heckstand. Der B-52H-Prototyp machte am 6. März 1961 den Erstflug. Insgesamt 102 Maschinen dieses Typs wurden in Wichita produziert, von denen die letzte im Oktober 1962 an das Strategic Air Command ausgeliefert wurde.
Von Stützpunkten in Thailand aus wurden B-52 Stratofortress – mit einer großen Anzahl konventioneller Bomben unter dem Tragflügel und im Rumpf-Bombenschacht – gegen Ziele in Vietnam eingesetzt. Obwohl die ersten Modelle bereits ausgemustert sind, sorgte das Verteidigungsbudget des Jahres 1971 für eine Fortsetzung des B-52-Einsatzes. Ca. 500 Maschinen operieren von 28 Hauptstützpunkten und zahlreichen Satellitenbasen aus bis zum gegenwärtigen Zeitpunkt.

Boeing KC-97 Stratofreighter   USA

Transport- und Luftbetankungsflugzeug; im Truppendienst.
Daten und Silhouette: KC-97G, Foto: Stratocruiser der israelischen Luftwaffe

Antrieb: 4 Pratt & Whitney R-4360-59-Kolbenmotoren von je 3500 hp
Spannweite: 42,75 m
Länge: 33,63 m
Leergewicht: 37 422 kg
max. Abfluggewicht: 79 378 kg
Höchstgeschwindigkeit: 603 km/h
max. Reichweite: 6920 km
Unterbringungsmöglichkeit: 5 Mann Besatzung, bis 96 Soldaten oder 69 Tragbahren.

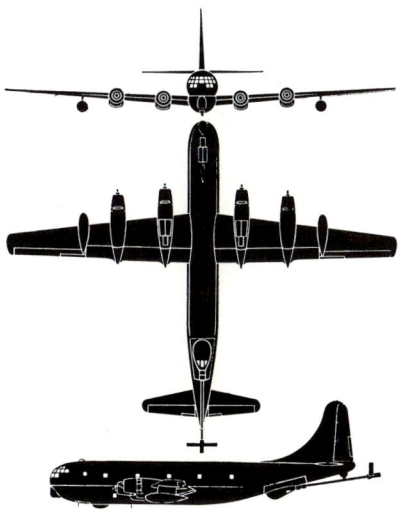

Entwicklung und Truppendienst

Der erste von insgesamt drei Prototypen der Boeing XC-97 startete am 15. November 1944 zum Erstflug. Der Entwurf dieses Flugzeuges geht auf eine Transportversion der B-29 Superfortress zurück, wobei Flügel, Triebwerke und Hecksektion beibehalten wurden und ein neuer Rumpf mit Acht-Querschnitt Verwendung fand. Die Serienproduktion der KC-97 lief bei Boeing im Jahre 1945 an; die verschiedenen für die U.S.A.F. gefertigten Transportflugzeugversionen waren die YC-97, YC-97A, YC-97B, C-97A, VC-97A, C-97C und VC-97C. Nach Versuchsflügen mit drei modifizierten C-97A, die mit einer von Boeing entwickelten Flugbetankungssonde ausgestattet waren, ging das Tankerflugzeug KC-97E im Jahre 1951 in die Serienfertigung. Die Nachfolgemuster hießen KC-97F und KC-97G. Die Serienproduktion endete im Juli 1956, nachdem insgesamt 888 C-97 gebaut wurden, davon 811 Tanker. Die 592 an die U.S.A.F. ausgelieferten KC-97G wurden bald darauf durch die KC-135A ersetzt, worauf die ersteren den Air National Guard-Einheiten zugeteilt wurden. Die vom Air National Guard als Tanker eingesetzten Maschinen wurden von Hayes zu KC-97L umgebaut, die – mit zwei zusätzlichen J47-Strahltriebwerken unter dem Flügel ausgerüstet – den Kampfflugzeugen des Tactical Air Command zum Auftanken in der Luft dienten. Im Rahmen eines anderen Umbauprogramms wurden 135 Maschinen von AiResearch in C-97G-Frachter modifiziert, und weitere 26 Flugzeuge gingen in der Passagierkonfiguration C-97K an das Military Air Transport System. Einige wenige Maschinen wurden von Fairchild Stratos zu Such- und Rettungsflugzeugen mit der Bezeichnung HC-97G umgebaut. Eine kleine Anzahl von KC-97 steht zur Zeit noch bei der Israeli Air Force zusammen mit einigen Stratocruiser-Frachtern als Tanker im Dienst.

19

Boeing KC-135 Stratotanker und C-135 Stratolifter

USA

Luftbetankungs- und strategisches Transportflugzeug; im Truppendienst.
Daten und Dreiseitenansicht: KC-135A, Foto: C-135F

Antrieb: 4 Pratt & Whitney J57-P-59W-Strahltriebwerke von 6237 kp Schub
Spannweite: 39,88 m
Länge: 41,53 m
Leergewicht: 44 663 kg
max. Abfluggewicht: 134 715 kg
Höchstgeschwindigkeit: 965 km/h in 11 000 m Höhe.
Reichweite: 1850 km
Unterbringungsmöglichkeit: 6 Mann Besatzung und bis zu 80 Passagiere.

Entwicklung und Truppendienst

Der erste U.S.A.F.-Vertrag über die Lieferung des strahlgetriebenen Tankerflugzeugs KC-135A wurde am 5. Oktober 1954 unterzeichnet, drei

Monate nach dem Erstflug der Boeing 367-80, des in Boeing-Eigeninitiative gebauten Prototyps der KC-135 und der Boeing 707-Strahlverkehrsflugzeugfamilie. Die KC-135A hatte am 31. August 1956 Jungfernflug; die ersten Maschinen wurden Juni 1957 ausgeliefert, die letzte Einheit, die 732., wurde im Juni 1965 übergeben. Die KC-135A ist das Standard-Tankerflugzeug für die Bomber des Strategic Air Command und hat eine Treibstoffkapazität von 118 092 Litern. Sie kann auch als Fracht- oder Personaltransporter eingesetzt werden. Mit ausgebauter Betankungssonde und Raum für 39 509 kg Fracht oder 126 Soldaten wurden die C-135A und C-135B als vorläufige Strahltransportflugzeuge beim Military Air Transport System verwendet. Der Auftrag ging 1961 bei Boeing ein, und die erste von insgesamt 15 C-135A hatte am 19. Mai 1961 Erstflug. Die 30 C-135B unterscheiden sich von der Version A durch die TF33-P-5-Zweikreistriebwerke; das erste Exemplar startete am 12. Februar 1962 zum Erstflug. Drei KC-135 wurden auf C-135A-Standard modifiziert, und elf C-135B wurden zu VC-135B umgebaut, indem man sie mit einer Inneneinrichtung für den Transport von VIPs versah. Frankreich kaufte 12 C-135F-Tanker, die im wesentlichen der KC-135A entsprechen. Andere Muster in der KC-135A-Baureihe wurden während der Serienfertigung für Spezialaufgaben umgebaut, was die Gesamtsumme aller gebauten Flugzeuge dieser Boeing-Modellreihe auf 820 brachte. Diese Spezialvarianten waren 17 KC-135B (später EC-135C), die als fliegende Kommandostellen des Strategic Air Command dienen; ferner vier RC-135A für fotografische Aufklärungs- und kartographische Einsätze; 10 RC-135 B fanden schließlich als elektronische Aufklärungsflugzeuge Verwendung. Verschiedene Maschinen, deren Einsatzrolle nach der Auslieferung geändert wurde, erhielten andere Bezeichnungen, so die 10 für Wetteraufklärungsflüge verwendeten WC-135B, die elektronischen Aufklärungsmuster RC-135C, D und E sowie die fliegenden Kommandostellen EC-135G, H, J, K, L und P. McDonnell Douglas modifizierte acht Flugzeuge auf EC-135N-Konfiguration – fliegende Radio- und Telemetrie-Relaisstationen, die im Rahmen des Apollo-Programms Verwendung finden.

Boeing Vertol CH-46 Sea Knight und UH-46   USA

Transport- und Mehrzweckhubschrauber; im Serienbau und im Truppendienst.
Daten und Dreiseitenansicht: CH-46D,
Foto: HKP-4

Antrieb: 2 General Electric T58-GE-10-Wellenturbinen von je 1400 shp
Rotordurchmesser: je 15,54 m
Rumpflänge: 13,66 m
Betriebsgewicht: 10 433 kg
Höchstgeschwindigkeit: 267 km/h
Reichweite: 383 km mit 2064 kg Nutzlast
Unterbringungsmöglichkeit: 2 Mann und 25 voll ausgerüstete Soldaten.

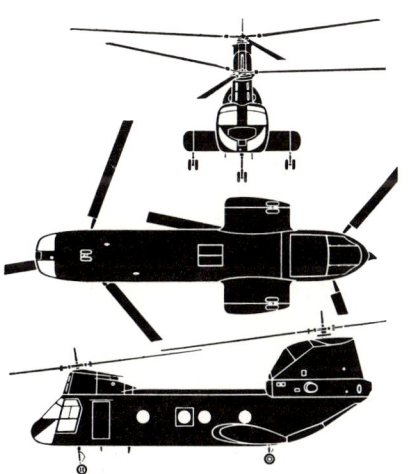

Entwicklung und Truppendienst

Der Sea Knight ist eine Ableitung aus dem Tandemrotor-Hubschrauber Vertol 107-II, den Boeing auf eigene Initiative entwickelte. Drei Stück dieser Konstruktion wurden für eine Evaluation durch die U.S.Army angekauft – den Antrieb lieferten zwei General Electric YT-58-GE-6-Turbinen –, und das erste Muster dieser drei Maschinen flog am 27. August 1959 erstmals. Die Originalbezeichnung YHC-1A wurde später in CH-46C umgeändert. Der CH-46A Sea Knight, der für das U.S.Marine Corps als mittlerer Transporthubschrauber produziert wurde, war der Gewinner eines Entwurfswettbewerbs vom Februar 1961. Zu seinen speziellen Merkmalen zählen eine Heckladerampe, die Fähigkeit, auf Wasser starten und landen zu können und ein kraftbetätigtes Rotorblatt-Faltsystem. Der erste mit zwei 1250 shp-T58-GE-8B-Turbinen angetriebene CH-46A flog am 16. Oktober 1962 zum ersten Mal, und über 500 Maschinen der CH-46-Baureihe stehen nun auf der Bestellungsliste. Im Jahre 1964 erschien das U.S.Navy-Modell UH-46A, das für Nachschubeinsätze für auf See befindliche Kriegsschiffe verwendet wurde. Die Verwendung von leistungsstärkeren Triebwerken änderte die Typenbezeichnung in CH-46D und UH-46D, und die weiterentwickelten Versionen CH-46E und CH-46F sollten im Rahmen des Budgets des Fiskaljahres 1971 beschafft werden.
Eine als Modell 107-II-9 bekannte Variante ist für Kanada in Serie gebaut worden; sechs Exemplare davon werden dort unter der Bezeichnung CH-113 Labrador und 12 als CH-113A Voyageur eingesetzt. Die mit Triebwerken britischen Ursprungs (Bristol Siddeley Gnome H1200) ausgerüsteten Modell 107-II-15 wurden in 10 Exemplaren an die Königlich Schwedische Luftwaffe und in 3 Exemplaren unter der Typenbezeichnung HKP-4 an die Schwedische Marine ausgeliefert. Die erste dieser Maschinen machte am 19. April 1963 ihren Erstflug. In Japan entstehen bei Kawasaki zivile und militärische Versionen des Modell 107-II, und zur Zeit arbeitet man an einem bedeutenden Auftrag auf diesen Typ, der von der japanischen Marine (KV-107/II-3 für Minenlege-Einsätze), von der japanischen Armee (KV-107/II-4 für Transporteinsätze) und von der japanischen Luftwaffe (KV-107/II-5 für Such- und Rettungseinsätze) plaziert wurde.

Boeing Vertol CH-47 Chinook   USA

**Mittlerer Transporthubschrauber; im Serienbau
und im Truppendienst.**
**Daten: CH-47C, Foto und Dreiseitenansicht:
CH-47B**

Antrieb: 2 Lycoming T55-L-11-Wellenturbinen von je
3750 shp
Rotordurchmesser: je 18,29 m
Rumpflänge: 15,54 m
Leergewicht: 9320 kg
max. Abfluggewicht: 20 865 kg
Höchstgeschwindigkeit: 306 km/h in Seehöhe
Einsatzradius: 185 km bei einer Geschwindigkeit von
257 km/h und einer Nutzlast von 6101 kg
Unterbringungsmöglichkeit: 2 Mann Besatzung und 33
bis 44 voll ausgerüstete Soldaten oder 27 Fallschirm-
jäger bzw. 24 Tragbahren.

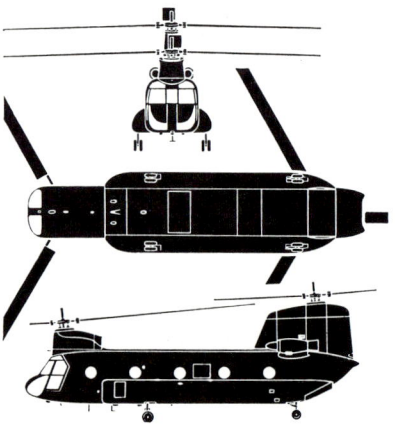

Entwicklung und Truppendienst

Der mit Tandemrotor ausgerüstete Hubschrauber Vertol Modell 114 wurde im März 1959 von
der U.S.Army zum Sieger der Entwurfsausschreibung für einen beweglichen Gefechtsfeldhub-
schrauber bestimmt, der in der Lage sein sollte,
eine Innenlast von zwei Tonnen – oder eine Außenlast von acht Tonnen an einem Lasthaken –
zu tragen. Der Entwurf basierte auf dem Modell
107 (siehe vorige Seite), hatte jedoch wesentlich
größere Abmessungen als dieses und wies eine
ganze Reihe neuer Entwurfsmerkmale auf. Fünf
Prototypen dieses größeren Musters (Typenbezeichnung YHC-1B) wurden bestellt; die ersten
Serienmuster wurden als HC-1B bezeichnet,
doch wurde diese Typenbezeichnung im Juli 1962
in H-47 umgeändert, wobei die Prototypen zu
YCH-47A und die ersten Serienversionen zu CH-
47A umbenannt wurden. Letzteres Modell wurde
von zwei 2200 shp T55-L-5- und später von zwei
2650 shp T55-L-7-Turbinen angetrieben. Als
Waffentransportsystem SS471L entwickelt, flog
der Chinook am 21. September 1961 erstmals, zu
einem Zeitpunkt also, da die Vertol Company bereits in die Boeing Company eingegliedert war.
Die Auslieferung des Musters an die Army lief im
Dezember 1962 an, und der Chinook ist nun der
Standard-Transporthubschrauber der U.S.Army
– der Auftragsbestand hatte Ende 1970 eine Gesamtzahl von mehr als 600 Einheiten erreicht.
Anfang Oktober 1966 absolvierte der erste CH-
47B, der mit zwei 2850 shp-T55-L-7C-Turbinen
ausgerüstet ist, den Erstflug; die Serienfertigung
dieses Modells begann 1967. Am 14. Oktober 1967
brachte man bei Boeing Vertol den ersten mit
3750 shp-T55-L-11-Triebwerken ausgerüsteten
CH-47C zum Erstflug, und im September 1968
trafen die ersten Produktionsmuster dieses Typs
in Vietnam ein. Das Boeing Modell 347 – Erstflug
am 28. Mai 1970 – ist ein modifizierter CH-47A
mit um 2,79 m längerem Rumpf, größeren Rotor-
abmessungen, T55-L-11-Turbinen und einem
Entwurfsbruttogesamtgewicht von 24 494 kg. Die
Royal Australian Air Force hat 12 Chinooks bestellt, und in Italien hält Agusta/Meridionali einen Vertrag für 26 für die italienische Armee und
16 für die Kaiserlich Iranische Armee zu bauende
Maschinen. Im Jahre 1970 überstellte die U.S.
Army 16 Chinook an die Südvietnamesische Luftwaffe.

Breguet Br.1050 Alizé

Frankreich

Dreisitziges trägergestütztes U-Boot-Kampf-flugzeug; im Truppendienst.

Antrieb: 1 Rolls-Royce Dart R.Da.21-Turboproptriebwerk von 2100 shp
Spannweite: 15,60 m
Länge: 13,86 m
Leergewicht: 5700 kg
max. Abfluggewicht: 8200 kg
Höchstgeschwindigkeit: 519 km/h in 3050 m Höhe.
Flugdauer: 5 h 10 min in 457 m Höhe und bei einer Geschwindigkeit von 232 km/h
Bewaffnung: Waffenschacht für 2 150 kg- oder 175 kg-Wasserbomben oder ein Torpedo; Aufhängestationen für 6 5 Zoll-Raketen oder 2 Nord AS.12-Luft-Boden-Lenkwaffen unter dem Außenflügel; Sonarbojen vorn in den Fahrwerkverkleidungen.

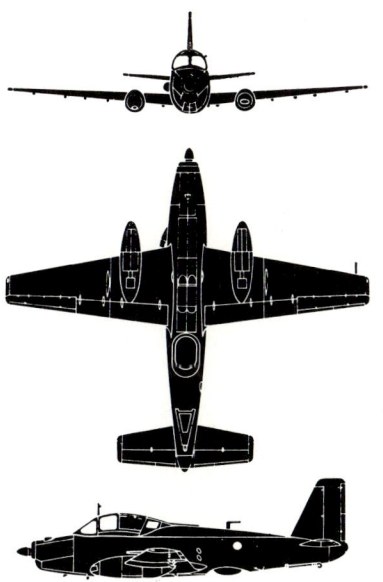

Entwicklung und Truppendienst

Die Entwicklungsgeschichte der Alizé begann im Jahre 1948, als man bei Breguet die Konstruktionsarbeiten an dem zweisitzigen Kampfflugzeug Br.960 Vultur aufnahm, um einer Forderung der französischen Marine nachzukommen. Die erste Vultur flog am 3. August 1951 mit einem 980 shp-Armstrong Siddeley Mamba-Turboproptriebwerk im Rumpfbug und einem Strahltriebwerk vom Typ Hispano-Suiza Nene einer Schubleistung von 2200 kp im hinteren Rumpfteil. Ein zweiter Prototyp mit leistungsstärkeren Ausführungen dieser Triebwerktypen wurde etwas später gebaut. Er erreichte eine Höchstgeschwindigkeit von 900 km/h, aber die französische Marine ließ das Konzept eines turbopropgetriebenen Kampfflugzeugs bald darauf fallen. Stattdessen erteilte man 1954 der Firma Breguet den Auftrag, den Vultur-Entwurf in ein dreisitziges, einmotoriges U-Boot-Bekämpfungsflugzeug umzuwandeln, und dieses Muster war die Br.1050 Alizé. Die erste Vertragsphase sah den Umbau des zweiten Vultur-Prototyps in einen aerodynamischen Erprobungsträger des neuen Entwurfs vor. Ein Mamba-Triebwerk von 1650 shp wurde eingebaut; das Nene-Triebwerk wurde nicht mehr verwendet und machte einem großen „Mülleimer"-Radom im Rumpfheck Platz; außerdem wurden Fahrwerk- bzw. Sonarbojen-Gondeln an den Tragflächen montiert. Dieses Flugzeug machte am 26. März 1955 den Erstflug. Inzwischen wurden zwei „echte" Prototypen und drei Vorserienmaschinen in Auftrag gegeben, die jedoch statt des Mamba mit einer Dart-Turbine ausgerüstet waren. Der Erstflug dieses Typs fand am 6. Oktober 1956 statt, und die erste Maschine von insgesamt 75 bestellten Serien-Alizé, die noch einige Detailveränderungen gegenüber dem Prototyp aufwiesen, wurde am 26. März 1959 an die Truppe geliefert. Diese Flugzeuge rüsteten die französischen Marine-Staffeln aus, die auf den Flugzeugträgern Foch und Clémenceau stationiert sind. 12 Alizé wurden an die indische Marine geliefert, wo sie einer Staffel angehören, die an Bord des Flugzeugträgers Vikrant Dienst tut.

Breguet Br.1150 Atlantic

Frankreich

Langstrecken-Marineaufklärungsflugzeug; im Serienbau und im Truppendienst.

Antrieb: 2 SNECMA/Rolls-Royce Tyne R.Ty.20 Mk.21-Turboproptriebwerke von je 6105 shp.
Spannweite: 36,30 m
Länge: 31,75 m
max. Abfluggewicht: 95 900 kg
Höchstgeschwindigkeit: 658 km/h
max. Reichweite: 9000 km bei einer Geschwindigkeit von 320 km/h
Besatzung: 12 Mann
Bewaffnung: Der interne Waffenschacht kann alle Standard-NATO-Bomben aufnehmen, ferner 175 kg-Wasserbomben und Zielsuchtorpedos; Unterflügelstationen für Luft-See-Raketen, Luft-See-Lenkwaffen usw.

Entwicklung und Truppendienst

Zwei Prototypen der Atlantic wurden im Dezember 1959 bestellt, nachdem eine NATO-Entwurfsausschreibung für einen Neptun-Nachfolger die Bewerbung von insgesamt 25 Firmen aus verschiedenen Ländern zur Folge gehabt hatte. Die Regierungen Frankreichs, der Bundesrepublik, Belgiens, der Niederlande und der USA übernahmen die gemeinsame Verantwortung für das Programm, und ein Firmenkonsortium aus verschiedenen Ländern, das unter der Projektführung von Breguet stand, nahm die Konstruktions- und Bauarbeiten auf. Die Triebwerke für die ersten Atlantic stammten aus Großbritannien (von Rolls-Royce), und ein Teil der Ausrüstung wurde aus den USA geliefert; diese Systeme werden jedoch für die Serienflugzeuge auf dem Kontinent hergestellt. Zur Einsatzausrüstung der Atlantic gehört ein einziehbarer „Mülleimer"-Radom unter dem Vorderrumpf, ein MAD-Heckausleger (MAD – Magnetic Anomaly Detector – Erfassungsgerät magnetischer Störungen) und ein ECM-Behälter (ECM – Electronic Countermeasures – Elektronische Gegenmaßnahmen) auf der Seitenleitwerksflosse. Der erste Prototyp flog am 21. Oktober 1961. Das dritte Flugzeug – es startete am 25. Februar 1963 zum ersten Mal – hatte einen um 0,91 m verlängerten Rumpfvorderteil, wodurch mehr Platz für das Betriebskontrollzentrum gewonnen wurde. Nach dem Bau von zwei Prototypen und zwei Vorserienmaschinen lieferte Breguet 40 Serienflugzeuge an die französische und 20 an die bundesdeutsche Marine. Die Erstauslieferung einer einsatzfähigen Atlantic an die französische Marine fand am 10. Dezember 1965 statt. 1968 wurden zusätzliche Aufträge auf neun Maschinen (siehe Bild) von den Niederlanden plaziert, und Italien bestellte 18 Maschinen. Vor der Serienfertigung dieser Einheiten stellte die französische Marine fünf ihrer Atlantic den Niederlanden zur Verfügung, die von neuen Produktionsmustern ersetzt werden sollen, von denen das erste Exemplar am 30. Januar 1971 Erstflug hatte.

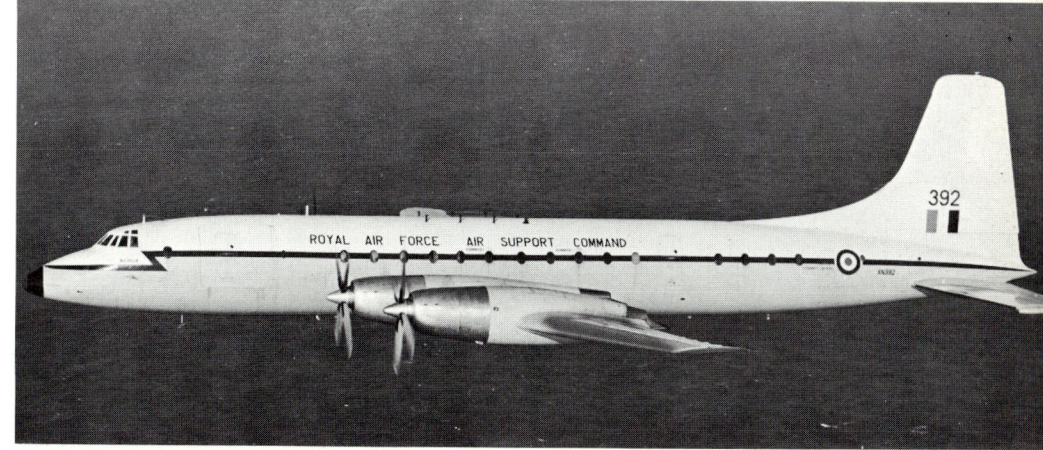

Bristol 175 Britannia

Langstrecken-Truppen- und Frachttransporter; im Truppendienst.
Daten: Britannia C.Mk.1

Antrieb: 4 Bristol Siddeley Proteus 225-Turboproptriebwerke von je 4310 shp

Spannweite: 43,38 m
Länge: 37,89 m
max. Abfluggewicht: 83 915 kg
Marschgeschwindigkeit: 579 bis 652 km/h
Reichweite: 6940 km bei einer Fluggeschwindigkeit von 579 km/h und max. Nutzlast
Unterbringungsmöglichkeit: bis zu 139 Soldaten, 53 Tragbahren und 6 Pfleger oder 16 965 kg Fracht.

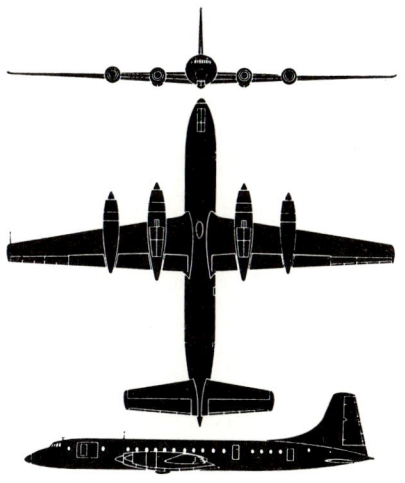

Großbritannien

Entwicklung und Truppendienst

Die Britannia der Royal Air Force führt die Herstellerbezeichnung Britannia 253 und gleicht äußerlich der Britannia 310, die von den zivilen Fluggesellschaften eingesetzt wird. Der Auftragsbestand auf diesen Typ belief sich auf 20 Maschinen, von denen Short Bros.and Harland bis 1960 15 Stück gebaut hat. Die erste C.Mk.1 (XL635) startete in Belfast am 29. Dezember 1958 zum Erstflug. Die Auslieferung an die Royal Air Force lief Mitte 1959 an, wobei die ersten Maschinen an die No.99 Squadron und an die No.511 Squadron gingen, die beide in Lyneham liegen. Ferner hat das Air Support Command drei Britannia C.Mk.2, die im wesentlichen der C.Mk.1 entsprechen und ursprünglich für Truppentransporte des Ministry of Supply gebaut wurden. Ähnlich wie die Comet C.2 des Air Support Command führen auch die Britannia individuelle Bezeichnungen: Denebola, Aldebaran, Procyon, Atria, Antares, Accrux, Altair, Canopus, Rigel, Adhara, Polaris, Alphard, Regulus, Schedar, Hadar, Avior, Spica, Capella, Argo, Vecia, Sirius und Arcturus. Eine der im Royal Air Force-Dienst stehenden Britannia wurde inzwischen abgeschrieben.

Canadair CC-106 Yukon   Kanada

Langstrecken-Transportflugzeug; im Truppen-dienst.

Antrieb: 4 Rolls-Royce Tyne 515-Turbopropltriebwerke von je 5 730 shp.
Spannweite: 43,37 m
Länge: 41,7 m
Leergewicht: 40 700 kg
max. Abfluggewicht: 92 980 kg
Höchstgeschwindigkeit: 647 km/h
Reichweite: 5245 km mit einer Nutzlast von 27 970 kg
Unterbringungsmöglichkeit: 5 bis 9 Mann Besatzung und 134 Passagiere oder 80 Tragbahren bzw. eine entsprechende Frachtmenge.

Entwicklung und Truppendienst

Als die Royal Canadian Air Force eine Ausschreibung für einen Langstrecken-Truppen- und Frachttransporter durchführte, legte Canadair das Projekt einer Weiterentwicklung der Bristol Britannia vor, die bereits als Ausgangsmuster für das von Canadair gebaute Marinepatrouillenflugzeug CL-28 Argus gedient hatte. Man studierte für das neue Projekt die Eignung von R-3350-Sternmotoren, wie sie in der Argus Verwendung finden, ferner von Pratt & Whitney T34-, Bristol Orion- und Rolls Royce Tyne-Turboprops. 1958 bestellte die RCAF acht CL-44 mit Orion-Triebwerken, doch wurde die Orion-Entwicklung einige Monate später eingestellt, worauf das Canadair-Transportflugzeug für die Aufnahme von Tyne-Turbinen umkonstruiert wurde. Der RCAF-Auftrag wurde im folgenden auf 12 Exemplare erhöht, und man änderte die Typenbezeichnung in CC-106 um. Der Name Yukon wurde erst später hinzugefügt. Das erste Flugzeug startete am 15. November 1959 zum Erstflug und wurde, nachdem man es zur Flugerprobung benützt hatte, eine der 12 von der RCAF in Auftrag gegebenen Yukon. Zwei Serienmaschinen wurden nach entsprechenden Modifikationen, die man nach der Auslieferung vornahm, zu VIP-Transportern mit Spezialinnenausstattung umgebaut und tun heute bei der No. 412 Squadron Dienst. Die restlichen 10 erhielten die Standard-Inneneinrichtung für 134 Passagiere und standen bei der No. 437 Squadron der Canadian Armed Forces im Einsatz. Alle außer vier Maschinen wurden 1971 wegen der Ende 1969 angekündigten Verteidigungsbudget-Sparmaßnahmen außer Dienst gestellt.

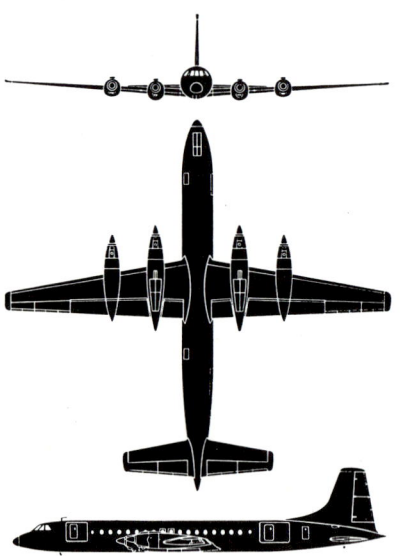

Canadair CL-41 (und CT-114 Tutor)   Kanada

Zweisitziger Anfangstrainer und leichtes Erd-kampfflugzeug; im Truppendienst.
Daten, Foto und Dreiseitenansicht: CL-41G

Antrieb: 1 General Electric J85-J4-Strahltriebwerk von 1338 kp Schub
Spannweite: 11,13 m
Länge: 9,75 m
Leergewicht: 2402 kg
max. Abfluggewicht: 5120 kg
Höchstgeschwindigkeit: 786 km/h in 8700 m Höhe
max. Reichweite: 2156 km mit 6 Unterflügelbehältern
Bewaffnung: bis zu 1814 kg Lenkwaffen, Bomben, Rake-ten und Kanonenbehälter an 6 Unterflügel- und -rumpf-stationen.

Entwicklung und Truppendienst

Der erste von zwei Prototypen der Canadair CL-41, eines zweisitzigen Trainers für die Grundschu-lung, flog am 13. Januar 1960. Er war von einem Strahltriebwerk des Typs Pratt & Whitney JT12A-5 einer Schubleistung von 1088 kp angetrieben. Diese Maschine war entwickelt worden, um den voraussichtlichen Bedarf der Royal Canadian Air Force nach einem Anfangstrainer mit Strahl-antrieb nachzukommen. Nach der Evaluation der Prototypen bestellte die RCAF 190 CL-41A-Se-rienmuster, die von einem General Electric J85-Can-40-Strahltriebwerk von 1194 Schub ange-trieben wurden und die Typenbezeichnung CT-114 Tutor erhielten. Die erste Serienmaschine wurde am 29. Oktober 1963 ausgeliefert, und 1966 standen alle 190 Exemplare im Dienst. Im Juni 1964 erprobte Canadair eine Tutor, die man auf CL-41-G-Konfiguration gebracht hatte, als leichtes COIN-Flugzeug und Waffentrainer. Die-ser Prototyp besaß vier Unterflügelstationen zur Aufnahme von Bomben, Raketen und Minigun-Behältern; die Serien-CL-41G waren dagegen mit zwei zusätzlichen Aufhängepunkten im mitt-leren Rumpfbereich versehen. 20 CL-41G wur-den an die Königlich Malaysische Luftwaffe in den Jahren 1967 und 1968 geliefert.

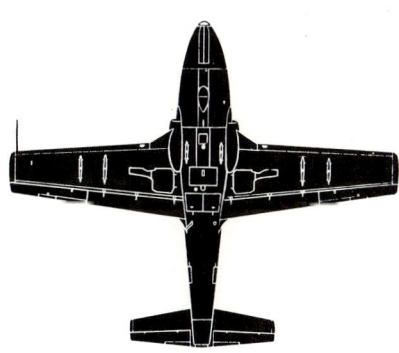

Canadair CP-107 (CL-28) Argus   Kanada

Marine-Aufklärungsflugzeug; im Truppendienst
Fotos und Dreiseitenansicht: Argus Mk.2

Antrieb: 4 Wright R-3350-EA-1-Turboverbund-Kolben-
motoren von je 3700 hp
Spannweite: 43,37 m
Länge: 39,26 m
Leergewicht: 36 287 kg
max. Abfluggewicht: 67 132 kg
Höchstgeschwindigkeit: 497 km/h in 6100 m Höhe
max. Reichweite: 9495 km
Besatzung: 15 Mann
Bewaffnung: ca. 3600 kg an interner Waffenzuladung
sowie 1724 kg Waffenlast unter jedem Tragflügel (wenn
gewünscht).

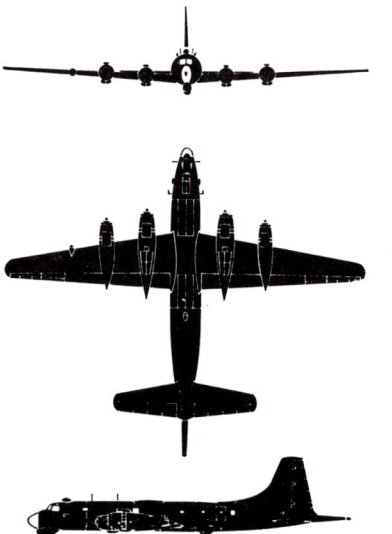

Entwicklung und Truppendienst

Die Entwicklungsgeschichte der Argus lief 1953
an, als die Royal Canadian Air Force einen Wett-
bewerb für ein neues Aufklärungsflugzeug für
Überwasser-Einsatz ausschrieb, das die damals
noch in Dienst stehenden Avro Lancaster ablösen sollte. Für diese Ausschreibung legte Canadair ein Flugzeugprojekt vor, das auf der Bristol
Britannia basierte. Nachdem man von der RCAF
einen Auftrag zum Fortführen der Entwicklungsarbeiten erhalten hatte, wandte man sich bei
Canadair an Bristol, und am 16. März erhielt man
die Lizenz zur Weiterentwicklung der Britannia.
Im Entwurf CL-28 wurde ein vollständig neuer
Rumpf entwickelt. Turbocompound-Motoren
vom Typ Wright R-3350 wurden vorgesehen, um
die notwendige lange Flugdauer in Meereshöhe
zu erreichen. Der Tragflügelentwurf der Britannia
wurde im wesentlichen beibehalten, ebenso die
Heckbaugruppe, das Fahrwerk und verschiedene
andere Komponenten. Zu der verwendeten Such-
ausrüstung gehören ein großer Radom unter
dem Rumpfbug, MAD (Magnetic Anomaly De-
tectior – Erfassungsgerät für magnetische Störungen) im Rumpfheck und ein Suchscheinwerfer einer Lichtstärke von 70 Mio. Candela in einem der Tragflügel. Die CL-28 flog am 29. März
1957 zum ersten Mal, und die ersten Staffeln
(No. 404 und 405) wurden in Greenwood, Nova
Scotia, am 17. Mai 1958 aufgestellt. Nach der
Serienfertigung von 13 CL-28-Mk.1 – darunter
der Prototyp –, baute Canadair 20 Mk.2, die mit
neuer Ausrüstung versehen wurden. Die Mk.2,
die an ihrem kleineren Kinnradom zu erkennen
sind, wurden im Juli 1960 aus der Produktion genommen. Zwei weitere Staffeln (No. 407 und 415)
wurden mit CL-28 ausgerüstet. Alle vier Staffeln,
die je sechs Flugzeuge besitzen, sollen ihre Argus bis 1973 behalten. Die militärische Bezeichnung der Argus lautet CP-107.

Cavalier (und North America) F-51 Mustang USA

**Zweisitziger Jagdbomber und Einsatztrainer;
im Serienbau und Truppendienst.**
Daten: Cavalier F-51D,
Foto: Cavalier F-51D (Vordergrund) und TF-51D
Dreiseitenansicht: North American F-51D

Antrieb: 1 Packard V-1650-7 (Rolls-Royce Merlin)-Kolbenmotor von 1695 hp
Spannweite: 11,29 m
Länge: 9,81 m
Höchstgeschwindigkeit: 735 km/h in 8535 m Höhe
max. Reichweite: 3186 km bei einer Geschwindigkeit von 467 km/h
Bewaffnung: 6 0,50 Zoll-MGs in der Fläche; 8 Unterflügelstationen für 2 454 kg-Bomben und 5 Zoll-Luft-Boden-Raketen.

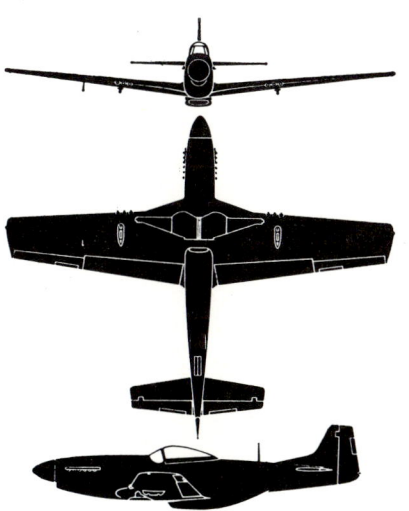

Entwicklung und Truppendienst

Die Cavalier Aircraft Corporation erhielt 1967 einen Vertrag zugesprochen, der vorsah, den berühmten Mustang-Jäger des Zweiten Weltkriegs neu auf Serie zu legen, und zwar sollte das Flugzeug den Luftwaffen von Ländern des Military Assistance Program (militärisches Hilfsprogramm der USA) für COIN-Einsätze zur Verfügung gestellt werden. Aus Komponenten und Teilen, die zum Teil neu angefertigt, zum Teil alten Kriegsbeständen entnommen wurden, wurden 12 Maschinen gebaut, die mit neuen Seriennummern der USAF ausgeliefert wurden. Die Grundversion der Cavalier F-51D Mustang, eines Tandem-Zweisitzers, besitzt Standardflügel und -Rumpf der früheren Mustang; die Leitwerkshöhe wurde dagegen vergrößert, und Bewaffnung und Elektronik wurden auf den Stand von 1968 gebracht. Im Beobachterstand sind keine Steuerorgane angebracht. Der TF-51D-Trainer, der ebenfalls von der USAF bestellt wurde, ist mit nur vier Kanonen ausgerüstet, besitzt allerdings zwei Steuerknüppel und eine vergrößerte Cockpit-Verglasung. Außer diesen Maschinen gibt es zwei Cavalier Mustang der US Army, die als Begleitflugzeug im Flugerprobungsprogramm Lockheed Cheyenne Verwendung finden. Bei Cavalier entstanden ferner die Entwicklung Mustang II, ein zweisitziges Kampfflugzeug mit einem Merlin 620-Triebwerk von 1760 hp, verstärkter Struktur, schwererer Bewaffnung und Flügelspitzentank, das als Prototyp gebaut wurde, und der Prototyp Mustang III, der der Mustang II gleicht, aber mit einem Rolls-Royce Dart-Turboproptriebwerk ausgerüstet ist. Ungefähr 60 North American F-51D Mustang aus Beständen des Zweiten Weltkriegs stehen heute noch im Truppendienst in Bolivien, Dominique, El Salvador, Guatemala, Haiti und Indonesien. Das militärische Hilfprogramm des Jahres 1967 sah vor, für einige dieser Nationen zusätzliche Flugzeuge dieses Typs bereitzustellen. Eine neue Version der F-51 Mustang ist die von einem 2535 hp Lycoming T55-Turbopropmotor angetriebene Piper Enforcer, die Mitte 1972 zur Serienfertigung reif war.

Cessna A-37 und T-37   USA

**Leichtes Erdkampf- und Anfangstrainerflug-
zeug; im Serienbau und im Truppendienst.
Daten: A-37B, Foto und Dreiseitenansicht:
A-37A**

Antrieb: 2 General Electric J85-GE-17A-Strahltrieb-
werke von je 1293 kp Schub
Spannweite: 10,93 m
Länge: 8,93 m
max. Abfluggewicht: 6350 kg
Überführungsreichweite: 1628 km
Bewaffnung: 1 7,62 mm-Minigun, 8 Unterflügelstationen
für mehr als 2270 kg Waffenzuladung.

Entwicklung und Truppendienst

Cessnas erster Strahlflugzeugentwurf gewann
1954 eine Ausschreibung für einen Anfangs-
strahltrainer, der für die US Air Force bestimmt
war. Der erste von zwei gebauten XT-37-Proto-

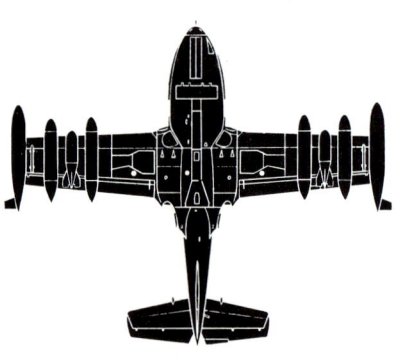

typen flog am 12. Oktober 1954 zum ersten Mal,
und das erste Muster einer für Evaluationszwecke benötigten Gruppe von 11 T-37 hatte ein
Jahr später Erstflug. Insgesamt wurden 416 mit
je zwei Continental J69-T-9-Strahltriebwerken
ausgerüstete T-37A gebaut, bevor die Serienfertigung auf die von zwei J69-T-25-Triebwerken
angetriebene T-37B (465 kp Schub) umgestellt
wurde. Alle T-37A wurden inzwischen auf B-
Standard modifiziert, und die Serienfertigung
der T-37B lief bis zum Jahre 1970 weiter, zusammen mit der Exportversion T-37C. Die letztere
kann verschiedene Waffen an Flügelstationen
mitführen, darunter Maschinenkanonenbehälter,
Raketen und Bomben. Im Rahmen des MAP-Programms und von Direktkäufen gingen T-37B und
C an Griechenland, Thailand, Peru, die Türkei,
Kambodscha, Chile, Pakistan, Kolumbien, Brasilien, Portugal und Vietnam. Die Bundesrepublik bestellte 47 T-37B für die Ausbildung der
Luftwaffe-Jetpiloten in den USA. Nach der Evaluation zweier YAT-37D-Prototypen durch die
USAF wurde aus der T-37 die für den Vietnam-
Einsatz bestimmte A-37 abgeleitet. Diese Maschine unterschied sich vom Trainer im wesentlichen durch Verwendung des J85-GE-5-Trieb-
werks statt des Standard-J69 und durch eine verstärkte Flügelstruktur für die Aufnahme von
sechs Pylons. Die erste YAT-37D flog am 22. Oktober 1963. Im August 1966 beauftragte die USAF
Cessna mit dem Umbau der damals gerade in
Serienproduktion befindlichen 39 T-37B in A-37.
Die erste dieser Maschinen wurde im Mai 1967
ausgeliefert. Diese Flugzeuge haben acht Unterflügelstationen, J85-GE-17A-Triebwerke einer
verringerten Leistung von je 1090 kp Schub und
wurden auch anderweitig geringfügig abgeändert. Seit April 1969 haben A-37A eine Staffel der
Luftstreitkräfte Südvietnams ausgerüstet. Die
Auslieferung der A-37B lief im Mai 1968 an; 327
davon waren 1970 auf der Auftragsliste. Diese
Version hat Triebwerke voller Leistung, eine bis
auf 6 g belastbare Zellenstruktur und kann neben
anderen Einsatzverbesserungen mehr Treibstoff aufnehmen und darüber hinaus im Flug betankt werden. Im Verlauf des Jahres 1970 wurden
die A-37B den Einheiten der Air National Guard
übertragen.

Convair F-102 Delta Dagger USA

**Allwetter-Interzeptor; im Truppendienst.
Foto und Dreiseitenansicht: F-102A**

Antrieb: 1 Pratt & Whitney J57-P-23- oder -25-Strahl-
triebwerk von 5306 kp Schub (7802 kp mit Nachverbrennung)
Spannweite: 11,62 m
Länge: 20,83 m
max. Abfluggewicht: ca. 14 510 kg
Reichweite: ca. 1770 km
Höchstgeschwindigkeit: 1328 km/h (Mach 1,25) in
11 000 m
Unterbringungsmöglichkeit: 1 Pilot (in TF-102A Flug-
lehrer und Flugschüler)
Bewaffnung: der innenliegende Lenkwaffenschacht
kann in einer typischen Waffenzuladungskonfiguration
eine Hughes AIM-26A- und 3 AIM-4C Falcon-Lenkwaffen aufnehmen; 24 x 2,75 Zoll-Raketen in Lenkwaffen-
schacht-Türen.

Entwicklung und Truppendienst

Das Projekt Delta Dagger oder Convair Model 8
wurde 1950 gestartet. Convair setzte damit seine
Arbeiten am Deltaflügel fort, die mit dem Ent-
wurfsvorschlag F-92 (Convair Model 7) in Zusammenarbeit mit Dr. Alexander Lippisch begonnen hatten. Convair baute und flog als Teil
des F-92-Programms die XF-92 im Jahre 1948,
und die Convair Model 8, mit der man 1950 einen
Entwurfswettbewerb der USAF gewann, entsprach im wesentlichen einer maßstäblich vergrößerten XF-92A. Die beiden YF-92A-Prototy-
pen hatten am 24. Oktober 1953, beziehungsweise am 11. Januar 1954 Erstflug. Nachdem die
Anfangsphase der Flugerprobung Schwächen
in der Hochgeschwindigkeitsleistung ergeben
hatte, wurde die YF-102A entwickelt, die am 20.
Dezember 1954 ihren Erstflug absolvierte. Mit
diesem Modell wurden ein nach der Flächenre-
gel gestalteter Rumpf, eine gewölbte Flügelvorderkante und aerodynamisch besser gestaltete
Flügelspitzen eingeführt. Das Serienmuster
F-102A war ähnlich gebaut, und 975 Maschinen
davon wurden, beginnend ab Mitte 1956, für das
Air Defense Command produziert. Die USA bestellte für das Kampftraining 111 TF-102A mit
ausladenderem Vorderrumpf und nebeneinan-
derliegenden Sitzen. Die erste TF-102A startete
am 8. November 1955 zu ihrem Erstflug. Seit der
Lieferung an die Truppe wurden die F-102A lau-
fend modernisiert: Sie können jetzt im Flug betankt und mit abwerfbaren Außentanks ausgerüstet werden. 1970 flogen nur vier reguläre
USAF-Staffeln die F-102A, aber 13 Staffeln der
Air National Guard waren ebenfalls mit diesem
Typ ausgestattet. Eine ganze Reihe der von der
USAF früher in Europa eingesetzten F-102A
wurde 1969 und 1970 an die griechischen (siehe
Foto) und türkischen Luftstreitkräfte geliefert.

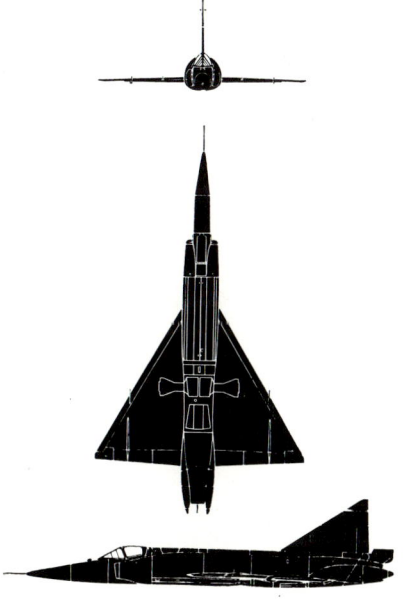

Convair F-106 Delta Dart   USA

Interzeptor; im Truppendienst.
Foto und Dreiseitenansicht: F-106A

Antrieb: 1 Pratt & Whitney J75-P-17-Strahltriebwerk von 7802 kp Schub (11 123 kp mit Nachverbrennung)
Spannweite: 11,67 m
Länge: 21,56 m
Leergewicht: 10 726 kg
max. Abfluggewicht: 15 875 kg
Höchstgeschwindigkeit: 2250 km/h (Mach 2,3) in 11 000 m Höhe
Reichweite: ca. 2400 km
Unterbringungsmöglichkeit: 1 Pilot (in F-106B Pilot und Beobachter)
Bewaffnung: 1 Douglas AIR-2A Genie- oder AIR-2B Super Genie-Rakete und 4 Hughes AIM-4F- oder AIM-4G Super Falcon-Luft-Luft-Lenkwaffen in innenliegendem Waffenschacht.

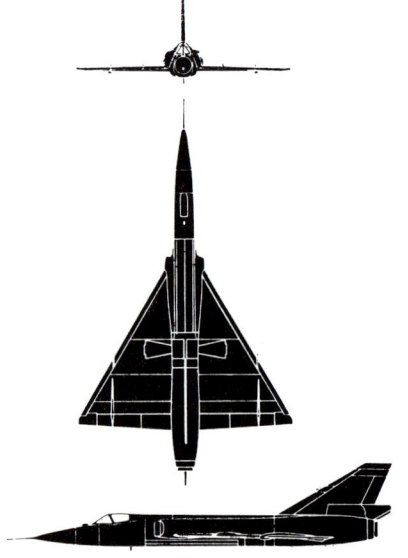

Entwicklung und Truppendienst

Die Weiterentwicklung der F-102 zur mit leistungsstärkerem J75-Triebwerk ausgerüsteten F-102B begann 1955. Später wurde die F-102B in F-106 umbenannt. Während der Tragflügel im wesentlichen unverändert blieb, wurde der Rumpf in bedeutendem Maß umkonstruiert, wobei die Triebwerkeinläufe weiter nach hinten und das Cockpit im Verhältnis dazu nach vorn verlegt wurden. Ferner änderte man Seitenleitwerksflosse und -ruder, verbesserte das Fahrwerk und sorgte dafür, daß im Waffenschacht auch spätere Waffenentwicklungen Platz finden konnten. Um die F-106 zum Einsatz im SAGE-Verteidigungssystem verwendbar zu machen, wurde das Hughes MA-1-Leit- und Kontrollsystem eingebaut. Die erste F-106A führte am 26. Dezember 1956 den Erstflug durch. Die Serienfertigung von 257 Maschinen war Ende 1960 abgeschlossen, nachdem die Belieferung des Air Defense Command Mitte 1959 angerollt war. Am 9. April 1958 machte der Prototyp von insgesamt 63 gebauten F-106B seinen Jungfernflug. Diese Variante ist ein Kampftrainer mit zwei Tandemsitzen, J57-P-9-Triebwerk und voller Kampfeignung. Die F-106A und die F-106B stehen heute noch im Dienst des Air Defense Command – Anfang 1970 waren 11 Staffeln mit diesen beiden Typen ausgerüstet. Sie sind damit die größte, je bei der USAF eingesetzte bemannte Interzeptor-Streitmacht. Neue, auch für Überschallflug und Luftbetankung geeignete abwerfbare Tanks wurden vor einigen Jahren auf der F-106 eingeführt, und 1970 stand eine stark modifizierte, als F-106X bezeichnete Version dieses Typs zur Diskussion: zur etwaigen Verwendung im Rahmen des AWACS-Systems (AWACS – Airborne Warning And Control System – Bordgestütztes Warn- und Kontrollsystem). Das Department of Defense bezeichnete damals die F-106X als wahrscheinlich bestes verfügbares Interzeptor-Waffensystem für diesen Einsatzzweck.

Dassault Etendard IV

Frankreich

Einsitziger trägergestützer Interzeptor und
Jagdbomber; im Truppendienst.
**Daten und Dreiseitenansicht: Etendard IV-M,
Foto: Etendard IV-P**

Antrieb: 1 SNECMA Atar 8B-Strahltriebwerk von 4400 kp
Schub
Spannweite: 9,60 m
Länge: 14,40 m
Leergewicht: ca. 5900 kg
max. Abfluggewicht: 10 200 kg
Höchstgeschwindigkeit: Mach 1,08 in 11 000 m Höhe
Reichweite: 3000 km mit Außenbehältern bei 820 km/h
Bewaffnung: 1 oder 2 30 mm-Kanonen; 4 Unterflügel-
stationen für bis zu 1360 kg Waffenlast an Raketen,
Bomben, Sidewinder-Luft-Luft- oder Nord AS.30-Luft-
Boden-Lenkwaffen bzw. abwerfbare Treibstoffbehälter.

Entwicklung und Truppendienst

Die Etendard wurde ursprünglich als landstationiertes Erdkampfflugzeug für niedrige Einsatzhöhen konzipiert, um einer Ausschreibung
der französischen Luftstreitkräfte und der NATO
nachzukommen. Die erste Etendard-Version war
die Etendard II, die – angetrieben von zwei Turboméca Gabizo-Strahltriebwerken einer Schubleistung von 1100 kp – am 23. Juli 1956 Erstflug
hatte. Die auf eigenes Risiko entwickelte Etendard IV, die mit einem Atar 101.E4-Strahltrieb-
werk ausgerüstet war (Schubleistung 3700 kp)
absolvierte am 24. Juli 1956 ihren Jungfernflug;
am 13. März 1957 folgte ihr die auf eine NATO-
Spezifikation hin entwickelte Etendard VI, die
von einem Orpheus B.Or.3-Triebwerk von 2200 kp
Schub angetrieben war. Keines dieser Muster
kam je über das Prototypenstadium hinaus, aber
die französische Marine beschloß, die Etendard
IV für den Einsatz auf den französischen An-
griffs-Flugzeugträgern Clémenceau und Foch zu
modifizieren. Der Prototyp der auf Marineeinsatz
adaptierten Etendard IV-M flog am 21. Mai 1958
erstmals, gefolgt von fünf Vorserien- und 69 Serienmaschinen. Im Vergleich zur landstationier-
ten Version hat die IV-M ein Fahrwerk mit größeren Federwegen, einen Abfanghaken, eine
Vorrichtung zum Katapultstart, hochklappbare
Flügelenden, eine modifizierte Bugsektion, in
der das Allwetter-Feuerleitradar AIDA untergebracht ist, ein Hochauftriebssystem, das Vorflügel und Landeklappen aufweist, und zwei unter
dem Rumpf liegende Luftbremsen. Einige Etendard IV-M wurden mit im Vorderrumpf liegenden
Flugbetankungssonden und „Buddy"-Flugbe-
tankungsausrüstung geliefert. Ferner wurden
von der Version Etendard IV-P, einem Aufklärer-
und Tankerflugzeug, 21 Maschinen ausgeliefert
(plus ein Prototyp). Diese Variante ist mit Kamera-
positionen in der Rumpfspitze und auf der
Rumpfunterseite, mit bodenunabhängigem Na-
vigationssystem und Luftbetankungssonde ausgerüstet.

Dassault Mirage III   Frankreich

Einsitziger Langstrecken-Jagdbomber; im Serienbau und im Truppendienst.
Daten und Dreiseitenansicht: Mirage III-E,
Foto: Mirage III-EP

Antrieb: 1 SNECMA Atar 09C-Strahltriebwerk von
6200 kp Schub (mit Nachverbrennung) und wahlweise
1 SEPR 844-Raketenmotor von 1500 kp Schub
Spannweite: 8,22 m
Länge: 15,03 m
Leergewicht: 7050 kg
max. Abfluggewicht: 13 500 kg
taktischer Einsatzradius: 676 km bei einer Geschwindigkeit von 960 km/h in einer Flughöhe von 10 900 m
mit Außenbehältern
Höchstgeschwindigkeit: 2350 km/h in 12 000 m Höhe
(Mach 2,2)
Bewaffnung: 2 30 mm-Kanonen im Rumpf und 1 AS.30-
Luft-Boden- oder Matra R.530-Luft-Luft-Lenkwaffe unter dem Rumpf; 2 Raketenbehälter oder 454 kg-Bomben
unter der Fläche. Außerdem können 2 Sidewinder-Luft-
Luft-Lenkwaffen mitgeführt werden.

Entwicklung und Truppendienst

Die Mirage III wurde als Allwetterkampfflugzeug
ausgelegt, das auch von kurzen, nicht vorberei-

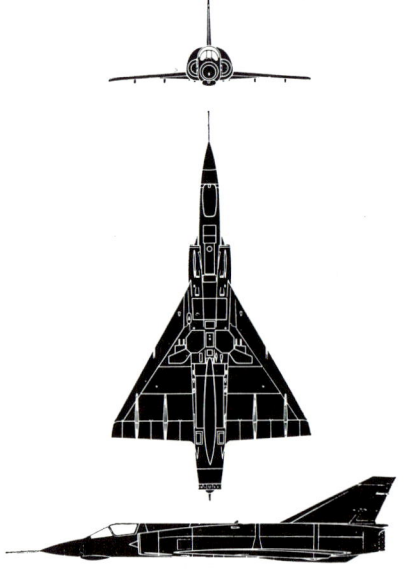

teten Start- und Landebahnen aus eingesetzt
werden sollte. Der Prototyp hatte am 17. November 1956 Erstflug; den Antrieb lieferte ein Strahltriebwerk vom Typ Atar 101G von 4490 kp Schub,
mit dem eine Geschwindigkeit von Mach 1,5 erzielt wurde. Zu einem späteren Zeitpunkt erreichte der Prototyp, der zusätzlich mit einem
Raketenantrieb ausgerüstet war, eine Geschwindigkeit von Mach 1,9. Seine Nachfolger waren
die Mach 2 schnelle Mirage IIIA mit einem 6000 kp
Schub entwickelnden Atar 9B, die in 10 Exemplaren gebaut wurde, und die im wesentlichen
der IIIA entsprechende Mirage IIIC, die am 9. Oktober 1960 zum ersten Mal flog und von der 95
Maschinen für die französischen Luftstreitkräfte
gebaut wurden, die sie als Allwetter-Interzeptoren und Tag-Erdkampfflugzeug einsetzten. Diese
Version, die mit einem auf Wunsch lieferbaren
zusätzlichen Raketenantrieb ausgerüstet
werden kann, ging auch an die schweizerische
Flugwaffe. Andere Länder, die diesen Mirage-
Typ erhielten, sind Israel (III-CJ) und Südafrika
(III-CZ). Neben der Mirage III-C entwickelte man
bei Dassault die Mirage III-B, einen mit zwei Sitzen in Tandemanordnung ausgerüsteten Trainer, der um 0,61 m verlängert wurde und die gleichen Erdkampfaufgaben erfüllt wie die III-C. Diese Version flog am 20. Oktober 1959 zum ersten
Mal und wurde für die französischen Luftstreitkräfte, (Israel III-BJ), die Schweiz (III-BS), Südafrika (III-BZ) und III-DZ), Australien (III-D), Pakistan (III-DP), Brasilien (III-BB), Libyen und Argentinien in Serie gebaut.
Auf die Mirage III-C folgte die III-E, die am 5. April
1961 Erstflug hatte. Dies ist eine Langstrecken-
Jagdbomberversion mit Atar 09C-Triebwerk, um
0,30 m verlängertem Rumpf und neuer Nav/Attack-Ausrüstung. Die Aufträge von französischer
Seite auf 180 Maschinen werden von Exportaufträgen aus Argentinien, Kolumbien, Pakistan
(III-EP), Südafrika (III-EZ), Spanien (III-EE), Libyen, Australien (III-O, Lizenzbau) und der
Schweiz (III-S, Lizenzbau) ergänzt. Eine Aufklärerversion der III-E wird als III-R bezeichnet; der
Prototyp dieser Version führte im November 1961
den Erstflug durch. Die III-R ist mit fünf Kameras
in der Rumpfspitze ausgerüstet; sie wurde von
den französischen Luftstreitkräften (III-R und
III-RD, letztere mit verbesserter Ausrüstung),
Pakistan (III-RP), der Schweiz (III-RS), Südafrika
(III-RZ und III-RDZ) und Libyen geordert.

Dassault Mirage IV-A

Frankreich

Zweisitziger strategischer Überschallbomber; im Truppendienst.

Antrieb: 2 SNECMA Atar 09K-Strahltriebwerke von je 6985 kp Schub (mit Nachverbrennung)
Spannweite: 11,85 m
Länge: 23,50 m
Leergewicht: 14 500 kg
max. Abfluggewicht: 33 475 kg
Höchstgeschwindigkeit: Mach 2,2 m in 11 000 m Höhe
taktischer Einsatzradius: 1240 km
Bewaffnung: 1 Nuklearwaffe, zum Teil vom Rumpf verdeckt, oder 16 454 kg-Bomben unter dem Rumpf und unter der Tragfläche, bzw. 4 Martel-Luft-Boden-Lenkwaffen.

Entwicklung und Truppendienst

Um einer Anforderung der französischen Luftstreitkräfte nach einem Überschallbomber zum Transport der französischen Atombombe nachzukommen, vergrößerte man bei Dassault den sehr erfolgreichen Mirage III-Jägerentwurf maßstäblich. Das Ergebnis war der Mirage IV-Prototyp, der zum ersten Mal am 17. Juni 1959 flog. Von zwei Atar 09-Strahltriebwerken mit Nachverbrennung (6000 kp Schub) angetrieben, erreichte dieses Flugzeug auf seinem 33. Erprobungsflug die zweifache Schallgeschwindigkeit. Daraufhin wurden drei Vorserienmaschinen der Mirage IV gebaut, von denen die erste am 12. Oktober 1961 Erstflug hatte. Die ersten beiden Vorserienmuster hatten das Atar 09C mit 6400 kp Schub, einen auf der Rumpfunterseite sitzenden kreisförmigen Radom und Lenkwaffen-Attrappen, von denen einige Testgeräte enthielten. Die dritte Vorserienmaschine (Jungfernflug 23. Januar 1963) entsprach dem Einsatzstandard – sie war mit Atar 09K, Flugbetankungssonde in der Rumpfspitze und Bewaffnung ausgerüstet. Insgesamt wurden 62 Serien-Mirage IV-A für die französischen Luftstreitkräfte bestellt; das erste Serienmuster startete am 7. Dezember 1963 zum ersten Mal. 1967 waren alle 62 Flugzeuge ausgeliefert. Die Mirage IV-A sind in Schutzbunkern abgestellt, aus denen sie mit voller Triebwerkleistung starten können. Die Nuklearbombe wird in freiem Fall geworfen. Sie wird – halb verdeckt – an der Rumpfunterseite transportiert.

Dassault Mirage 5 und Milan   Frankreich

Einsitziger Jagdbomber; in Serienbau und Truppendienst.
Daten und Foto: Mirage 5-BP, Dreiseitenansicht: Milan

Antrieb: 1 SNECMA Atar 09C-Strahltriebwerk von 6 200 kp Schub (mit Nachverbrennung)
Spannweite: 8,22 m
Länge: 15,55 m
Leergewicht: 6600 kg
max. Abfluggewicht: 13 500 kg
Höchstgeschwindigkeit: 2350 km/h (Mach 2,2) in 12000 m Höhe
Einsatzradius: 650 bis 1300 km mit 907 kg Bombenzuladung
Bewaffnung: 2 30 mm-Kanonen im Rumpf; eine typische interne Waffenzuladung besteht aus 2 454 kg-Bomben, 10 227 kg-Bomben und 2 113 kg-Bomben, sowie zwei Außenbehältern. Ferner können 1 AS.30- oder R.530-Lenkwaffe, Raketenbehälter und Sidewinder-Lenkwaffen mitgeführt werden.

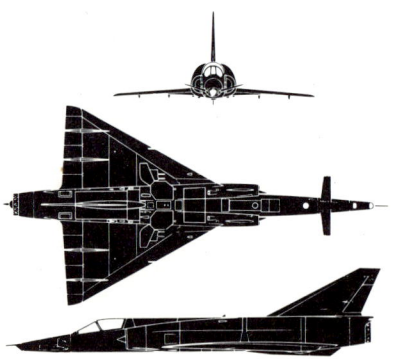

Entwicklung und Truppendienst

Durch Vereinfachung der Elektronik und anderer Systeme der Grundversion der Mirage III-E-Zelle entwickelte und produzierte man bei Dassault einen Jagdbomber für Tageinsätze mit vergrößerter interner Treibstoffkapazität, beträchtlich erhöhter Waffenzuladungsmöglichkeit und reduzierten Wartungsanforderungen. Diese Version, die die Bezeichnung Mirage 5 führt, ist für Länder von besonderem Interesse, die die für Allwettereinsatz geeignete, mit Zusatzraketenantrieb versehene Mirage III-E entweder nicht benötigen oder sich nicht leisten können. Der Prototyp der Mirage 5 flog am 19. Mai 1967 zum ersten Mal. Daraufhin wurden 50 Mirage 5-J von Israel bestellt, doch die Auslieferung dieser Maschinen wurde von der französischen Regierung verhindert. Belgien hat insgesamt 106 Mirage 5 in drei Versionen bestellt: die 5-BA für Erdkampfeinsätze, das 5-BR-Aufklärungsmuster und die zweisitzige 5-BD. Die erste dieser belgischen Mirage 5, die bei Dassault fertiggestellt wurde, flog am 6. März 1970; die restlichen Maschinen werden bei SABCA in Belgien gebaut. Andere Mirage 5-Kunden sind Peru (14 5-P und 2 5-PD-Doppelsitzer), Libyen (50), Brasilien (13 plus 3 Zweisitzer), Kolumbien (15 plus 3 Zweisitzer) und Pakistan (30). Dassault hat ferner eine Variante der Mirage III/5-Familie entwickelt, die mit einziehbaren „Moustache"-Steuerflächen am Rumpfbug ausgerüstet sind, die die Langsamflugeigenschaften verbessern. Nach Flugversuchen an einer Mirage III-R, hatte ein Prototyp mit der Bezeichnung Milan S-01, der mit Atar 09K-50 ausgerüstet war, am 29. Mai 1970 Erstflug. Dieses Flugzeug entstand durch Umbau einer Mirage III-E der französischen Luftstreitkräfte und entspricht im wesentlichen der Produktionsversion, die der Schweiz und anderen Nationen angeboten wurde.

Dassault Mirage F1   Frankreich

Einsitziges Allwetter-Mehrzweckjagdflugzeug; im Serienbau.

Antrieb: 1 SNECMA Atar 09K-50-Strahltriebwerk von 7200 kp Schub (mit Nachverbrennung)
Spannweite: 8,40 m
Länge: 15,00 m
Leergewicht: 7400 kg
max. Abfluggewicht: 14 900 kg
Höchstgeschwindigkeit: Mach 2,2 in 12 000 m Höhe, 1,2 in geringer Höhe
Flugdauer: 3 h 45 min
Bewaffnung: 2 30 mm DEFA-Kanonen im Rumpfvorderteil; 1 Aufhängestation unter dem Rumpf, 2 Aufhängestationen unter jedem Flügel zur Aufnahme von einer max. Außenwaffenlast von 4000 kg; Sidewinder-Lenkwaffen können an Flügelspitzen mitgeführt werden.

Entwicklung und Truppendienst

Dieser Mehrzweck-Jäger ist eine Weiterentwicklung der Mirage III-E mit im Grund gleichem Rumpf und gleichen Waffensystemen. Seine Haupteinsatzrolle ist die Allwetter-Abfangjagd in allen Höhen, aber er ist auch außerordentlich wirksam für Erdkampfmissionen einsetzbar. Die wichtigste Neuerung gegenüber den übrigen Mitgliedern der Mirage-Familie ist die Verwendung eines gepfeilten Tragflügels und konventioneller, voll beweglicher Höhenleitwerksflächen statt der Deltaflügelkonfiguration der Vorgängermuster. Der Mirage F1-Tragflügel ist mit einer heruntergezogenen Sägezahn-Flügelvorderkante und großen Doppelspaltklappen ausgerüstet, die es der Mirage F1 ermöglichen, in weniger als 640 m zu starten und zu landen und darüber hinaus unvorbereitet Pisten zu verwenden. Der Erstflug des Prototyps fand am 23. Dezember 1966 statt; der Prototyp wurde jedoch am 18. Mai 1967 zerstört. Drei Ersatzmaschinen wurden daraufhin von der französischen Luftwaffe bestellt, und die erste Maschine, die die Typenbezeichnung F1-02 führte, absolvierte am 20. März 1969 ihren Erstflug, worauf die F1-03 am 18. September folgte. Während der ersten 62 Flüge hatte die F1-02 das Atar 09K-31 als Antrieb, doch wurde schließlich die endgültige Triebwerkversion 09K-50 eingebaut, die auch die Serienflugzeuge antreibt. Ende 1970 hatte die französische Luftwaffe 85 Mirage F1 fest bestellt und plante eine Gesamtbeschaffungszahl von 105 Maschinen. Die für den Export angebotenen Mirage F1-Versionen können mit verschiedenen Ausrüstungskonfigurationen geliefert werden: als Luftüberlegenheitsjäger, Interzeptor und Erdkampfflugzeug. Statt des Atar 09K-50 kann ferner das SNECMA M53 oder das General Electric J79-GE-19 zum Einbau gelangen.

Dassault MD-452 Mystère IVA   Frankreich

Einsitziger Interzeptor; im Truppendienst.

Antrieb: 1 Hispano-Suiza Verdon 350- Strahltriebwerk
von 3500 kp Schub
Spannweite: 11,11 m
Länge: 12,83 m
Leergewicht: 5874 kg
max. Abfluggewicht: 8482 kg
Höchstgeschwindigkeit: 1118 km/h in Seehöhe (Mach 0,91)
Flugdauer: 1 h 10 min ohne Außenbehälter
Bewaffnung: 2 30 mm-Kanonen und 55 Raketen im Rumpf; Unterflügelstationen für die Aufnahme von 2 454 kg-Bomben, Napalm-Behältern, 6 Luft-Boden-Raketen oder 19 Luft-Luft-Raketen.

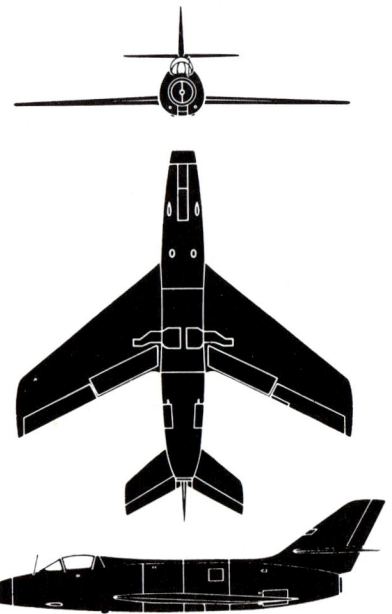

Entwicklung und Truppendienst

Die Mystère IVA startete am 28. September 1952 zum Erstflug. Sie stellt eine Weiterentwicklung der Mystère IIC dar, die kurze Zeit bei den französischen Luftstreitkräften im Einsatz stand, und besaß als Neuheiten einen dünneren Flügel (Dickenverhältnis 7,5 Prozent), auf 41° vergrößerte Pfeilung, einen vergrößerten Rumpf und ein leistungsstärkeres Triebwerkmuster. Im April 1953 plazierte die USAF einen Sofort-Beschaffungsauftrag auf 225 Serienmaschinen; es folgte die französische Regierung mit einer Bestellung von 100 Mustern dieses Typs. Die ersten Mystère IVA wurden 1955 in Dienst gestellt. Das erste Fertigungslos von 50 Maschinen war mit Hispano-Suiza Tay 250-Strahltriebwerken (Schubleistung 2850 kp) ausgerüstet. Später ging man auf das leistungsstärkere Verdon über. Insgesamt wurden 421 Mystère IVA gebaut, von denen 110 an die indischen Luftstreitkräfte und 60 an die israelische Luftwaffe geliefert wurden, die sie im Kampf gegen ägyptische MiG-15 und 17 während der Sinai-Kampagne des Jahres 1956 und später auch während des Feldzugs im Juni 1967 einsetzte. Die französischen Luftstreitkräfte ersetzen zur Zeit ihre Mystère durch Mirage. Anfang 1970 waren nur mehr zwei Mystère-Staffeln einsatzbereit, und einige wenige Maschinen tun noch in Indien Dienst. 1970 sollen noch ungefähr 30 Maschinen in Israel einsatzbereit gewesen sein.
Weiterentwickelte Versionen der Mystère IV waren die in drei Prototypen und 16 Vorserienmaschinen gebaute Mystère IVB (Erstflug 16. Dezember 1953), die ein Avon R.A.7R als Antrieb und einen Lufteinlauf nach Art der F-86 hatte, und der Mystère IVN-Prototyp, der am 19. Juli 1954 seinen Erstflug absolvierte. Die IVN wurde ebenfalls von einem Avon angetrieben und war ein Tandem-Doppelsitzer-Allwetter-Interzeptor mit einem der F-86D und L Sabre ähnlichen Nasenradom.

Dassault Super Mystère B-2   Frankreich

Einsitziger Interzeptor und taktisches Kampf-flugzeug; im Truppendienst.

Antrieb: 1 SNECMA Atar 101G-Strahltriebwerk von 3400 kp Schub (mit Nachverbrennung 4400 kp)
Spannweite: 10,51 m
Länge: 14,05 m
max. Abfluggewicht: 10 000 kg
Höchstgeschwindigkeit: 1195 km/h in 11 000 m Höhe (Mach 1,13)
Reichweite: 966 km
Bewaffnung: 2 30 mm-Kanonen und 55 Luft-Luft-Raketen im Rumpf; Unterflügelstationen für die Aufnahme von 2 x 19 Raketen, 2 500 kg-Bomben, Napalmbehältern, Luft-Luft-Lenkwaffen oder 12 Luft-Boden-Raketen.

Entwicklung und Truppendienst

Die Super Mystère ist eine Weiterentwicklung der Mystère IVB mit dünnerem, stärker gepfeiltem Flügel, besseren Sichtverhältnissen für den Piloten und einem verbesserten, elliptischen Lufteinlauf. Der Super Mystère-Prototyp (Erstflug 2. März 1955) hatte als Antrieb ein Avon R.A. 7R-Strahltriebwerk mit Nachverbrennung und überschritt während seines vierten Erprobungsflugs die Mach 1-Grenze. Für die 5 Vorserien- und 180 Serienmaschinen (Erstflug 26. Februar 1957) des Typs Super Mystère B-2, von denen die letzten Exemplare 1959 zur Auslieferung gelangten, fand das Atar 101 Verwendung. 1970 waren immer noch drei Super Mystère-Staffeln bei verschiedenen Einheiten der französischen Luftstreitkräfte im Truppendienst und werden bis zu dem Zeitpunkt verwendet werden, bis diese Einheiten mit der modernen Mirage F1 ausgerüstet sind. In Israel, das insgesamt 24 Maschinen orderte (siehe Foto), fliegen die Super Mystère B-2 immer noch in vorderster Linie als Jagdbomber der Luftwaffe. Eine B-2-Zelle, die als fliegender Prüfstand für das SNECMA Atar 9-Strahltriebwerk (6010 kp Schub mit Nachverbrennung) Verwendung fand, trug die Bezeichnung Super Mystère B-4. Dieses Flugzeug flog am 9. Februar 1958 erstmals und entwickelte eine Steigleistung von fast 153 m/sec in Seehöhe.

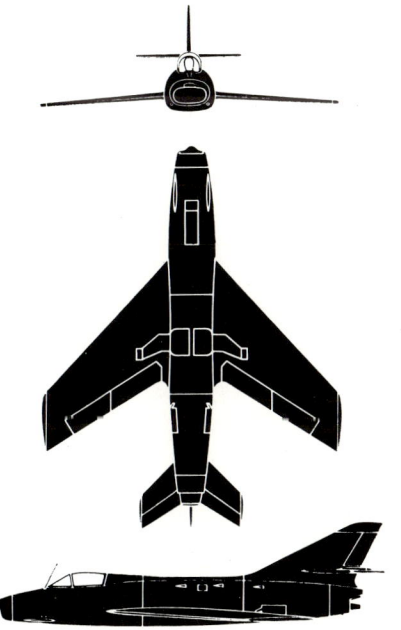

De Havilland (Canada) DHC-4 Caribou   Kanada

Leichtes taktisches Transportflugzeug; im Serienbau und im Truppendienst.

Antrieb: 2 Pratt & Whitney R-2000-7M2-Kolbenmotoren von je 1450 hp
Spannweite: 29,15 m
Länge: 22,13 m
Leergewicht: 8283 kg
max. Abfluggewicht (normal): 12 928 kg
Höchstgeschwindigkeit: 347 km/h in einer Höhe von 1980 m
Reichweite: 390 km mit max. Nutzlast
Unterbringungsmöglichkeit: 3 Mann Besatzung und 32 voll ausgerüstete Soldaten oder 26 Fallschirmjäger bzw. 22 Tragbahren und 8 Begleitpersonen.

Entwicklung und Truppendienst

Die Firma de Havilland of Canada begann im Jahre 1955 mit den Konstruktionsarbeiten an diesem taktischen STOL-Transporter. Mit einem Auftrag auf fünf Prototypen (Typenbezeichnung YAC-1) erhielt das Projekt im Jahre 1957 Unterstützung durch die US Army. Die kanadische Regierung bestellte zwei Exemplare, von denen eines als CC-108 der Royal Canadian Air Force als Evaluationsmuster diente. Die erste Caribou flog am 30. Juli 1958, die erste YAC-1 im März 1959. Die Auslieferung an die US Army lief im Oktober 1959 an, und der erste einer ganzen Reihe daraufhin erteilten Serienaufträge erfolgte 1960. Die AC-1 der US Army, die später in CV-2A umbenannt wurden, wurden mit einem Bruttogesamtgewicht von 11 793 kg geliefert. Spätere Flugzeuge der Serie CV-2B wurden auf DHC-4A-Standard gebracht und hatten ein Bruttogesamtgewicht von 12 928 kg. Insgesamt 159 Caribou wurden von der US Air Force gekauft. Die 134 Maschinen die 1967 noch im Dienst standen, wurden von der US Army übernommen und erhielten die Typenbezeichnung C-7A. Vier Caribou Mk.1A (oder DHC-4), die von der RCAF im August 1960 geordert wurden, wurden den im Kongo stationierten Truppen der Vereinten Nationen überstellt, und vier Mk.1B (DHC-4A) wurden zu einem späteren Zeitpunkt beschafft. Zwei CV-2A wurden den indischen Luftstreitkräften 1963 zu Evaluationszwecken übergeben, und daraufhin bestellte Indien 20 Maschinen. Andere Luftstreitkräfte, die Caribou gekauft haben, sind jene von Ghana (8), Australien (30), Kuwait (2), Kenya (4), Zambia (4), Malaysia (13), Tansania (4), Spanien (12, siehe Foto), Muscat und Oman (3) und Abu Dhabi (4).

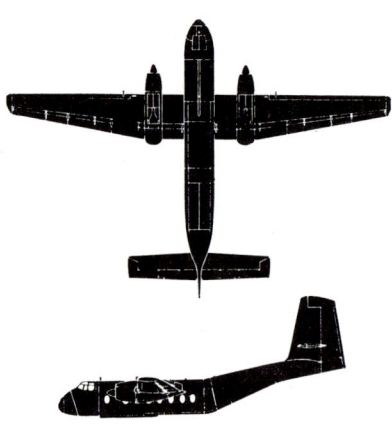

De Havilland (Canada) DHC-5 Buffalo   Kanada

Mehrzwecktransporter; im Serienbau und Truppendienst.
Daten: CC-115

Antrieb: 2 General Electric CT64-820-1-Turboproptriebwerke von je 3055 shp
Spannweite: 29,26 m
Länge: 24,08 m
Leergewicht: 10 505 kg
max. Abfluggewicht: 18 598 kg
Höchstgeschwindigkeit: 435 km/h in 3050 m Höhe
Reichweite: 815 km mit max. Nutzlast
Unterbringungsmöglichkeit: 3 Mann Besatzung und bis zu 41 Soldaten oder 35 Fallschirmjäger bzw. 24 Tragbahren und 6 Mann Begleitpersonal.

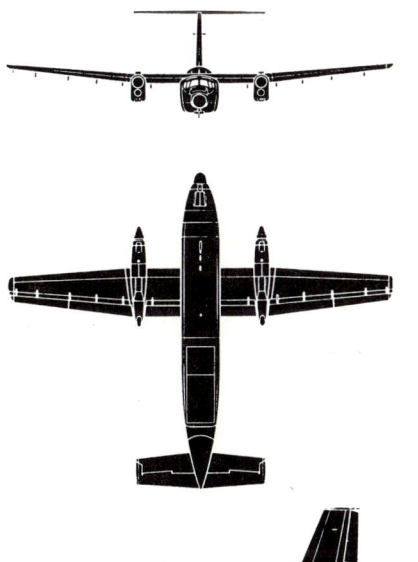

Entwicklung und Truppendienst

Ebenso wie die Caribou entstand dieser Entwurf aufgrund einer Forderung der US Army, die im Mai 1962 der Industrie übermittelt wurde. De Havilland of Canada, eines der 25 Unternehmen, die eingeladen worden waren, entsprechende Entwürfe einzureichen, hatte vorher bereits drei Flugzeugmuster für die US Army in Serie gebaut – die Beaver, Otter und Caribou. Die neue Entwurfsanforderung betraf ein Flugzeug, das höhere Leistungen als die Caribou erbringen und bedeutend gesteigerte Nutzlasten befördern sollte; die Frachttransportkapazität sollte jener des Hubschrauber CH-47A Chinook entsprechen. Die DHC-5, die als Gewinner der Entwurfsausschreibung gewählt wurde, hatte die gleiche Konfiguration wie die Caribou und wies einen auf diesem Muster basierenden Tragflügel auf, war jedoch mit einem neuen, aufnahmefähigeren Rumpf, einem T-Leitwerk und T64-Turboproptriebwerken ausgerüstet. Die US Army bestellte vier DHC-5 für Evaluations- und Entwicklungszwecke (ursprüngliche Bezeichnung YAC-2, die später in YCV-7A und dann in C-8A geändert wurde, als die USAF die US Army-Transportflugzeuge im Januar 1967 übernahm). Das erste dieser Flugzeuge hatte am 9. April 1964 Erstflug und gelangte ein Jahr später zur Auslieferung. Ende 1964 bestellten auch die Canadian Armed Forces 15 Buffalo, von denen sechs Maschinen mit Such- und Rettungsgeräten ausgerüstet werden sollen. Diese Flugzeuge führen die Typenbezeichnung CC-115 und haben einen um 0,50 m verlängerten Rumpf und leistungsstärkere Triebwerke. 24 ähnlich ausgestattete Maschinen wurden von den brasilianischen Luftstreitkräften (siehe Foto) in Auftrag gegeben, 16 DHC-5 Buffalo sind von Peru bestellt worden.

41

De Havilland Vampire

Großbritannien

Einsitziger Jagdbomber und Fortgeschrittenen-trainer; im Truppendienst.
Daten, Foto und Dreiseitenansicht: Vampire F.B.Mk.6

Antrieb: 1 de Havilland Goblin 3-Strahltriebwerk von 1520 kp Schub
Spannweite: 11,58 m
Länge: 9,37 m
Leergewicht: 3304 kg
max. Abfluggewicht: 5620 kg
Höchstgeschwindigkeit: 877 km/h in 9150 m Höhe
max. Reichweite: 882 km in 9150 m Höhe und bei 563 km/h
Bewaffnung: 4 20 mm-Kanonen im Rumpfbug und bis zu 907 kg Waffenlast an Bomben oder Raketen unter der Tragfläche.

Entwicklung und Truppendienst

Die Vampire, die zum ersten Mal am 20. September 1943 flog, ist einer der ältesten Strahljäger, die immer noch an vorderster Front Dienst tun. Nur die Meteor kann auf eine längere Einsatzdauer zurückblicken. Der FB.5/9-Jagdbomber und seine ins Ausland gelieferte Version F.B.50 stehen heute noch bei den Luftstreitkräften Rhodesiens, Neuseelands, Venezuelas und Dominiques, wo man sogar eine Mk.1 von Schweden gekauft hat, im Einsatz. Die Schweizerische Flugwaffe besitzt immer noch einige Staffeln mit F.B. 6-Jagdbombern (siehe Foto und Beschreibung oben). In großen Zahlen steht ferner die zweisitzige Trainerversion der Vampire im Dienst, deren auf Firmeninitiative hin entwickelter Prototyp am 15. November 1950 den Erstflug absolvierte. Später flogen zwei Evaluationsmuster des Trainers für die Royal Navy, der darauf unter der Typenbezeichnung T.Mk.11 an die Royal Air Force geliefert wurde. Insgesamt 804 Vampire-Trainer wurden gebaut, darunter 73 Sea Vampire T.Mk.22 für die britischen Marineflieger. In Australien wurden weitere 109 Mk.33, 34 und 35 in Lizenz gebaut. Vampire-Trainer wurden in ungefähr 20 Länder exportiert und stehen heute noch in Australien, Rhodesien, Neuseeland, Indien und verschiedenen Staaten des Mittleren Ostens und Südamerikas im Dienst.

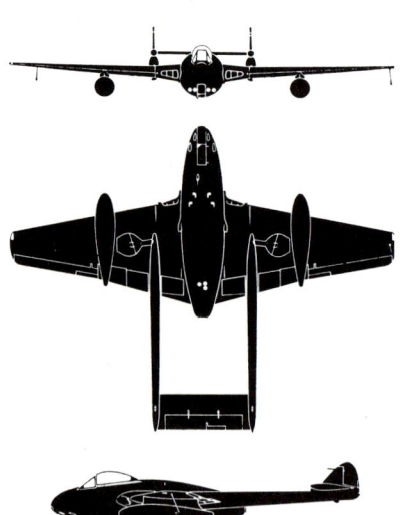

De Havilland Venom und Sea Venom

Großbritannien

Einsitziger Jagdbomber; im Truppendienst. Daten, Fotos und Dreiseitenansicht: Venom F.B.Mk.50

Antrieb: 1 de Havilland Ghost 103-Strahltriebwerk von 2200 kp Schub
Spannweite: 12,70 m
Länge: 9,70 m
max. Abfluggewicht: 6985 kg
Höchstgeschwindigkeit: 1030 km/h
Reichweite: über 1600 km mit Außenbehältern
Bewaffnung: 4 20 mm-Kanonen im Rumpfbug und bis zu 907 kg Waffenzuladung an Bomben oder Raketen unter der Tragfläche.

Einsatz und Truppendienst

Der Prototyp der D.H.112 Venom startete am 2. September 1949 zum Erstflug. Es handelte sich dabei um eine direkte Modifikation der Vampire mit dünnerem, schwach gepfeiltem Tragflügel, Flügelspitzentanks und einem Ghost-Strahltriebwerk. Die Auslieferung der Serienmaschinen Venom F.B.Mk.1 an die Royal Air Force lief 1951 an, und die Maschinen wurden zur Ausrüstung von Staffeln in der Bundesrepublik (2nd Tactical Air Force) und im Mittleren und Fernen Osten verwendet. Die Neuausrüstung dieser Staffeln mit der Venom F.B.Mk.4, die mit angetriebenen Querrudern, umkonstruiertem Leitwerk und anderen Änderungen versehen war, begann Mitte der fünfziger Jahre. Die zweisitzigen, mit Bordradar bestückten Venom N.F.Mk.2 und Mk.3-Nachtjäger wurden ebenfalls an einige Staffeln geliefert. 1962 hatten alle Venom der Royal Air Force den Dienst quittiert, doch die F.B.50-Version der Mk.1 steht heute noch in der Schweiz im Einsatz, wo 150 Maschinen in Lizenz gebaut wurden, gefolgt von 100 der F.B.Mk.4 entsprechenden Venom. Die letztere Variante steht heute auch noch in Venezuela in Dienst.
In den frühen fünfziger Jahren begann man mit der Entwicklung einer Marineversion der zweisitzigen Venom, um der Royal Air Force zu ihrem ersten mit Radar ausgerüsteten Allwetter-Kampfflugzeug zu verhelfen. Acht Einsatzstaffeln der Fleet Air Arm waren zwischen 1954 und 1961 mit Sea Venom ausgerüstet. Einige wenige Sea Venom F.(A.W.) Mk.22 stehen noch im Dienst bei der Air Observer School in Lossiemouth. Dieser Typ wurde in Frankreich als Sud Aquilon gebaut, von denen immer noch einige Exemplare existieren.

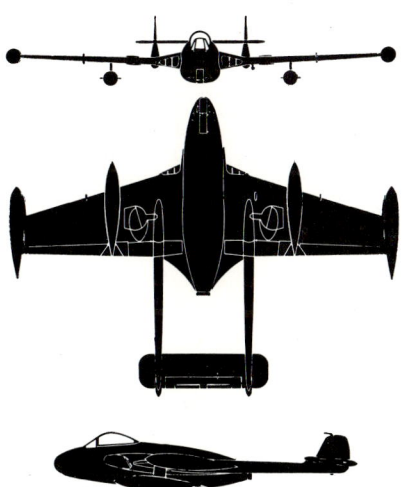

Douglas A-1 Skyraider   USA

Ein- und zweisitziges COIN- und bewaffnetes
Begleitflugzeug; im Truppendienst.
Daten und Dreiseitenansicht: A-1J, Foto: A-1E

Antrieb: 1 Wright R-3350-26WB-Kolbenmotor von
3050 hp
Spannweite: 15,47 m
Länge: 11,84 m
Leergewicht: 5693 kg
max. Abfluggewicht: 11 340 kg
Höchstgeschwindigkeit: 411 km/h in 5486 m Höhe
Reichweite: bis 4830 km mit Außenbehältern
Bewaffnung: 4 20 mm-Kanonen im Flügel und bis zu
3 630 kg Waffenzuladung an Unterflügelstationen.

Entwicklung und Truppendienst

Einer der vielseitigsten je produzierten leichten
Bomber war die Douglas A-1 Skyraider. Diese
Maschine hatte ihren Ursprung in einer Entwurfsanforderung der US Navy im Jahre 1944, und als
die Serienfertigung auslief, waren insgesamt
3160 Einheiten gebaut. Obwohl sie für den Einsatz im Zweiten Weltkrieg zu spät kam, stellte die
Skyraider (damals noch unter ihrer früheren AD-
Bezeichnung) eines der potentesten Waffensy-
steme der USA im Koreakrieg dar. Heute steht
sie immer noch in Südvietnam im Einsatz. Die
früher als AD-1 bis AD-7 bezeichneten Versionen
wurden seit 1962 als A-1A bis A-1J geführt. Die
US Navy verwendete bis 1967 verschiedene Versionen in Vietnam, so das für niedrige Flughöhen
konzipierte Modell A-1H, die mit verstärkter Zelle
ausgerüstete A-1J und die ECM-Versionen EA-1E
und EA-1F (ECM – Electronic Countermeasures
– elektronische Gegenmaßnahmen). Diese Maschinen wurden Ende 1967 aus dem Dienst gezogen, so daß nur mehr die US Air Force und die
südvietnamesischen Luftstreitkräfte Skyraider in
größerem Umfang einsetzen. Das gängigste Muster ist die zweisitzige A-1E, die in Vietnam all-
gemein als „Spad" bekannt ist. Zu den ausländischen Haltern der A-1 zählten Großbritannien,
wo im Rahmen des MDAP-Programms 50 Maschinen für Frühwarneinsätze bei der Royal Navy verwendet wurden, die allerdings heute ausgemustert sind, und Frankreich, wo sie heute noch zur
Unterstützung der in den früheren französischen
Territorien in Nordafrika stationierten Truppen
herangezogen werden.

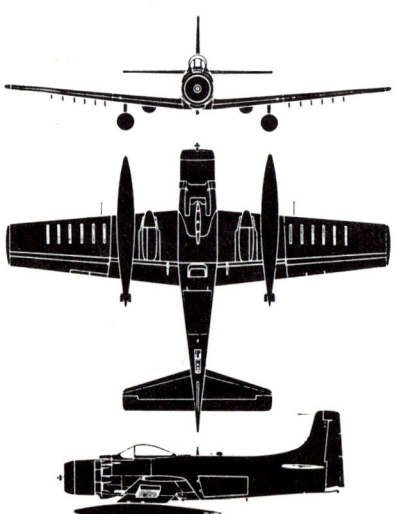

Douglas A-3 Skywarrior   USA

Dreisitziger trägergestützer Kampfbomber; im Truppendienst.
Daten und Dreiseitenansicht: A-3B, Foto: EKA-3

Antrieb: 2 Pratt & Whitney J57-P-10-Strahltriebwerke
von je 4763 kp Schub
Spannweite: 22,09 m
Länge: 23,26 m
Leergewicht: 17 372 kg
max. Abfluggewicht: 33 112 kg
Höchstgeschwindigkeit: 981 km/h in 3050 m Höhe
Reichweite: über 4660 km
Bewaffnung: 2 20 mm-Kanonen in radargesteuertem
Heckstand (nicht immer installiert); Waffenzuladung in
Waffenschacht.

Entwicklung und Truppendienst

Die Entwicklungsgeschichte der Skywarrior begann kurze Zeit nach dem Zweiten Weltkrieg, als die US Navy sich mit Plänen bezüglich des Baus von Super-Flugzeugträgern trug, zum Beispiel des USS Forrestal. Die Skywarrior war das größte bis dahin für den Trägereinsatz konzipierte Flugzeug. Der Prototyp hatte am 28. Oktober 1952 Erstflug. Er führte die Typenbezeichnung XA3D-1. Diese Maschine und der zweite Prototyp wurden von je zwei Westinghouse XJ40-WE-3-Triebwerken angetrieben, die Produktionsmuster erhielten dagegen J57-P-6 von Pratt & Whitney. Alle unter der Bezeichnung A3D gebauten Skywarrior wurden 1962 in A-3 umgetauft. Die erste Serienmaschine A-3A flog am 16. September 1953 zum ersten Mal, und die Auslieferung an die US Navy begann im März 1956. Durch einige Modifikationen an fünf der 50 gebauten A-3A entstand die für elektronische Gegenmaßnahmen-Einsätze geeignete EA-3A und die in einem Exemplar gebaute Aufklärungsversion YRA-3A. Die A-3B, die 1957 die Truppe zu erreichen begann, war mit leistungsstärkeren Triebwerken und einer Vorrichtung zum Betanken aus der Luft ausgerüstet. 164 Maschinen davon wurden gebaut. Die erste von 30 RA-3B startete am 22. Juli 1958 zum Erstflug – sie ist mit Kameras bestückt, die im Waffenraum untergebracht sind. Die für elektronische Gegenmaßnahmen-Missionen gebaute EA-3B hat einen im Waffenschacht untergebrachten Besatzungsraum für vier Personen. Sie flog am 10. Dezember 1958 erstmals; 24 Maschinen dieses Typs wurden gebaut. Die letzte Version, die am 29. August 1959 flog, war die TA-3B, ein Trainer für auf der EA-3B eingesetzte Radaroperatoren. Die TA-3B kann einen Ausbilder und sechs Schüler aufnehmen; 12 Maschinen wurden gebaut, eine davon wurde zu einem Transportflugzeug für hohe Militärs umgebaut – sie hat die Typenbezeichnung VA-3B. Der Haupteinsatzzweck der Skywarrior im Jahre 1970 war die elektronische Aufklärung zur Unterstützung der US-Operationen über Vietnam. Andere Maschinen wurden zu KA-3 und EKA-3-Tankern umgebaut und werden bis zu ihrer Ablösung durch KA-6D im Dienst bleiben.

45

Douglas B-26 Invader USA

Dreisitziger taktischer Bomber und COIN-Flugzeug; im Truppendienst.
Daten: B-26B, Foto und Dreiseitenansicht: B-26

Antrieb: 2 Pratt & Whitney R-2800-27- oder-79-Kolbenmotoren von je 2000 hp
Spannweite: 21,33 m
Länge: 15,24 m
Leergewicht: 10 147 kg
max. Abfluggewicht: 17 463 kg
Höchstgeschwindigkeit: 571 km/h in 3050 m Höhe
Reichweite: 2253 km mit 1814 kg Bombenzuladung
Bewaffnung: 18 0,50 Zoll-MGs im Rumpfbug, Flügel und Waffenständen auf Rumpfunter- und Oberseite; Bomben oder Raketen unter dem Flügel und 1814 kg Waffenzuladung im Rumpfinneren.

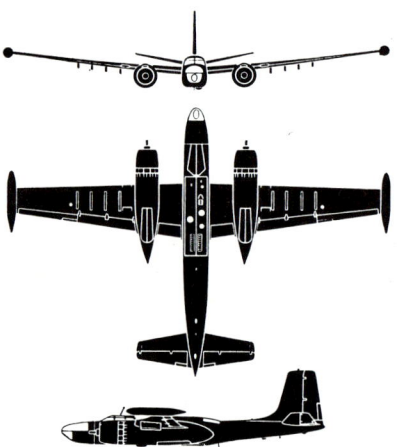

Entwicklung und Truppendienst

Die Invader wurde aufgrund einer 1940 durchgeführten Ausschreibung als Ersatzmuster für die A-20 entwickelt, die während des Zweiten Weltkriegs als Havoc und Boston im Einsatz stand. Die A-26 – so lautete die ursprüngliche Typenbezeichnung der Invader – hatte ein ähnliches Layout wie die A-20, war jedoch mit leistungsstärkeren Triebwerken und schwererer Bewaffnung ausgerüstet. Der Prototyp flog am 10. Juli 1942 erstmals. 2 Hauptversionen wurden in Serie gefertigt, die A-26B mit normal beplanktem Rumpfbug und die A-26C mit einem für den Bombenschützen verglasten Bug. 2451 Maschinen wurden einschließlich der Prototypen gebaut. Viele B-26 wurden in der ursprünglichen Einsatzrolle als Bomber in Korea eingesetzt, andere wurden bei der USAF als Stabstransportflugzeuge (VB-26B), Trainer (TB-26C) und Zielschleppflugzeuge (DB-26J) verwendet. Bei den Luftstreitkräften folgender Länder fliegen B-26: Chile, Kolumbien, Dominique, Guatemala, Peru. Einige wenige Exemplare werden für Spezialeinsätze in der Bundesrepublik, Frankreich und Portugal benützt. Im Jahre 1963 baute die Firma On Mark Engineering die YB-26K für eine Bewertung ihrer Eignung für COIN-Einsätze. Zu diesem Zweck wurde der Rumpf komplett umgestaltet, R-2800-103-Triebwerke einer Leistung von 2500 hp installiert, die Flügel zur Aufnahme von maximal 3630 kg Außenlasten zusätzlich zur internen Bombenlast beträchtlich verstärkt und viele andere Änderungen durchgeführt. Im Oktober bestellte die USAF die im wesentlichen ähnliche B-26K Counter-Invader, und die erste dieser Maschinen hatte am 25. Mai 1964 Erstflug. Einige Muster gingen mit der USAF nach Vietnam, wo man sie im folgenden in die „Attack"-Kategorie einreihte und in A-26A umbenannte. Weitere Maschinen wurden an verbündete Nationen im Rahmen des MAP-Programms geliefert. Im Lauf des Jahres 1967 wurden 18 B-26 der brasilianischen Luftstreitkräfte auf B-26-K-Standard – Triebwerke ausgenommen – modifiziert.

Douglas B-66 Destroyer   USA

Dreisitziger leichter taktischer Bomber und elektronisches Aufklärungsflugzeug; im Truppendienst.
Daten und Dreiseitenansicht: B-66C,
Foto: EB-66C

Antrieb: 2 Allison J71-A-13-Strahltriebwerke von je 4536 kp Schub
Spannweite: 22,09 m
Länge: 22,91 m
Leergewicht: 19 219 kg
max. Abfluggewicht: 37 648 kg
Höchstgeschwindigkeit: 998 km/h in 3050 m Höhe
Reichweite: 2414 km
Bewaffnung: 2 20 mm-Kanonen in radargesteuertem Heckstand; interne Bombenzuladung bis zu 6800 kg.

Entwicklung und Truppendienst

Die erfolgreiche Entwicklung der A3D Skywarrior für die US Navy führte dazu, daß der gleiche Grundentwurf von der US Air Force aufgegriffen wurde, die 1952 fünf RB-66A für Entwicklungsversuche bestellte. Die B-66 unterscheidet sich in vielen Details von der Skywarrior und wird von zwei Allison J71-Strahltriebwerken angetrieben. Der Erstflug fand am 28. Juni 1954 statt. Ebenso wie die RB-66A wurde die RB-66B für die Ausführung von photographischen Tag- und Nachteinsätzen mittels Kameras und Blitzbomben ausgelegt, die im Rumpf transportiert werden. Das erste Muster dieser Maschinen, von denen 145 gebaut wurden, flog am 28. Juni 1954. Der taktische Bomber B-66C unterschied sich nur in Details des Waffenschachts von den RB-66-Mustern. 72 Maschinen vom B-66C-Typ rollten aus der Halle – der erste flog am 4. Januar 1955. Für elektronische Aufklärungseinsätze nahm die RB-66C statt des gewöhnlichen Waffenraums einen Spezialbehälter mit Platz für vier Besatzungsmitglieder auf. Der Erstflug dieser Version, die in 36 Stück produziert wurde, fand am 29. Oktober 1955 statt. Die letzte Serienvariante war die WB-66D, die für Wettererkundungsflüge mit einer Besatzung von zwei Mann im Spezialbehälter besetzt war. Insgesamt 36 Maschinen von dieser Version wurden gefertigt. Die letzte B-66 überhaupt wurde 1958 ausgeliefert. Die Destroyer waren 1970 hauptsächlich als ECM-Flugzeuge (Electronic Countermeasures – elektronische Gegenmaßnahmen) und Aufklärungsmuster über Vietnam eingesetzt, wo die Typenbezeichnungen der Spezialvarianten EB-66B, EB-66C und EB-66F lauteten. In der gleichen Einsatzrolle tun einige wenige Maschinen zur Zeit Dienst bei der USAF in Europa.

Douglas C-118 Liftmaster

USA

Langstrecken-Transportflugzeug; im Truppendienst.

Antrieb: 4 Pratt & Whitney R-2800-52W-Kolbenmotoren von je 2500 hp
Spannweite: 35,81 m
Länge: 39,75 m
Leergewicht: 24 562 kg
max. Abfluggewicht: 50 803 kg
Höchstgeschwindigkeit: 579 km/h in 5490 m Höhe
Reichweite: 6210 km
Unterbringungsmöglichkeit: 74 Soldaten oder 60 Tragbahren bzw. 11 790 kg Fracht.

Entwicklung und Truppendienst

Nach einer im Rahmen von Militärkontrakten durchgeführten Weiterentwicklung des DC-6-Prototyps beschaffte die US Air Force insgesamt 101 Exemplare der DC-6C für den Einsatz beim Military Air Transport System. Der mit XC-112A bezeichnete Prototyp flog am 15. Februar 1946 erstmals und stellte eine Weiterentwicklung der C-64 dar. Die Lieferzahlen des Serienmusters C-118A erreichten zusammen mit der vom damaligen US-Präsidenten Truman als persönliches Transportflugzeug benützten VC-118 Independence die 100-Marke. Weitere 65 ähnliche Maschinen wurden von der US Navy bestellt und wurden ebenfalls im Rahmen der MATS-Einsätze geflogen – 61 Maschinen als R6D-1 und 4 als R6D-1Z mit Executive-Inneneinrichtung. Diese wurden in der Folge in C-118B beziehungsweise VC-118B umbenannt. 1970 waren immer noch 24 C-118 den US Navy Fleet Tactical Support-Einheiten zugeteilt, sollten jedoch in naher Zukunft Reserveeinheiten als C-54-Nachfolger überstellt werden. Einige wenige Verkehrsmaschinenversionen der DC-6 wurden, als sie aus dem zivilen Flugverkehr ausschieden, für Militäreinsätze verwendet. Beispiele dafür bieten zwei von der Luftwaffe gekaufte DC-6B, eine DC-6A, die als Flugzeug des belgischen Königs bei den königlich belgischen Luftstreitkräften Dienst tut, und 10 DC-6A, die logistische Langstreckeneinsätze bei den portugiesischen Luftstreitkräften fliegen.

Douglas C-124 Globemaster II   USA

**Strategisches Langstreckentransportflugzeug;
im Truppendienst.**
Daten: C-124C

Antrieb: 4 Pratt & Whitney R-4360-63A-Kolbenmotoren
von je 3800 hp
Spannweite: 53,09 m
Länge: 39,75 m
Leergewicht: 45 888 kg
max. Abfluggewicht: 88 225 kg
Höchstgeschwindigkeit: 489 km/h in 6100 m Höhe
Reichweite: 6485 km mit 11 964 kg Nutzlast
Unterbringungsmöglichkeit: 8 Mann Besatzung und
200 Soldaten oder 127 Tragbahren bzw. 31 070 kg Fracht.

Entwicklung und Truppendienst

Douglas begann während des Zweiten Weltkriegs die Arbeiten an einem schweren Lang-
streckentransporter für 125 Passagiere, der von
der C-54 abgeleitet wurde. 15 dieser mit C-74
Globemaster bezeichneten neuen Transportflugzeuge wurden zwischen Oktober 1945 und April
1947 ausgeliefert. Die C-124 Globemaster II, die
den gleichen Tragflügel, das gleiche Triebwerk
und das gleiche Leitwerk aufwies, erhielt einen
neuen Rumpf großen Querschnitts mit Buglade-
rampe statt des in der C-74 verwendeten Heck-
aufzugs. Am 27. November 1949 startete die YC-
124 zum Erstflug; sie wurde später – mit neuen
Triebwerken ausgerüstet – in YC-124B umbenannt. Ab Mai 1950 erhielt die US Air Force 204
mit 3500 hp-R-4360-20WA-Triebwerken ausgerüstete C-124A, und auf dieses Muster folgten
243 C-124C mit leistungsstärkeren Triebwerken,
Bugradom für das APS-42-Wetterradar und Flü-
gelspitzenbehältern zur Aufnahme von Verbren-
nungsvorwärmern. Die Auslieferung der C-124C
war im Mai 1955 abgeschlossen. Dieses Muster
stand bei den meisten USAF-Einsatzkommandos,
beim Military Air Transport System, dem jetzigen
Military Airlift Command, und bei der US Air Force
Reserve im Dienst. Anfang 1968 wurden die 160
immer noch für das Military Airlift Command fliegenden Globemaster nach und nach den Einheiten der Air Force Reserve und der Air National
Guard zugeteilt, und 1970 waren die C-124 fast
ausschließlich bei den 14 Air Force Reserve-Ein-
heiten und 10 Air National Guard-Einheiten im
Einsatz. Mitte 1970 war nur mehr eine Staffel im
aktiven Air Force-Dienst.

Douglas C-133 Cargomaster   USA

Strategisches Langstrecken-Transportflugzeug; im Truppendienst.
Daten, Foto und Dreiseitenansicht: C-133B

Antrieb: 4 Pratt & Whitney T34-P-9WA-Turboproptriebwerke von je 7500 shp
Spannweite: 54,75 m
Länge: 48,00 m
Leergewicht: 54 595 kg
max. Abfluggewicht: 129 730 kg
Höchstgeschwindigkeit: 558 km/h in 2740 m Höhe
Reichweite: 7015 km mit max.Treibstoffzuladung und 19 825 kg Nutzlast
Unterbringungsmöglichkeit: 10 Mann Besatzung und 200 Soldaten oder mehr als 49 890 kg Fracht.

Entwicklung und Truppendienst

Die Cargomaster geht auf die Einsatzausschreibung für ein Flugzeug zurück, das Frachtstücke außergewöhnlicher Dimensionen wie Raketen und Spezialfahrzeuge der Army transportieren können sollte. Die Firma Douglas gewann mit ihrem Modell DTS-1333-Entwurf die Ausschreibung für das sogenannte Support System SS402L, und im Jahre 1954 wurde von der Army ein Vertrag auf Lieferung von 35 Maschinen plaziert. Am 23. April hatte die erste C-133A Erstflug, und die Auslieferung an das Military Air Transport System lief 16 Monate später mit der Übergabe der ersten Maschine auf der Dover Air Force Base an. Die Flugerprobung hatte eine Abänderung der Heckkonusform zur Folge, nachdem die ersten sieben Flugzeuge bereits gebaut waren, und ferner wurde eine andere Version des T34-Triebwerks während der Serienfertigung gewählt: statt des P-3 wurden die Versionen P-7W oder P-7WA von 6500 hp Leistung eingebaut. Ein zweiter Serienfertigungsauftrag umfaßte die Lieferung von 15 C-133B, die neue Heckladetore erhielten, um den Transport der Titan-Rakete zu ermöglichen. Ferner wurde auf die Triebwerkversion P-9W umgestellt. Die erste C-133B flog am 31. Oktober 1959 zum ersten Mal. Alle Cargomaster stehen im Dienst des Military Airlift Command auf der Dover Air Force Base oder auf der Travis Air Force Base. Eine Verringerung von drei auf zwei Staffeln ist im Gang.

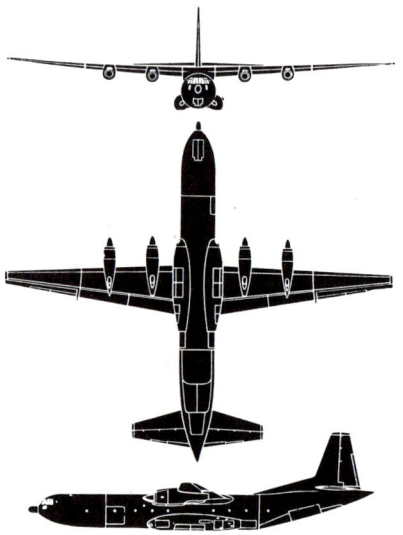

English Electric Canberra   Großbritannien

Dreisitziger taktischer leichter Bomber; im Truppendienst.
Daten: Canberra B.Mk.6, Foto: Canberra T.Mk.17
Dreiseitenansicht: Canberra P.R.Mk.9

Antrieb: 2 Rolls-Royce Avon 109-Strahltriebwerke von je 3357 kp Schub.
Spannweite: 19,50 m
Länge: 20,00 m
Höchstgeschwindigkeit: 871 km/h in 12 200 m Höhe
max. Abfluggewicht: 24 948 kg
Reichweite: 5840 km
Bewaffnung: in der Bomberausführung 2720 kg interne Waffenzuladung; spätere Ausführungen wurden modifiziert zur Aufnahme von 454 kg an Bomben, Raketenbehältern oder Lenkwaffen unter jedem Flügel.

Entwicklung und Truppendienst

Der Canberra-Bomber wurde Ende 1962 beim Royal Air Force Bomber Command außer Dienst

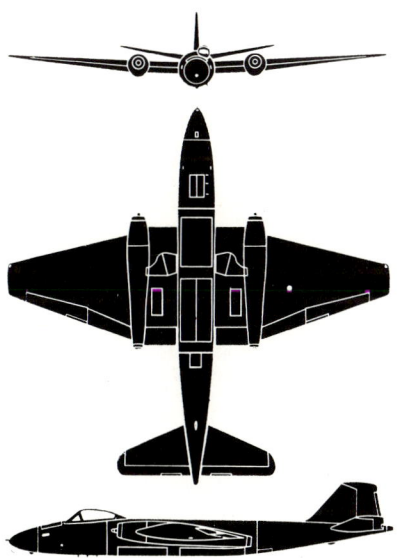

gestellt, wird jedoch im Ausland weiterverwendet; und noch 1970 liefen Arbeiten an einem Umarbeitungsprogramm, in dessen Rahmen ehemalige RAF-Flugzeuge an neue und bereits existierende Canberra-Kunden des Auslands geliefert werden sollten. Die Canberra B.2 steht immer noch in Rhodesien im Dienst, und Äthiopien besitzt vier ähnliche B.52. Die B.6 tut in Ecuador Dienst, während ähnliche Ausführungen, die B. (1)56 in Peru und die B.(1)8 in Peru und Venezuela fliegen. Die B.(1)12 ist eine Version der an Neuseeland und Südafrika gelieferten Mk.8; ihr entspricht auch im wesentlichen die B.(1) Mk.58 der Luftstreitkräfte Indiens. Die RAF verwendet immer noch die B.Mk.15, eine umgebaute Version der B.Mk.6. Im Jahre 1970 wurden B.Mk.62 an Argentinien und B.Mk.66 an Indien ausgeliefert. Die mit Avon 109 ausgerüstete Canberra P.R. Mk.7 und die P.R.Mk.9 (Avon 206 von 4990 kp Schub, seitlich angesetztes Cockpit, auf 20,98 m vergrößerte Spannweite, vergrößerte Heckleitwerkfläche für größere Höhen) sind Fotoaufklärerversionen, die bei der RAF im Einsatz stehen. Indien beschaffte 10 P.R.Mk.57, die im wesentlichen der P.R.7 entsprechen. Als Trainer wurden die Standardtrainer T.Mk.4 der RAF gebaut, die auf der B.Mk.2 basieren, aber mit Doppelsteuerung ausgerüstet sind. Diese Maschinen wurden auch an Indien, Venezuela, Rhodesien, Südafrika und Peru geliefert. Die der T.Mk.4 gleichende T.Mk.13 für die Royal New Zealand Air Force und der ECM-Trainer T.Mk.17 der RAF sind weitere Canberra-Schulflugzeugvarianten. Zwei neue Trainerversionen sind die argentinische T.Mk.64 und die indische T.Mk.67. Die TT.Mk.18, von der 16 Exemplare gebaut wurden, steht bei der RAF als Zielschleppflugzeug in Verwendung. Die TT. Mk.18 ist ein sogenanntes „silent target", das auf der T.Mk.11 basiert.
Australien baute 49 Canberra B.Mk.20 und 7 T. Mk.21 und hat zusätzlich zwei weitere Bomber und zwei Trainer in Großbritannien gekauft. Mehr als 400 Ableitungen aus der Canberra wurden in den USA gebaut (siehe B-57). Diese US-Nachbauten bringen die Zahl der insgesamt gefertigten Canberra auf 1385.

Fairchild C-119 Flying Boxcar USA

Taktisches Transport- und -Kampfflugzeug; im Truppendienst.
Daten: YC-119K, Foto: italienische C-119J mit Heckladetor

Antrieb: 2 Wright R-3350-999-Kolbenmotoren von je 3700 hp und 2 General Electric J85-GE-17-Strahltriebwerke von 1293 kp Schub
Spannweite: 33,30 m
Länge: 27,25 m mit Bugradom, 26,36 m ohne Bugradom
Leergewicht: 20 300 kg
max. Abfluggewicht: 34 925 kg
Höchstgeschwindigkeit: 391 km/h in 3050 m Höhe
Reichweite: 1595 km mit max. Nutzlast
Unterbringungsmöglichkeit (C-119G): 4 Mann Besatzung und 62 Soldaten bzw. 13 600 kg Fracht.

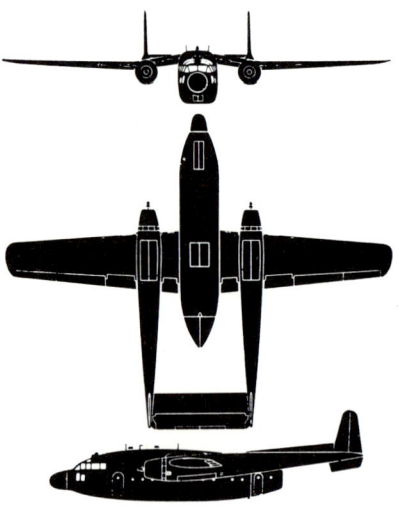

Entwicklung und Truppendienst

Für die US Air Force und die im Mutual Aid-Programm zusammengeschlossenen Länder wurden insgesamt 1112 C-119 Flying Boxcar gebaut. Die Flying Boxcar entstand 1947 als eine Ableitung aus der C-82 Packet und führte ursprünglich die Bezeichnung XC-182B. Zu den Modifikationen, die durchgeführt wurden, zählten der Triebwerkwechsel von Pratt & Whitney R-2800 auf R-4630 und eine neue Bugkonstruktion mit weiter nach vorn und tiefer versetztem Cockpit. Zu den für die USAF gefertigten Serienversionen gehörten die mit R-4630-Triebwerken ausgerüsteten C-119B und C und die von R-3350-Motoren angetriebenen C-119F und G. Die US Navy hatte 39 C-119B als R4Q-1, die jetzt nicht mehr in Dienst stehen, im Inventar und 58 C-119F (Navy-Bezeichnung R4Q-2), die nun in C-119F rückbenannt wurden. Weitere Benützer der C-119 sind die Luftstreitkräfte Kanadas, die 35 C-119F für die No.435 und No.436 Squadrons kauften und die Luftstreitkräfte Indiens, Marokkos, Südvietnams, Belgiens, Norwegens, Brasiliens, Italiens und Nationalchinas. Während der Jahre 1963/64 wurden 26 Maschinen der indischen Luftstreitkräfte auf den Stand der Steward-Davis Jet Packet gebracht, indem man ein zusätzliches Westinghouse J34-WE-36-Strahltriebwerk über dem Rumpf installierte. Inzwischen wurden leistungsstärkere Orpheus-Strahltriebwerke statt der J34 montiert.
Im Februar führte Fairchild den Erstflug eines YC-119K-Prototyps durch, der J85-Strahltriebwerkgondeln unter der Tragfläche aufwies. Bald folgte ein USAF-Kontrakt für den Umbau von 26 C-119G in die bewaffnete Version AC-119G Shadow und weiterer 26 Maschinen in AC-119K – beide Umbauten sind mit Waffen und mit Strahltriebwerkgondeln ausgerüstet; die Shadow mit vier seitlich feuernden 7,62 mm-Miniguns und Zielbeleuchtungsgeräten und die K noch zusätzlich mit zwei 20 mm-Kanonen. Ferner wurden fünf C-119G in unbewaffnete C-119K modifiziert. 1970 waren bei der Air Force Reserve noch fünf C-119-Transportstaffeln aufgestellt, die zumeist mit C-119J-Umbauten aus der C-119F ausgerüstet waren, die sogenannte „Biberschwanz"-Hecktore besitzen.

Fairchild C-123 Provider   USA

**Taktisches Transportflugzeug; im Truppen-
dienst.
Daten: C-123K, Foto und Dreiseitenansicht:
C-123B**

Antrieb: 2 Pratt & Whitney R-2800-99W-Kolbenmotoren
von je 2300 hp und 2 General Electric J85-GE-17-Strahl-
triebwerke von je 1293 kp Schub
Spannweite: 33,53 m
Länge: 23,24 m
Leergewicht: 16 042 kg
max. Abfluggewicht: 27 215 kg
Höchstgeschwindigkeit: 367 km/h in 3050 m Höhe
Reichweite (normal): 1666 km mit 6800 kg Nutzlast
Unterbringungsmöglichkeit: 2 Mann Besatzung und
61 Soldaten, 50 Tragbahren oder 10 886 kg Fracht.

Entwicklung und Truppendienst

Dieses taktische Transportflugzeug wurde aus
einem 1949 von der Firma Chase Aircraft entwor-
fenen Lastensegler abgeleitet. Nach dem Bau von
zwei Prototypen (Typenbezeichnung XG-20)
modifizierte Chase einen in einen motorgetrie-
benen Transporter mit der Bezeichnung XC-123
Avitruc, der am 14. Oktober 1949 zum Erstflug
startete. Fünf Vorserien-C-123B wurden daraufhin 1953 in Willow Run von der Kaiser-Frazer
Corporation für Chase gebaut, worauf der Serienfertigungsauftrag der Firma Fairchild übertragen
wurde. Der erste Prototyp von insgesamt 300 hergestellten C-123B Provider flog bei Fairchild am
1. September 1954. Sechs davon wurden an Sau-
di Arabien, 18 an Venezuela und ungefähr vier an
Thailand abgegeben. Stroukoff Aviation, ein von
dem Konstrukteur der ursprünglichen XG-20 ge-
gründetes Unternehmen, produzierte zwei C-123-
Prototypen, die YC-123D mit Grenzschichtbeein-
flussung des Tragflügels, und die YC-123E, die mit
einem Spezialfahrwerk ausgerüstet war. 1962
baute Fairchild durch Anbringung zweier in Gondeln sitzender Strahltriebwerke vom Typ General Electric CJ-610 unter dem Tragflügel ein Flugzeug in die YC-123H um, die am 30. Juli 1962 Erstflug hatte und daraufhin in Südvietnam für COIN-
Einsätze erprobt wurde. Später unternahm man
ein Modifikationsprogramm, in dessen Rahmen
183 mit Zusatz-J85-Triebwerken bestückte C-
123K entstanden, deren erste am 27. Mai 1966
zum Erstflug startete. Dieses Umbauprogramm
war im September 1969 abgeschlossen, und die
meisten C-123K wurden später in Vietnam eingesetzt. 10 C-123J waren mit in Flügelspitzen-
gondeln untergebrachten Strahltriebwerken ausgerüstet und standen bei der USAF (später Air
National Guard) in Alaska in Dienst.

Fairey (Westland) Gannet   Großbritannien

Dreisitziges Frühwarnflugzeug; im Truppendienst.
**Daten, Foto und Dreiseitenansicht:
Gannet A.E.W.Mk.3**

Antrieb: 1 Bristol Siddeley Double Mamba 102-Turbopproptriebwerk von 3875 ehp
Spannweite: 16,61 m
Länge: 13,41 m
max. Abfluggewicht (geschätzt): 10 886 kg
Höchstgeschwindigkeit (geschätzt):
400 km/h in 1500 m Höhe
Reichweite (geschätzt): 1280 km
Bewaffnung: keine

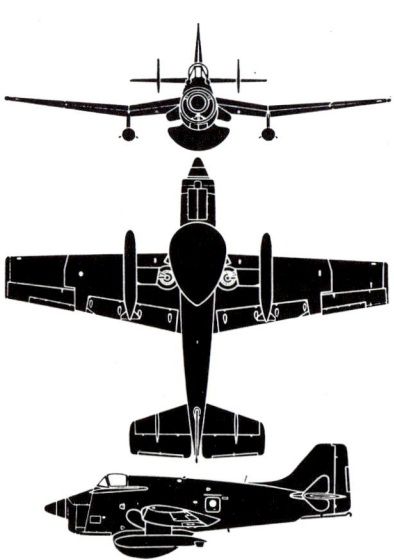

Entwicklung und Truppendienst

Die Gannet A.E.W.Mk.3 stellt eineWeiterentwicklung der U-Bootbekämpfungsflugzeuge vom Typ Gannet dar, um die Royal Air Force mit einem Nachfolgemuster der Douglas Skyraider auszurüsten. In einer Spezialeinsatzrolle sollte dieses Nachfolgemuster Frühwarnmeldung von bevorstehenden gegnerischen Angriffen auf die britische Flotte auf See machen. Ausgedehnte Änderungen am Rumpf wurden notwendig, um den Einbau der elektronischen Ausrüstung und die Unterbringung von zwei Operatoren in einer in Rumpfmitte gelegenen Kabine zu gestatten. Das Abgasstrahlsystem der für U-Boot-Kampfeinsätze konstruierten Gannet, das durch den Mittelrumpf verlief und auf beiden Seiten hinter dem Tragflügel austrat, mußte gegen kürzere Abgasleitungen ausgetauscht werden, die unter den Flügelvorderkanten über den großen Unterrumpf-Radom geführt werden mußten. Ferner wurden die Höhenleitwerksflächen vergrößert und Pylons für zwei Unterflügel-Treibstofftanks angebracht. Der Prototyp der aus diesen Änderungen resultierenden Gannet A.E.W.3 flog erstmals am 20. August 1958, und das erste von insgesamt 43 gebauten Serienmustern startete am 2. Dezember 1958 zum Erstflug. Später liefen die Lieferungen unter dem Namen der Firma Westland, die 1960 die Fairey-Werke übernahm. Die ersten wenigen Gannet 3 gingen im August 1959 zu einer umfangreichen Erprobung an die No.700G Flight, und diese Einheit wurde im Februar 1960 als „A Flight" der No.849 Squadron neu aufgestellt. Die No.849 Squadron mit dem Hauptquartier in Brawdy führt Sonderflüge von Bord der Flugzeugträger der Royal Navy durch, wenn sie sich auf See befinden. Einige Gannets anderer Marken kann man heute immer noch in Großbritannien sehen, darunter (Stand Anfang 1970) sieben T.Mk.5-Trainer, fünf Mk.4 und eine A.S.Mk.6.

Fiat (Aeritalia) G.91

Italien

Einsitziges leichtes taktisches Kampf- und Aufklärungsflugzeug; im Serienbau und im Truppendienst.

Daten und Foto: G.91Y, Dreiseitenansicht: G.91R/1B

Antrieb: 2 General Electric J85-GE-13A von je 1235 kp Schub (mit Nachverbrennung 1850 kp)
Spannweite: 9,01 m
Länge: 11,67 m
Leergewicht: 3900 kg
Höchstgeschwindigkeit: 1110 km/h in Seehöhe
Einsatzradius: 750 km in Seehöhe
Bewaffnung: 2 30 mm-Kanonen zu beiden Seiten des Rumpfvorderteils; 4 Unterflügelstationen für eine Waffenzuladung von 1814 kg an Bomben, Nord AS.20-Lenkwaffen, Luft-Boden-Raketen oder 0,50 Zoll-MG-Behältern.

Entwicklung und Truppendienst

Die ursprüngliche G.91 war der Gewinner einer Entwurfsausschreibung für ein Standard-Erdkampfflugzeug der NATO-Streitkräfte. Drei Prototypen und 27 Vorserienmaschinen der G.91

wurden anfänglich von der NATO geordert. Der erste, mit einem Orpheus B.Or.1-Strahltriebwerk von 4050 kp ausgerüstete Prototyp hatte am 9. August 1956 Erstflug. Der zweite Prototyp wies ein abgeändertes Leitwerk, ein B.Or.3-Triebwerk, ein etwas höher gesetztes Cockpit, eine Ventralfinne und Bewaffnung auf. Er ging aus dem NATO Evaluationswettbewerb im Oktober 1957 als Sieger hervor, und die G.91 erhielt den Serienfertigungsauftrag zugesprochen. Das erste Vorserienmuster hatte am 20. Februar 1958 Erstflug. Die italienischen Luftstreitkräfte stellten im August 1958 die erste mit Vorserienflugzeugen ausgerüstete Entwicklungsstaffel auf. Diese Maschinen waren die einzigen reinen Erdkampf-G.91, da die späteren G.91R-Serienmuster mit je drei Vinten 70 mm-Kameras in einer weniger spitzen Rumpfnase bestückt wurden. Die verschiedenen Varianten der G.91R, die alle von Orpheus 803-Triebwerken eines Schubs von 2268 kg angetrieben werden, sind die G.91R/1, G.91R/1A und G.91R/1B, von denen 98 Maschinen für die italienischen Luftstreitkräfte gebaut wurden, ferner die G.91R/3 und G.91R/4, von denen 100 von Fiat für die bundesdeutsche Luftwaffe gefertigt und 282 weitere in Deutschland in Lizenz gebaut wurden. Die R/4 wurden mittlerweile an die Luftstreitkräfte Portugals abgestoßen. Die italienischen G.91R haben vier 0,50 in-MG als Bewaffnung, während die deutschen Versionen mit einer Maschinenkanone bestückt sind. Die mit zwei Sitzen in Tandemanordnung ausgerüsteten Trainerversionen haben einen größeren Flügel und längeren Rumpf. Sie führen die Bezeichnungen G.91T/1 (76 für Italien) und G.91T/3 (Erstlieferung von 44 Maschinen in Deutschland, gefolgt von einem Nachfaßauftrag auf 22 Muster, für deren Bau man bei Dornier im August 1969 eine Fertigungsstraße einrichtete). Die G.91Y, die oben in Foto und Daten vorgestellt wird, ist eine Weiterentwicklung aus der G.91T, die für die italienischen Luftstreitkräfte bestimmt ist, mit dem gleichen vergrößerten Tragflügel und zwei J85-Triebwerken statt der einen Orpheus-Turbine. Der erste von zwei Prototypen flog am 27. Dezember 1966, und ein erstes Serienfertigungslos von 20 Maschinen ist bis jetzt ausgeliefert. Die Arbeiten an einem zweiten Los von 55 Maschinen sind in vollem Gang.

Fokker-VFW F.27M Troopship   Niederlande

Kurz- bis Mittelstrecken-Militärtransportflug-zeug; im Serienbau und im Truppendienst.

Antrieb: 2 Rolls-Royce Dart R.Da.7 Mk.532-7-Turbo-proptriebwerke von je 2210 shp
Spannweite: 29,00 m
Länge: 23,56 m
Leergewicht: 10 523 kg
max. Abfluggewicht: 19 730 kg
Reisegeschwindigkeit (normal):
474 km/h in 6100 m Höhe
Reichweite: 2069 km mit max. Nutzlast
Unterbringungsmöglichkeit: 2 oder 3 Mann Besatzung und bis zu 45 Soldaten bzw. eine entsprechende Fracht-menge.

Entwicklung und Truppendienst

Obwohl dieses Muster als ein 40- bis 56sitziges Verkehrsflugzeug – die F.27 Friendship – bekannt ist, das von Fokker-VFW in Holland und von Fairchild in den USA gebaut wird, steht es auch als Militärtransporter im Einsatz. Die Royal Netherlands Air Force hat drei mehr oder weniger dem Airliner-Standard entsprechende F.27 in Dienst; die Luftstreitkräfte der Philippinen besitzen von diesem Muster ein Exemplar. Darüber hinaus fliegen im Dienst der niederländischen Luftstreitkräfte neun Spezialtransporter F.27M Troopship, die 45 Fallschirmspringer, 6260 kg Fracht oder - in der Ambulanzversion - 24 Tragbahren und 7 Mann Personal aufnehmen können. Die Troopship weist auf der vorderen linken Rumpfseite ein großes Frachttor und auf beiden Seiten im Rumpfheck eine vergrößerte Kabinentür auf, durch die Fallschirmjäger abgesetzt werden können. Vier Maschinen dieses Typs wurden 1965 an die sudanesischen Luftstreitkräfte ausgeliefert. Die Luftwaffe Argentiniens bestellte 1968 10 F.27M Troopship (s. Foto), die hauptsächlich von der Luftwaffenorganisation LADE für regelmäßige Lufttransportdienste nach unterentwickelten Gebieten Argentiniens Verwendung finden. Die Luftstreitkräfte Uruguays haben eine F.27 im Dienst, und Anfang 1971 bestellte die Kaiserlich Iranische Luftwaffe 14 Maschinen.
Der erste der beiden Friendship-Prototypen hatte am 24. November 1955 - mit einem 22,24 m langen Rumpf für die Aufnahme von 28 Passagieren ausgerüstet - Erstflug. Der zweite Prototyp wurde um 0,91 m verlängert und entsprach den meisten heute in Dienst stehenden Friendship, die entweder mit zwei Dart-514-Turboproptriebwerken von 1720 shp oder mit den leistungsstärkeren Dart 532 (siehe Datenangaben) ausgerüstet sind. Eine Ausnahme bildet die Friendship Series 500, bei der der Rumpf stärker gestreckt wurde - auf eine Rumpflänge von 24,99 m.

General Dynamics F-111   USA

**Zweisitziges taktisches Kampfflugzeug;
im Serienbau und im Truppendienst.
Daten, Foto und Dreiseitenansicht: F-111A**

Antrieb: 2 Pratt & Whitney TF30-P-3-Zweikreistrieb-
werke von je 5670 kp (9525 kp mit Nachverbrennung)
Spannweite: 19,20 m (ausgefahren), 9,74 m (eingefahren)
Leergewicht: 21 545 kg
max. Abfluggewicht: 41 500 kg
Höchstgeschwindigkeit: Mach 2,5 (2655 km/h)
in 10 970 m Höhe
taktischer Einsatzradius: 2575 km mit einer Kampflast
von 7258 kg
Bewaffnung: keine fest eingebauten Waffen; bis zu
8 Bomben oder Lenkwaffen unter der Tragfläche und ein
Rumpfwaffenschacht für Bomben oder eine 20 mm-
Mehrlaufkanone vom Typ M-61A1.

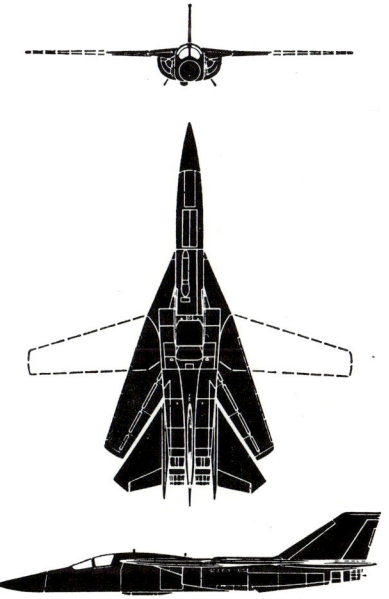

Entwicklung und Truppendienst

Zweieinhalb Jahre nach der gemeinsamen Air
Force-Navy-Ausschreibung TFX, die ein taktisches Kampfflugzeug forderte, wurde die Fort
Worth Division von General Dynamics zum Gewinner einer abschließenden Evaluationskon-
kurrenz erklärt, an der die F-111 und ein Entwurf
der Boeing Company teilgenommen hatten. Der
Erstauftrag belief sich auf 18 F-111A für die USAF
und auf 5 F-111B für die US Navy, die für Ent-
wicklungsflüge bestimmt waren. Später wurden
mehrere Varianten für die USAF produziert. Nach
der Serienfertigung von sieben Flugzeugen (einschließlich der fünf Entwicklungsmuster) gab die
US Navy das Programm F-111B auf. Die erste
F-111A flog am 21. Dezember 1964, und am 6. Januar 1965, anläßlich des zweiten Fluges, wurde
zum ersten Mal der Schwenkflügelmechanismus
betätigt. Die erste Einsatzeinheit, die die F-111A
erhielt (das erste Versuchsflugzeug im Juli 1967
und das erste Einsatzflugzeug, die 31.F-111A,
im Oktober 1967), war der 4480th Tactical Fighter
Wing. Das Serienfertigungslos der F-111A belief
sich auf insgesamt 141 Maschinen, auf die
94 F-111E mit modifizierter Lufteinlaufgeometrie
folgten. Die ersten in Europa eingesetzten F-111
waren F-111E, die im September 1970 dem 20th
Tactical Fighter Wing in Upper Heyford in Großbritannien zugeteilt wurden. Zukünftige Serienmodelle werden sein: die F-111D mit fortschritt-
licher Avionik, von der 96 Maschinen gebaut
werden sollen und ferner 70 mit TF30-P-100-Zwei-
kreistriebwerken ausgerüstete F-111F. Zwei
F-111K, die ursprünglich für die Royal Air Force
bestimmt waren, schließlich aber abgelehnt wurden, gingen als YF-111A an die USAF. Ein Entwicklungsmuster wurde als RF-111A geflogen,
und schließlich hat die Royal Australian Air Force
24 F-111C-Erdkampfflugzeuge bestellt, deren
Auslieferung jedoch hinausgeschoben wurde.

General Dynamics FB-111A   USA

**Zweisitziger strategischer Bomber;
im Serienbau und im Truppendienst.**

Antrieb: 2 Pratt & Whitney TF30-P-7-Nachbrenner-Zwei-
kreistriebwerke von je 9231 kp Schub
Spannweite: 21,34 m (ausgefahren), 10,34 m (eingefahren)
Länge: 22,40 m
max. Abfluggewicht (geschätzt): 45 360 kg
Höchstgeschwindigkeit: 2335 km/h in 10 970 m Höhe
taktischer Einsatzradius: ca. 2000 km
Bewaffnung: Außenstationen für die Aufnahme von bis
zu 6 je 1000 kg wiegende Boeing AGM-69A SRAM-Lenk-
waffen (Short Range Attack Missile – Angrifflenkwaffe
geringer Reichweite) oder von bis zu 16 783 kg konventioneller Waffen. Eine typische Waffenzuladung besteht
aus 2 340 kg-Bomben im innenliegenden Waffenschacht
und 48 solcher Bomben an 8 Unterflügelstationen (bei
einem Schwenkwinkel von 26° Bei voll angelegten Trag-
flügeln können nur 20 Bomben mitgeführt werden.

Entwicklung und Truppendienst

Die FB-111A wurde aus der Schwenkflügel-F-111
(siehe Seite vorher) abgeleitet, um das Strategic
Air Command der US Air Force mit einem fortgeschrittenen Überschallbomber auszurüsten,
der die B-52-Flotte ablösen sollte. Ursprünglich
war die Beschaffung von 253 FB-111A geplant,
aber Verzögerungen in der Entwicklung, Kosten-
erhöhungen und Änderungen der strategischen
Vorstellungen der USA führten später zu einer
Verringerung der Gesamtbeschaffungszahl auf
76 Maschinen, die Ende 1970 fertig ausgeliefert
waren und nur vier Einheiten mit Flugzeugen ver-
sorgen. Die FB-111A-Zelle setzt sich aus dem
größeren, ursprünglich für die F-111B der Navy
entwickelten, mit sechs Pylons ausgestattetem
Tragflügel und dem Rumpf und dem Triebwerkeinlauf der F-111E zusammen. Die FB-111A besitzt darüber hinaus neue Avionikgeräte, ein
größeres Bruttogesamtgewicht, widerstandsfä-
higere Struktur und Fahrwerk und leistungsstärkere Triebwerke. Der FB-111A-Prototyp war
ein Umbau der letzten F-111A-Entwicklungszel-
le (No. 18); er flog am 30. Juli zum ersten
Mal. Zwei andere modifizierte F-111A wurden in
dem Entwicklungsprogramm verwendet, bevor
der Erstflug der ersten Serien-FB-111A am 13. Juli 1968 stattfand – das Flugzeug war vorübergehend mit TF30-P-3-Triebwerken ausgerüstet. Die
erste Einheit des Strategic Air Command, die mit
dem neuen Bomber ausgestattet wurde, war die
340th Bomb Group auf der Carswell Air Force
Base, die am 8. Oktober die ersten Maschinen
erhielt. Diese Einheit führt auch das Einsatztraining der Besatzungen für die zwei Squadron
Wings durch, an die die FB-111A ausgeliefert
werden soll – an den 50th Bomb Wing auf der
Pease Air Force Base, New Hampshire, und an
den 380th Strategic Aerospace Wing in Platts-
burgh, New York.

Grumman A-6 Intruder　　　　　　　　USA

Zweisitziges trägergestütztes Kampf- und Auf-klärungsflugzeug; im Serienbau und im Truppendienst.
Daten und Dreiseitenansicht: A-6A, Foto: A-6C

Antrieb: 2 Pratt & Whitney J52-P-8A-Strahltriebwerke von je 4218 kp Schub
Spannweite: 16,15 m
Länge: 16,64 m
Leergewicht: 11 650 kg
max. Abfluggewicht: 27 500 kg
Höchstgeschwindigkeit: 1094 km/h (Mach 0,9) in Seehöhe
Bewaffnung: bis zu 6800 kg Waffenzuladung an 4 Unterflügelstationen und in einem halb verdeckten Waffenschacht im Rumpf.

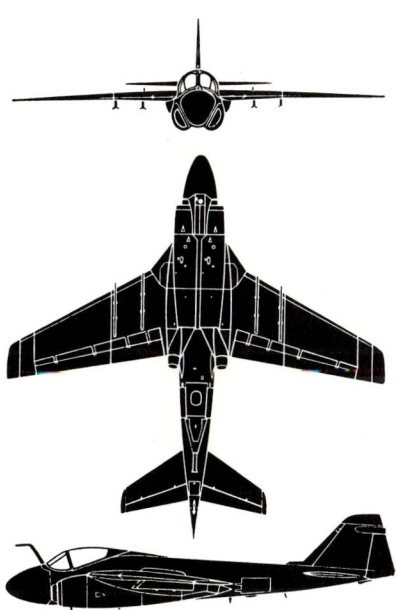

Entwicklung und Truppendienst

Die Erfahrungen, die die US Navy und das US Marine Corps in Korea gesammelt hatten, führten zu neuen Forderungen für ein Langstrecken-Allwetterkampfflugzeug für niedrige Einsatzhöhen, das in der Lage sein sollte, große Lasten konventioneller oder nuklearer Waffen zu transportieren. Im Mai 1957 wurde ein Entwurfswettbewerb ausgeschrieben, und Ende dieses Jahres wurde Grumman als Gewinner der Ausschreibung bekanntgegeben. Zu den Entwurfsmerkmalen der Grumman-Maschine, die ursprünglich A2F-1 bezeichnet wurde, gehörten schwenkbare Triebwerksauslässe, die die Startstrecke verringerten. Diese Lösung betrachtete man aber bald als nicht notwendige Komplizierung des für Flugzeugträgereinsätze konzipierten Musters, und die Serienflugzeuge haben deswegen feste, nach schräg unten gerichtete Abgasdüsen. Die Intruder ist mit einem integrierten digitalen Angriffs-Navigationssystem (DIANE- Digital Integrated Attack Navigation Equipment) ausgerüstet, das zur Flugsteuerung und zum automatischen Waffenwurf vorgesehen ist. Zusätzlich zu ihrer Waffenlast kann die A-6 vier 1135 Liter-Tanks unter den Tragflächen und einen abnehmbaren Luftbetankungs-Ausrüstungssatz unter dem Rumpf aufnehmen. Die US Navy bestellte acht Intruder, um sie im Flug zu erproben. Die erste dieser Maschinen hatte am 19. April 1960 Erstflug. Anfang 1970 waren ungefähr 450 Intruder ausgeliefert — fast alle waren vom Typ A-6A für die US Navy und das US Marine Corps. Weitere Varianten sind die A-6B, die für die Aufnahme von Lenkwaffen wie zum Beispiel der Standard-Anti-Radar-Lenkwaffe AGM-78A modifiziert wurde; ferner die A-6C mit elektro-optischen Spezialsensoren in einem Unterflügelbehälter, die KA-6D, ein bordgestützter Tanker, sowie die mit verbesserter Avionik ausgestattete A-7E, die als Nachfolger der A-6A 1971 in Serie gegangen ist. Die EA-6A des Marine Corps, die mit Radomen an der Leitwerksflosse und unter den Flügeln ausgerüstet ist, ist für die Ausführung elektronischer Gegenmaßnahmen-Einsätze bestimmt. Ihr ähnelt die EA-6B, die jedoch ein vergrößertes Cockpit für vier Mann Besatzung aufweist.

Grumman C-1 Trader und E-1 Tracer   USA

Viersitziges trägergestütztes Frühwarnflug-zeug; im Truppendienst.
Daten und Dreiseitenansicht: E-1B Tracer, Foto: C-1A Trader

Antrieb: 2 Wright R-1820-82-Kolbenmotoren von je 1525 hp
Spannweite: 22,05 m
Länge: 13,82 m
Leergewicht: 9536 kg
max. Abfluggewicht: 12 250 kg
Höchstgeschwindigkeit: 426 km/h in Seehöhe
Flugdauer: bis zu 8 h bei einer Geschwindigkeit von 290 km/h in 3048 m Höhe
Bewaffnung: keine

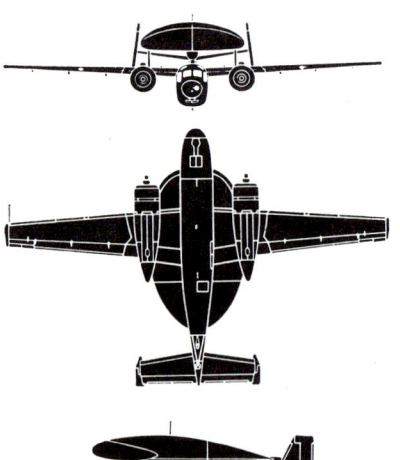

Entwicklung und Truppendienst

Grumman leitete die TF-1 Trader aus der S-2 Tracker ab. Die neue Maschine sollte als kleines Transportflugzeug für das auf Flugzeugträgern stationierte Personal sowie für Versorgungsgü-ter eingesetzt werden. Tragflügel, Triebwerk und Heckbaugruppe der S-2D wurden beibehalten, während der Rumpf für die Aufnahme von bis zu neun Passagieren oder von 1588 kg Fracht neu konstruiert wurde. Auf Bewaffnung wurde ver-zichtet. Der Erstflug der TF-1 fand im Januar 1955 statt. Insgesamt kamen 87 Maschinen zur Aus-lieferung. Außerdem beschaffte die US Navy vier TF-1Q, die mit Gerät für elektronische Störauf-gaben ausgerüstet sind. Die Bezeichnung der beiden Versionen wurde später in C-1A bezie-hungsweise EC-1A abgeändert.
Eine weitere Variante der gleichen Zelle ist die E-1B (früher WF-2) Tracer, die im Datenblatt be-schrieben ist. Diese Maschine ist im Grunde eine C-1A mit APS-82-Suchradar in einem untertas-senartigen Radom über dem Rumpf. Dieser Ra-darschirm machte die Einführung eines dreitei-ligen Seitenleitwerks notwendig. Eine aerodyna-mische Testversion flog am 17. Dezember 1956 zum ersten Mal, ein echter Prototyp folgte am 3. März 1958 nach. Die Serienfertigungszahl der E-1B belief sich auf insgesamt 88 Maschinen, und einige davon standen 1970 noch im Dienst der US Navy.

Grumman C-2A Greyhound   USA

Marinetransportflugzeug; im Serienbau und im Truppendienst.

Antrieb: 2 Allison T56-A-8A-Turboproptriebwerke von je 4050 eshp
Spannweite: 24,56 m
Länge: 17,27 m
Leergewicht: 14 131 kg
max. Abfluggewicht: 24 870 kg
Höchstgeschwindigkeit: 567 km/h
Reichweite: 2660 km in einer Höhe von 8320 m
Unterbringungsmöglichkeit: bis zu 39 Soldaten, 20 Tragbahren und 4 Mann Pflegepersonal oder 4536 kg Fracht
Bewaffnung: keine.

Entwicklung und Truppendienst

Grumman entwickelte die C-2A unter einem US Navy-Kontrakt als trägergestütztes Versorgungsflugzeug, wobei man die E-2A Hawkeye (siehe dort) als Entwurfsgrundlage heranzog. Tragflügel, Hauptfahrwerk, Cockpit und Heck entsprechen im Grund der E-2A, während der Rumpf neu ist. Er wurde auf die Unterbringung von 39 Passagieren in hochdichter Bestuhlung ausgelegt und kann ferner mit einer Vielfalt von typischen, auf Flugzeugträgern benötigten Lasten und Versorgungsgütern beladen werden, darunter Ersatz-Strahltriebwerke, kleine Fahrzeuge und US-Frachtpaletten. Im Rumpfheck liegen die Ladetore und die Laderampe. Der Anfangsauftrag der US Navy belief sich auf drei C-2A-Zellen, darunter eine, die für die statischen Tests bestimmt war. Der erste Prototyp flog am 18. November 1964 zum ersten Mal, und die ersten Serien-C-2A gingen 1966 an die Navy. Die Serienfertigung des ersten Fertigungsloses von 17 Maschinen lief 1968 aus. Im Fiskaljahresbudget 1970 war die Beschaffung weiterer acht C-2A vorgesehen.

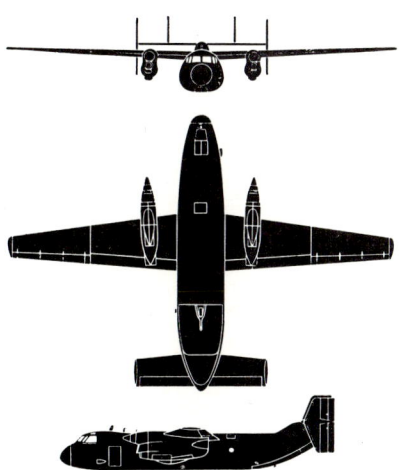

Grumman E-2 Hawkeye   USA

Fünfsitziges trägergestütztes Frühwarn- und
Jägerleitflugzeug; im Truppendienst.
Daten und Dreiseitenansicht: E-2A, Foto: E-2B

Antrieb: 2 Allison T56-A-8A-Turboproptriebwerke von
je 4050 eshp
Spannweite: 24,56 m
Länge: 17,17 m
Leergewicht: 16 358 kg
max. Abfluggewicht: 22 515 kg
Höchstgeschwindigkeit: über 600 km/h
Überführungsreichweite: 3065 km mit voller Treibstoff-
zuladung (intern)
Bewaffnung: keine.

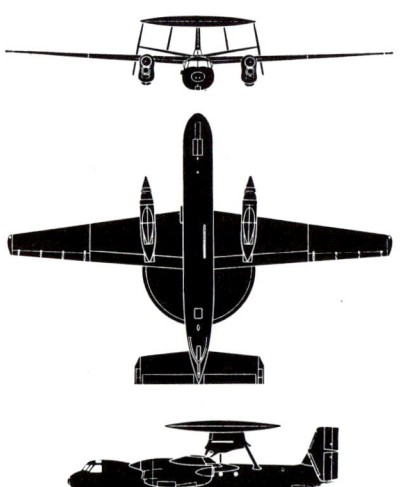

Entwicklung und Truppendienst

Die Hawkeye ist das erste Flugzeug überhaupt,
das vom ersten Strich an für die Frühwarn-Ein-
satzrolle bei der US Navy ausgelegt war. Wie die
E-1 Tracer, deren Nachfolge sie antreten sollte,
besitzt die E-2 einen großen untertassenförmi-
gen Radom auf dem Rumpf und eine Vielzahl
elektronischer Geräte, um die vom Radar gelieferten Informationen auszuwerten. Die komplette
Geräteinstallation wird als Airborne Tactical Data
System (ATDS, taktisches Bord-Datensystem)
bezeichnet. Die damit erarbeiteten Informationen
werden dem Naval Tactical Data System (NTDS,
taktisches Marine-Datensystem) übermittelt.
Durch die Aufbereitung von Informationen, die
ihm von einer Gruppe von E-2, die in der Um-
gebung von Marine-Einsatzschiffen fliegen, zu-
fließen, kann das NTDS auf etwaige drohende
gegnerische Angriffe aus jeder Richtung reagie-
ren. Die Grundforderungen an den Hawkeye-Ent-
wurf waren Trägereinsatz, Flüge in großen Höhen und lange Einsatzflugdauer. Ein aerodynamischer Prototyp hatte am 21. Oktober 1960
Erstflug, gefolgt am 19. April 1961 vom ersten mit
Elektronikausrüstung versehenen Muster. Die
Auslieferung startete am 19. Januar 1964. Die erste Hawkeye-Einheit (VAW-11) nahm 1966 den
Einsatz auf, und später stieß VAW-12 dazu. Beide Einheiten waren an Bord von Einsatzflugzeug-
trägern stationiert. Die Serienfertigung der E-2A
lief 1967 aus, nachdem 59 Maschinen gebaut
worden waren. 1969 wurde die gesamte Hawkeye-
Flotte auf E-2B-Standard modifiziert, und zwar
wurde ein verbesserter Mehrzweckcomputer
größerer Kapazität eingebaut. Eine Weiterentwicklung davon ist die E-2C (Erstflug 20. Januar
1971), die mit einem völlig überarbeiteten Elek-
troniksystem ausgerüstet ist.

Grumman F-14 Tomcat   USA

**Zweisitziger trägergestützter Luftüberlegen-
heitsjäger und Mehrzweck-Kampfflugzeug; in
Entwicklung.**

Antrieb: 2 Pratt & Whitney TF30-P-412-Nachbrenner-
Zweikreistriebwerke von je 10 430 kp Schub
Spannweite: 19,54 m (ausgefahren), 10,12 m (einge-
fahren)
Länge: 18,86 m
Leergewicht: 16 330 kg
max. Abfluggewicht: 24 040 kg
Höchstgeschwindigkeit: über Mach 2
Bewaffnung: 1 fest eingebaute mehrläufige General
Electric M61-A1-Kanone im Rumpfvorderteil links;
4 halb unter dem Rumpf verdeckte Lenkwaffenschächte
für die Aufnahme von Sparrow- und später Phoenix-
Luft-Luft-Lenkwaffen; 2 Unterflügelstationen zur Auf-
nahme je eines Treibstofftanks und von je 2 Sidewinder-
Luft-Luft-Lenkwaffen.

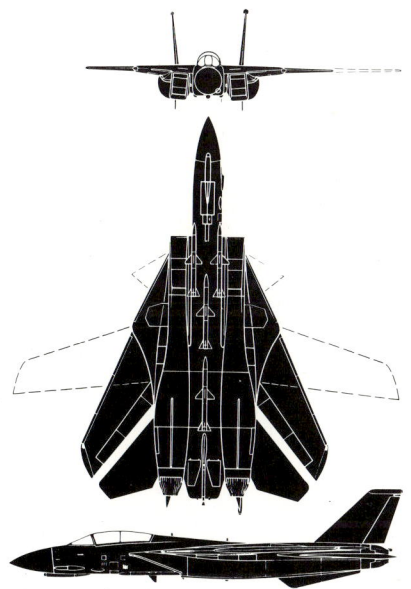

Entwicklung und Truppendienst

Die US Navy forderte am 21. Juni 1968 Entwurfsvorschläge für einen neuen, trägergestützten
Luftüberlegenheitsjäger von fünf Aerospace-Un-
ternehmen der USA an. Die ursprünglich mit VFX
bezeichnete Entwurfsanforderung war dadurch
ausgelöst worden, daß die General Dynamics/
Grumman F-111B die an sie gestellten Bedingungen der Navy nicht erfüllte. Von den einge-
gangenen Vorschlägen wählte die Navy erst ein-
mal jenen von Grumman und McDonnell Douglas für die Schlußkonkurrenz aus (am 17. Dezember 1968), und am 15. Januar 1969 wurde der
Grumman-Entwurf zum Sieger der Ausschreibung erklärt. Seit diesem Zeitpunkt hat das Unternehmen zwei Aufträge, die beide den Bau von
sechs Prototypen betreffen, und einen Produktionsauftrag auf die Fertigung von 26 Maschinen
erhalten.
Die gegenwärtigen Beschaffungspläne bewegen
sich im Rahmen von 463 von der Navy zu kaufen-
den F-14, wobei die ersten Staffeln im Fiskaljahr
1973 einsatzbereit sein sollen, also ungefähr
zwei Jahre nach dem ursprünglich für die F-111B
vorgesehenen Termin. Der rasch ablaufende Ent-
wicklungszeitplan für die mit Schwenkflügeln
ausgerüstete F-14A wurde durch die Verfügbar-
keit bereits existierender Triebwerke, Avionik
und Luft-Luft-Lenkwaffen möglich. Vom 67.
Flugzeug an wird die Fertigung auf den Typ
F-14 B umgestellt, der mit dem Triebwerk fortgeschrittener Technologie Pratt & Whitney F401
ausgerüstet werden soll. In der Folge sollen auch
ein überarbeitetes Avioniksystem und neue Waffen, die für den Einsatz auf einem Mehrzweck-
Kampfflugzeug optimiert sind, zu den neuen
F401-Triebwerken stoßen, wodurch dann der
Typ F-14C entstehen wird. Die erste F-14A führte am 21. Dezember 1970 ihren Erstflug aus, ging
jedoch anläßlich ihres zweiten Fluges verloren.

63

Grumman OV-1 Mohawk USA

**Zweisitziges Beobachtungsflugzeug;
im Truppendienst.
Daten: OV-1D, Foto und Dreiseitenansicht:
OV-1B**

Antrieb: 2 Lycoming T53-L-701-Turboproptriebwerke
von je 1400 eshp
Spannweite: 14,63 m
Länge: 12,50 m
Leergewicht: 5467 kg
max. Abfluggewicht: 8214 kg
Höchstgeschwindigkeit: 496 km/h in 1520 m Höhe
Reichweite: 2140 km (mit Außenbehältern)
Bewaffnung: normalerweise unbewaffnet; geplante
AV-1, eine bewaffnete Version, könnte 1814 kg an Ra-
keten, Bomben, Kanonenbehältern, Sidewinder-Lenk-
waffen, Rauchtanks usw. an 6 Unterflügelstationen mit-
führen.

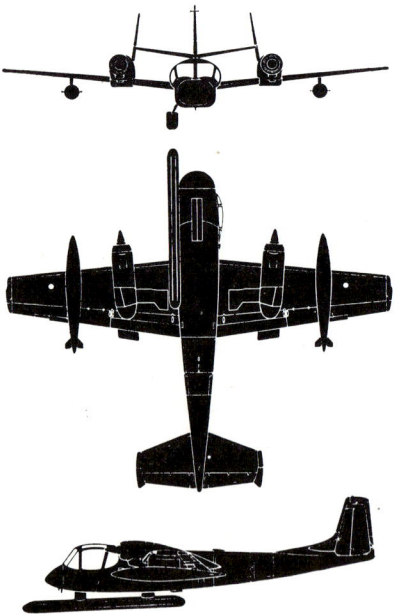

Entwicklung und Truppendienst

Ursprünglich auf den Wunsch der US Army und
des Marine Corps hin entworfen, ist die Mohawk
heute ausschließlich ein Army-Flugzeug. Sie war
das erste Turboprop-Muster, das bei der Army in
Dienst gestellt wurde. Die Haupteinsatzrolle, für
die sie − noch unter der Typenbezeichnung
Grumman G-134 − ausgelegt wurde, war die taktische Beobachtung und Gefechtsfeld-Über-
wachung zur direkten Unterstützung von Army-
Operationen. Dazu kann sie von unbefestigten
Start- und Landebahnen aus eingesetzt werden
und weist Kurzstart- und Landeeigenschaften
auf. Der Erstauftrag belief sich auf neun Testflug-
zeuge, die YAO-1AF (später YOV-1A) bezeichnet
wurden. Die erste Maschine flog am 14. April
1959. Die Serienmuster führen die Bezeichnung
OV-1A und sind hauptsächlich für fotografische
Aufklärungseinsätze bestimmt; die mit Seitensichtradar ausgerüstete OV-1B, das in einem langen Rumpfunterseitenbehälter untergebracht ist,
und die OV-1C, die Infrarotaufzeichnungsgerät
an Bord hat, sind weitere Serienmaschinen. Die
Auslieferung an die Army begann 1961, und die
Serienfertigung wurde seither mit kleiner Fertigungsrate fortgeführt. Ende 1967 waren die 300
im Vertrag festgelegten Maschinen − zumeist
OV-1B und OV-1C fertiggestellt. 1968 wurden vier
Mohawk auf OV-1D-Standard modifiziert, wie
oben im Datenblatt beschrieben. Diese Maschinen konnten schnell von Seitensichtradar auf In-
frarotaufklärung umgerüstet werden. Im Dezember 1970 schloß sich die Serienfertigung der OV-
1D an. Diese Version erhielt ein drittes Fotogra-
fiesystem, das aus einer Vertikalpanorama-Ka-
mera besteht. 1964 wurde eine OV-1B einer Bewertung durch die Luftwaffe unterzogen. Zu einem Beschaffungsprogramm kam es jedoch
nicht.

Grumman S-2 Tracker   USA

**Viersitziges trägergestütztes U-Boot-Bekämp-
fungsflugzeug; im Truppendienst.
Daten und Dreiseitenansicht: S-2E, Foto: S-2D**

Antrieb: 2 Wright R-1820-82WA-Kolbenmotoren von je
1525 hp
Spannweite: 22,13 m
Länge: 13,26 m
Leergewicht: 8505 kg
max. Abfluggewicht: 13 222 kg
Höchstgeschwindigkeit: 426 km/h in Seehöhe
Überführungsreichweite: 2095 km
Bewaffnung: 60 Wasserbomben im Rumpf; 1 Mk.101-
oder Mk.57-Nuklearwasserbombe oder eine ähnliche
Waffenlast im Waffenschacht; 32 Sonarbojen in Gon-
deln; 4 Schwimmscheinwerfer; 6 Unterflügelstationen
für die Aufnahme von 5 Zoll-Raketen, Torpedos usw.

Entwicklung und Truppendienst

Die Grumman G-89 wurde aufgrund der Einsatz-
erfahrungen mit den einmotorigen Grumman
AF-2 Guardian entwickelt, die in sogenannten
„Hunter-Killer"-Paaren für U-Boot-Such- und
-Bekämpfungseinsätze verwendet wurden. Mit
dem neuen Entwurf wollte man beide Einsatzrollen von einem einzigen Muster ausführen lassen.
Die S2F-1, wie dieses Modell ursprünglich bezeichnet wurde, hatte am 4. Dezember 1952 Erstflug und ging für die US Navy in Produktion, die
ein erstes Serienfertigungslos beginnend mit
Februar 1954 erhielt. Von 755 gebauten S-2A waren über 100 für den Export nach Argentinien,
Brasilien, Italien, Japan, die Niederlande, Taiwan,
Thailand und Uruguay bestimmt und tun bei diesen Nationen immer noch Dienst. Die später als
TS-2A geführte S2F-1T wurde als Trainer verwendet. Die 60 gebauten S-2C (früher S2F-2) hatten
vergrößerte Bombenschächte, um zwei Suchtor-
pedos aufzunehmen, und sind fast alle in Mehrzweckflugzeuge des Typs US-2C umgerüstet
worden. Die S-2D (ursprüngliche Bezeichnung
S2F-3) hatte einen um 0,46 m verlängerten Rumpfbug, eine um 0,89 m vergrößerte Spannweite, ein
breiteres Cockpit und verbesserte Ausrüstungssysteme. 119 Maschinen wurden von diesem Typ
in Serie gefertigt; die Auslieferung lief im Mai 1961
an. Im Oktober 1962 löste die S-2E die S-2D ab –
sie war mit fortgeschrittenerer U-Boot-Bekämp-
fungsbewaffnung ausgerüstet. Eine ähnliche
Aufwertung mit besserer Bewaffnung, die an den
S-2A-Anfangsmustern durchgeführt wurde, ließ
die S-2B entstehen. Weitere Modifikationen hatten die S-2F zur Folge. Die Produktion der S-2E
war 1968 mit einer letzten Lieferung von 14 Maschinen an die Marine Australiens abgeschlossen. Die Royal Canadian Navy erwarb 100 Tracker,
die von De Havilland of Canada gebaut wurden.
17 davon gingen an die Niederlande. Die ersten
43 Maschinen dieses Typs – Serienbeginn Januar 1957 – waren CS2F-1; die ab Oktober 1958
gebauten CS2F-2, die mit verbesserter Ausrüstung versehen waren.

Handley Page Victor

Großbritannien

**Fünfsitziges Luftbetankungsflugzeug;
im Truppendienst.
Daten: K.Mk.2, Foto und Dreiseitenansicht:
Victor K.Mk.1A**

Antrieb: 4 Rolls-Royce-Conway R.Co.17 Mk.201-Strahl-
triebwerke von je 9344 kp Schub
Spannweite: 36,60 m
Länge: 35,00 m
max. Abfluggewicht: 77 110 kg
Höchstgeschwindigkeit: über 965 km/h (Mach 0,92)
in 12 190 m Höhe
max. Reichweite: 7400 km
Bewaffnung: keine

Entwicklung und Truppendienst

Die aufgrund einer ähnlichen Spezifikation wie
die Hawker Siddeley Vulcan entwickelte Victor
flog in Prototypform (WB771) am 24. Dezember
1952 erstmals. Der zweite Prototyp (WB775) folgte am 11. September 1954. Beide Flugzeuge waren mit frühen Modellen des Strahltriebwerks
Sapphire ausgerüstet. Der erste Serien-Victor B.
Mk.1-Bomber hatte am 1. Februar 1954 Erstflug.
Er unterschied sich von den Prototypen durch
einen verlängerten Rumpf, den Wegfall der Flosse auf der Rumpfoberseite und Sapphire 200-
Triebwerke einer Schubleistung von 4990 kp. Die
Auslieferung an die Royal Air Force lief 1958 an.
In diesem Jahr wurden auch die No.232 O.C.U. in
Gaydon und die No.10 Squadron in Cottesmore
mit Victor ausgerüstet, gefolgt von den No.15, 55
und 57 Squadrons. Die späteren Mk.1-Serienma-
schinen konnten aus der Luft betankt werden und
durch Verwendung größerer Tragflügeltanks
größere Reichweiten erzielen; einige davon führten die Bezeichnung B.Mk.1A; diese Maschinen
hatten geänderte Ausrüstung und ECM-Radar im
Rumpfheck eingebaut (ECM – Electronic Countermeasures – elektronische Gegenmaßnahmen).
Die im Dienst verbleibenden Victor Mk.1 wurden
in Tankerflugzeuge für Dreipunktbetankung (Typenbezeichnung K.Mk.1A) umgebaut und stehen
bei den No. 55, 57 und 214 Squadrons im Einsatz.
Die B.Mk.2, die am 20. Februar 1959 zum Erstflug
startete, war mit Rolls-Royce Conway-Strahl-
triebwerken ausgerüstet und wies eine von
33,53 m auf 36,60 m vergrößerte Flügelspannweite auf. Die Auslieferung an die No. 139 Squadron begann Ende 1961. Dies war auch die einzige Victor-Einheit, die – im Februar 1964 - mit der
Blue Steel-Lenkwaffe ausgerüstet wurde. Die
Victor schied Anfang 1969 aus dem RAF-Dienst,
aber die 543 Squadron setzt immer noch die B.
(S.R.)Mk.2 für Langstrecken-Aufklärungsmissio-
nen ein. Ungefähr 16 B.Mk.2 wurden 1970 von
Hawker Siddeley in die K.Mk.2 - Tankerkonfigu-
ration umgebaut.

Hawker Hunter   Großbritannien

Einsitziges Jagdflugzeug und zweisitziger Trainer; im Truppendienst.
Daten und Dreiseitenansicht: Hunter F.(G.A.) Mk.9, Foto: Hunter FGA.Mk.57

Antrieb: 1 Rolls-Royce Avon 207-Strahltriebwerk von 4536 kp Schub
Spannweite: 10,26 m
Länge: 13,98 m
max. Abfluggewicht: 10 886 kg
Höchstgeschwindigkeit: 1140 km/h (Mach 0,92) in Seehöhe
Reichweite: 2965 km mit Außenbehältern
Bewaffnung: 4 30 mm-Kanonen im Rumpfbug; Unterflügelstationen für die Aufnahme von 2 454 kg-Bomben oder 2 Behältern mit je 37 2 Zoll-Raketen; oder je 12 3 Zoll-Raketen an den inneren Stationen und zusätzlich 24 3 Zoll-Raketen an den äußeren Flügelstationen.

Entwicklung und Truppendienst

Der Hunter-Prototyp (WB188) flog als Hawker P.1067 am 20. Juli 1951 erstmals. Die mit Avon-Strahltriebwerk bestückte Serienversion F.Mk.1 führte am 16. Mai 1953 den Erstflug aus, und dieser Typ ging auch Mitte 1954 an die erste Staffel der Royal Air Force, an die No. 43 Squadron. Diese Version steht heute nicht mehr im Truppendienst; auch die von Sapphire-Triebwerken angetriebenen F.Mk.2 und F.Mk.5 sind bereits ausgemustert. Auf die Mk.1 folgte die mit Avon 115 ausgerüstete F.Mk.4 in der Serienproduktion, die eine größere interne Treibstoffkapazität hat und mit Waffen oder Treibstofftanks an Flügelstationen ausgerüstet werden kann. Dieser Typ steht heute noch in Dänemark (F.Mk.51) und in Peru (F.Mk.52) im Einsatz. Sein Nachfolger war die von Avon 203 angetriebene F.Mk.6, die als Prototyp am 22. Januar 1954 Jungfernflug hatte. Exportversionen der Mk.6 fliegen heute noch in Indien (FGA.Mk.56), der Schweiz (F.Mk.58), Irak (F.Mk.6), Libanon, Jordanien und Saudi-Arabien. Die letzten bei der Royal Air Force 1970 noch Dienst tuenden Versionen waren die F.(G.A.) Mk.9, eine Erdkämpferentwicklung aus der Mk.6 mit Heckfallschirm und erhöhter Waffenzuladung und die mit Kameras in der Rumpfspitze ausgerüstete F.R.Mk.10. Varianten der Mk.9 stehen bei den Luftstreitkräften Rhodesiens, Jordaniens (FGA.Mk.73), Chiles (FGA.Mk.71), des Irak (FGA. Mk.59) und Kuwaits (FGA.Mk.57) im Truppendienst. Singapur hat 12 FGA.74 und vier FR.74 bestellt, und ein Auftrag auf 10 FGA.Mk.76 und FR.Mk.76A sowie zwei zweisitzige T.Mk.76A wurde Anfang 1969 vom Scheichtum Abu Dhabi plaziert. Weitere zweisitzige Trainerversionen der Hunter (die Sitze sind nebeneinander angeordnet) sind die T.Mk.7 der RAF und die T.Mk.8 der Royal Navy sowie deren Exportvarianten, die an die Niederlande, Dänemark (T.Mk.53), Peru (T. Mk.62), Indien (T.Mk.66), Irak (T.Mk.69) Chile, Kuwait (T.Mk.67), Jordanien (T.Mk.66B) und Singapur (T.Mk.75) geliefert wurden. Die G.A.Mk.11 der Royal Navy ist ein Umbau aus der Mk.4, die als zweisitziger fortgeschrittener Erdkampftrainer in Verwendung steht. Ende 1970 orderte die Schweiz 30 überholte Hunter, die von 1972 bis 1974 an die Truppe geliefert werden sollen.

Hawker Siddeley Andover   Großbritannien

Kurz- bis Mittelstrecken-Transportflugzeug; im Truppendienst.
Daten, Foto und Dreiseitenansicht:
Andover C.Mk.1

Antrieb: 2 Rolls-Royce Dart R.Da.12 Mk.201-Turboprop-triebwerke von je 3245 ehp
Spannweite: 30,09 m
Länge: 23,77 m
max. Abfluggewicht: 22 680 kg
Höchstgeschwindigkeit: 486 km/h in 4570 m Höhe
Reichweite: 1907 km mit max. Kraftstoffzuladung und bei 415 km/h Geschwindigkeit
Unterbringungsmöglichkeit: 2 oder 3 Mann Besatzung, 44 Soldaten oder 30 Fallschirmjäger, 18 Tragbahren mit Begleitpersonal oder 6690 kg Fracht.

Entwicklung und Truppendienst

Die Andover C.Mk.1 ist ein mit Heckladerampe ausgerüstetes Transportflugzeug, das aus dem zivilen Verkehrsflugzeug Hawker Siddeley 748 abgeleitet wurde. Der Prototyp der Zivilversion 748 Series 1 hatte am 24. Juni 1960 Erstflug. Der mit leistungsstärkeren Triebwerken (Dart R.Da. 7 Mk.531 von 2105 shp) ausgerüstete Prototyp der Series 2 folgte am 6. November 1961. Die mit Spezialausrüstung bestückten Series 2-Muster werden (in zwei Exemplaren) von der Queen's Flight und für Passagiereinsätze bei der RAF (vier Maschinen) unter der Typenbezeichnung Andover C.C.Mk.2 verwendet. Der Andover-C.Mk.1-Prototyp entstand durch eine Verlängerung des Rumpfs des ursprünglichen 748-Prototyps und durch Verwendung einer umgebauten Heckgruppe, die mit Heckladerampe und anderen Modifikationen ausgestattet ist. Der Erstflug fand am 21. Dezember 1963 statt. Die erste Maschine von insgesamt 31 Andover C.Mk.1 hatte am 9. Juli 1965 Jungfernflug. Die No. 46 Squadron, Teile der No. 32 Squadron des Air Support Command und die No. 84 Squadron, die am Persischen Golf eingesetzt ist, fliegen diesen Andover-Typ. Die Andover C.Mk.1 besitzt ein verstellbares Fahrwerk, wodurch die Kabinenbodenhöhe sowohl in vertikaler als auch in horizontaler Richtung geändert werden kann, um mit der Ladefläche der Lade- bzw. Entladefahrzeuge auf gleiche Höhe kommen.

Hawker Siddeley Argosy

Großbritannien

Mittelstrecken-Transportflugzeug; im Truppendienst.

Antrieb: 4 Rolls-Royce Dart R.Da.8 Mk.101-Turboproptriebwerke von je 2680 ehp
Spannweite: 35,05 m
Länge: 27,18 m
max. Abfluggewicht: 47 610 kg
Marschgeschwindigkeit: 433 km/h in 6100 m Höhe
Reichweite: 1665 km mit 9072 kg Nutzlast
Unterbringungsmöglichkeit: 4 Mann Besatzung,
69 Soldaten, 48 Tragbahren oder 13 154 kg Fracht.

Entwicklung und Truppendienst

Die Argosy, wie sie beim Royal Air Force Air Support Command im Einsatz steht, ist eine Variante der zivilen A.W.650. Diese wiederum war eine auf Privatbasis durchgeführte Weiterentwicklung eines Entwurfs, der aufgrund einer Spezifikation für ein Nachfolgemuster der Valetta erarbeitet wurde, aber nie in Auftrag gegeben wurde. Ein Auftrag für insgesamt 56 Argosy für die Royal Air Force wurde plaziert, wovon die erste Maschine (XN814) am 4. März 1961 zum Erstflug startete. Die militärische Argosy ist neben anderen Spezialeinrichtungen mit Flugbetankungsvorrichtung, Nasenradom und „Biberschwanz"-Heckladetor ausgerüstet, das im Flug zum Zweck des Absetzens von Versorgungsgütern aus der Luft geöffnet werden kann. Zu den typischen Frachtzuladungen gehört ein Saracen-Kampfwagen, eine 105 mm-Haubitze, ein Ferret-Fahrzeug und eine Panzerabwehrkanone vom Typ Wombat. Die Argosy wurde im März 1962 in Dienst gestellt (sie ging an die No. 114 Squadron) und wurde seither auch bei der No. 70 Squadron der im Nahen Osten stationierten Luftwaffeneinheiten eingesetzt. 1971 wurde sie außer Dienst gestellt.

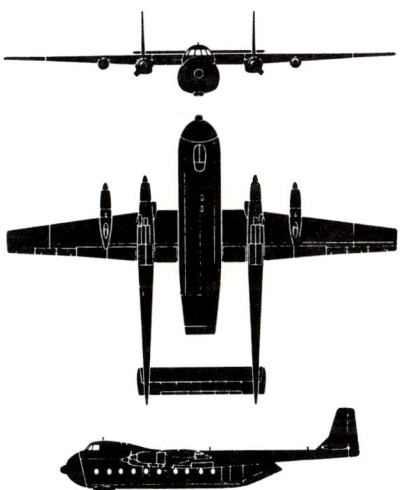

Hawker Siddeley Buccaneer   Großbritannien

Zweisitziges trägergestütztes und landstationiertes Kampfflugzeug für Einsätze in geringen Flughöhen; im Serienbau und im Truppendienst. Daten, Foto und Dreiseitenansicht: Buccaneer S.Mk.2

Antrieb: 2 Rolls-Royce RB.168 Spey Mk.101-Zweikreistriebwerke von je 5035 kp Schub
Spannweite: 13,41 m
Länge: 19,33 m
max. Abfluggewicht: 28 123 kg
Höchstgeschwindigkeit: Mach 0,85 in 61 m Höhe
typische Kampfreichweite: 3700 km
Bewaffnung: innenliegender Waffenschacht mit Drehtür für die Aufnahme von nuklearen oder konventionellen (4 454 kg-Bomben)oder eines Kamerasatzes; 4 Unterflügelstationen für die Aufnahme von Bullpup- oder Martel-Lenkwaffen, 454 kg-Bomben (drei an jeder Station) oder Raketen; maximale Waffenzuladung 7258 kg.

Entwicklung und Truppendienst

Die Arbeiten an der damals noch mit Blackburn B.103 bezeichneten Maschine liefen in den frühen fünfziger Jahren an, um den Forderungen der Navy-Spezifikation NA.39 nach einem trägergestützten Kampfflugzeug nachzukommen, das in Boden- oder Seenähe transsonische Geschwindigkeiten erreichen und gegnerische Ziele bekämpfen sollte. Ein Vorserienlos von 20 B.103 wurde im Juli 1955 bestellt; der erste Prototyp davon flog am 30. April 1958. Die Typenbezeichnung Buccaneer S.Mk.1 wurde im August 1960 gewählt, und im März 1961 wurden einige Entwicklungsmuster auf den letzten Produktions-Standard gebracht und der No.700Z Flight in Lossiemouth zur intensiven Flugerprobung übergeben.
Ein Auftrag auf 50 Serienflugzeuge wurde im Oktober 1959 erteilt. Die ersten 40 davon wurden als S.Mk.1 an die No.801, 909 und 800 Squadrons, beginnend mit Juli 1962, ausgeliefert. Die letzten 10 Muster wurden als S.Mk.2 ausgeliefert, wobei die Gyron Junior 101-Triebwerke der ersten Version (Schubleistung 3220 kp) durch Spey-Triebwerke ersetzt wurden. Der S.Mk.2-Prototyp hatte am 17. Mai 1963 Erstflug. Das erste Serienflugzeug folgte am 6. Juni 1964. Die Royal Navy plazierte später einen Nachfaßauftrag auf 74 weitere S.Mk.2, und dieser Typ ging im Oktober 1965 bei der No. 801 Squadron in den Truppendienst. Auch die No.809, 800 und 803 Squadrons erhielten diese Ausführung. 1968 bestellte die RAF 26 Buccaneer S.Mk.2B mit verbesserter Ausrüstung, einem im Bombenschacht untergebrachten Treibstofftank und Unterflügelstationen für Martel-Lenkwaffen. Ca. 60 frühere Navy-Muster werden zur Zeit auf S.Mk.2A-Standard (ohne Vorrichtungen für Martel-Lenkwaffen) oder S.Mk.2B-Standard für die Verwendung bei der RAF gebracht. Die erste RAF-Buccaneer-Staffel, die No.12, wurde im Juli 1970 einsatzbereit. Darauf folgte die No.15 im Oktober 1970. Zwei in Deutschland stationierte Staffeln und vier Strike Command-Staffeln erhalten ebenfalls Buccaneer dieser Typen. Die Luftstreitkräfte Südafrikas besitzen 15 Buccaneer S.Mk.50 mit BS.606-Hilfsraketentriebwerken von 3629 kp Schub.

Hawker Siddeley (D.H.) Comet   Großbritannien

Mittelstrecken-Strahltransporter; im Truppendienst.
Daten, Foto und Dreiseitenansicht:
Comet C.Mk.4

Antrieb: 4 Rolls-Royce Avon 350-Strahltriebwerke von
je 4767 kp Schub.
Spannweite: 35,00 m
Länge: 35,97 m
max. Abfluggewicht: 73 500 kg
max. Reisegeschwindigkeit: 872 km/h in 9448 m Höhe
Reichweite: 4168 km mit 8900 kg Nutzlast
Unterbringungsmöglichkeit: 6 Mann Besatzung,
darunter Quartiermeister, und 86 bis 94 Passagiere.

Entwicklung und Truppendienst

Die Comet, für den Zivilluftverkehr als D.H.106
entworfen, wurde von der BOAC als erstes Strahl-
verkehrsflugzeug der Welt eingesetzt. Die erste
in Dienst gestellte Version der Comet war die Series 1. Die leistungsstärkere Series 2 war auch
für die BOAC vorgesehen, doch wurden diese
Pläne zugunsten der Weiterentwicklung der Comet Series 4 wieder aufgegeben. 10 zum Teil fer-
tiggestellte Comet 2 wurden für die Royal Air
Force modifiziert und rüsteten die No. 216 Squadron aus. Diese Comet wurden 1967 aus dem
Dienst des Transport Command gezogen, aber
einige Muster stehen immer noch im Einsatz bei
anderen RAF-Kommandos und -Einheiten.
Außerdem werden drei strukturell unveränderte,
aber mit Avon 18-Triebwerken ausgerüstete Comet 2 für Testaufgaben der No. 90 (Signals)
Group bezüglich der Entwicklung von Elektronikausrüstung verwendet, während andere Comet vom Ministry of Technology mit RAF-Kenn-
zeichen geflogen werden. Das Air Support Command setzt fünf Comet C.Mk.4 ein (Erstflug dieser Version am 15. November 1961). Diese entsprechen der zivilen Comet 4C mit verlängertem
Rumpf und Außentanks an den Tragflächen und
bildeten 1970 die alleinige Ausrüstung der No.216
Squadron.

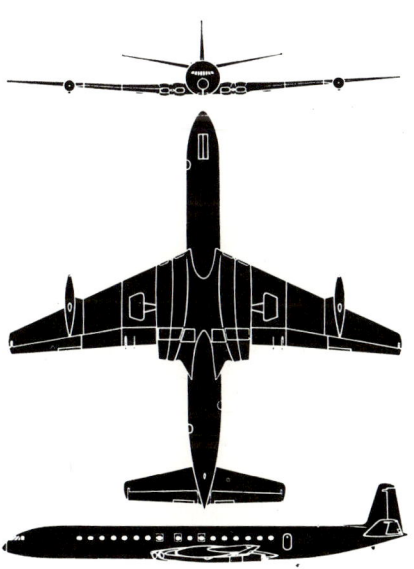

Hawker Siddeley Gnat

Großbritannien

Zweisitziger Fortgeschrittenentrainer;
im Truppendienst.
Daten, Foto und Dreiseitenansicht: Gnat T.Mk.1

Antrieb: 1 Bristol Siddeley Orpheus 101-Strahltriebwerk
von 1996 kp Schub
Spannweite: 7,32 m
Länge: 11,51 m
max. Abfluggewicht: 4148 kg
Höchstgeschwindigkeit: 1021 km/h (Mach 0,95)
in 11 000 m Höhe
Reichweite: 1900 km mit Außenbehältern.

Entwicklung und Truppendienst

Der einsitzige Leichtbaujäger Gnat stellte ursprünglich eine Entwicklung der Folland Aircraft Company dar, die auf Privatinitiative der Firma zurückging. Der Prototyp flog erstmals am 18. Juli 1955, und diese Version – bewaffnet mit zwei 30 mm-Kanonen und mit Flügelstationen zur Aufnahme zweier 500 lb-Bomben oder 12 x 3 Zoll-Raketen ausgerüstet – wurde an das British Ministry of Aviation (6), Indien (25 und 15 Komponentensätze), Finnland (12) und Jugoslawien (2) geliefert. Die Gnat Mk.1 gehört in Indien ferner zur Einsatzausrüstung – sie wurde in Linzenz von der Hindustan Aeronautics Ltd. gebaut.
Die Entwicklungsgeschichte des zweisitzigen Gnat-Trainers begann 1958, als 14 Maschinen, die für Evaluationszwecke bestimmt waren, von der RAF geordert wurden. Das erste dieser Muster startete am 31. August 1959 zum Jungfernflug. Der Trainer stellt eine um 15 Prozent vergrößerte Ableitung aus dem Einsitzer dar. Die vergrößerte Spannweite war notwendig geworden, um die für einen Trainerentwurf benötigten Langsamflugeigenschaften zu liefern, während sich die Rumpfverlängerung aus der Forderung nach einem zweisitzigen, geräumigeren Tandem-Cockpit ergab. Auf die Evaluationsmodelle folgten 91 Serien-T.Mk.1, deren erstes Muster im November 1962 zur Auslieferung gelangte. Diese Flugzeuge gehören zur Standardausrüstung des RAF Training Command und sind, da sie beim offiziellen RAF-Kunstflugteam Red Arrows verwendet werden, in aller Welt berühmt geworden.

Hawker Siddeley Harrier Großbritannien

Einsitziges V/STOL-Kampf- und Aufklärungs-
flugzeug; im Serienbau und im Truppendienst.
Daten und Dreiseitenansicht: Harrier G.R.Mk.1,
Foto: Harrier G.R. Mk.1 in den Kennzeichen des
US Marine Corps

Antrieb: 1 Rolls-Royce Bristol Pegasus 101-Hub- und
Marschtriebwerk von 8620 kp Schub
Spannweite: 7,70 m
Länge: 13,87 m
max. Abfluggewicht: VTOL ca. 7250 kg;
STOL ca. 10 430 kg
Höchstgeschwindigkeit: 1186 km/h
typischer Aktionsradius: ca. 800 km
Bewaffnung: 3 Aufhängestationen unter dem Rumpf
und 4 unter dem Tragflügel für 2268 kg Waffenlast. Eine
typische Waffenzuladung enthält 1 454 kg-Bombe und
2 30 mm-Kanonenbehälter unter dem Rumpf, 2 Behälter
mit 19 68 mm-SNEB-Raketen und 2 454 kg-Bomben
unter dem Tragflügel.

Entwicklung und Truppendienst

Die Harrier ist die Einsatzversion der P.1127 Ke-
strel, des ersten Flugzeugs, das vom Schwenkdü-
sen-Zweikreistriebwerk Rolls-Royce-Bristol Pegasus angetrieben wurde. Die vier schwenkbaren
Abgasdüsen dieses Triebwerks ermöglichen entweder Senkrechtstart oder -landung oder, wenn
eine kurze Startrollstrecke vorhanden ist, bei
größerer Waffenzuladung den Kurzstarteinsatz.
Die weiter fortgeschrittene Harrier ist zu ca. 95
Prozent ein neues Flugzeug. Das erste von sechs
Vorserienmustern führte am 31. August seinen
ersten Schwebeflug aus. Mitte 1967 flogen alle
sechs Maschinen. Während der Flugversuche überschritten sie im Horizonalflug die Mach 1-
Grenze und stellten zum ersten Mal die Fähigkeit
der Harrier zum Marineeinsatz unter Beweis, als
sie vom italienischen Kreuzer Andrea Doria von
einer 15 x 30 m großen Hubschrauberplattform
aus starteten. Die erste von 77 für die Royal Air
Force bestimmten einsitzigen Harrier GR.1 hatte
am 28. Dezember 1967 Erstflug. Ferner wurden
13 zweisitzige Harrier T.Mk.2-Trainer mit umge-
bautem Rumpfvorderteil zur Aufnahme des Tan-
dem-Cockpits und mit abgeändertem Heck bestellt; die ersten beiden Doppelsitzer flogen am
24. April beziehungsweise 14. Juli 1969 erstmals.
Für die Harrier wurden außerdem austauschbare
Flügelenden entworfen, um die Spannweite und
Flügelfläche für Langstrecken-Überführungsflüge zu erhöhen. Die Auslieferung an das RAF Harrier Conversion Team startete im April 1969, und
die No.1 Squadron, die einzige Harrier-Einheit in
der No.38 Group des Air Support Command,
wurde bis zur zweiten Hälfte 1969 auf diesen Typ
umgeschult. Drei Harrier-Staffeln, beginnend mit
der No.4 Squadron, wurden der RAF Germany zugeteilt. Das US Marine Corps erhielt am 6. Januar
1971 die erste von insgesamt 30 bestellten Harrier
(US-Bezeichnung AV-8A), und es bestehen Pläne
zum Ankauf von weiteren 30 Maschinen im Lauf
des Fiskaljahres 1972. Die ersten 10 Maschinen
werden vom Pegasus 10 (F402-RR-400) angetrieben. Die restlichen Harrier sind mit dem Pegasus
11 (F402-RR-401) einer Schubleistung von 9752
kp ausgerüstet. Die erste mit Harrier ausgestattete US Marine Corps-Staffel ist die VMA-513
Einheit.

Hawker Siddeley Nimrod   Großbritannien

Vierstrahliges Langstrecken-U-Boot-Kampfflugzeug; im Serienbau und im Truppendienst.

Antrieb: 4 Rolls-Royce Spey Mk.250-Zweikreistriebwerke von je 5217 kp Schub
Spannweite: 35,00 m
Länge: 38,63 m
max. Abfluggewicht und Flugleistungen: geheim, aber die Höchstgeschwindigkeit wird auf 926 km/h geschätzt.
Bewaffnung: Minen, Bomben, Wasserbomben und Torpedos im Waffenschacht; 2 AS.12- oder Martel-Lenkwaffen unter dem Tragflügel.

Entwicklung und Truppendienst

Die Nimrod, das erste für U-Boot-Bekämpfungseinsätze gebaute Flugzeug der Welt mit reinem Strahlantrieb, ist auch die schnellste und wahrscheinlich größte Maschine, die je für solche Missionen entwickelt wurde. Die Zelle basiert im wesentlichen auf der des Comet 4C-Airliners, weist jedoch darüber hinaus einen zusätzlichen, nicht druckbelüfteten unteren Rumpfanbau auf, in dem ein sehr großer Waffenschacht untergebracht ist. Der Mittelrumpf ist als navigatorisches und taktisches Einsatzzentrum für die Besatzungsmitglieder ausgebildet, die die große Zahl von U-Boot-Erfassungssystemen bedienen – dazu zählen Sonargeräte, Luft-Boden-Radar, der Autolycus-Ionisationsdetektor, der jede gegnerische Schiffbewegung unterhalb des Flugzeugs wahrnimmt, ferner Ausrüstung zur Feststellung magnetischer Anomalien, die in einem Heckausleger untergebracht ist und alle metallischen Objekte über oder unter Wasser ausmachen kann, und Sonarbojen. Im Vorderteil des rechten Tragflügel-Treibstoffbehälters ist ein Suchscheinwerfer eingebaut. Ein ECM-Behälter sitzt oben am Seitenleitwerk. Zur 12 Mann-Besatzung gehören drei Mann im Cockpit und zwei Navigatoren und sieben Mann zur Bedienung der verschiedenen Sensoren im vorderen Kabinenteil. Wird die Nimrod als Aushilfs-Truppentransporter eingesetzt, können 45 Passagiere befördert werden.

Der erste von zwei Nimrod-Prototypen, die durch Umbau von Comet-Transportern entstanden, hatte am 23. Mai 1967 Erstflug. Zur Ablösung der Mk.2 Shackleton der Royal Air Force wurden 38 M.R.Mk.1-Serienmuster der Nimrod bestellt. Die erste Maschine davon (XV226) flog am 28. Juni 1968, und die Auslieferung an die No.201 Squadron des No.18 (Maritime) Group des Strike Command in Kinloss begann am 2. Oktober 1969. Die Nimrod wird wahrscheinlich vier Strike Command-Staffeln, von denen jede sechs Flugzeuge erhält, und die No.203 Squadron in Malta ausrüsten.

Hawker Siddeley Sea Vixen   Großbritannien

Zweisitziger trägergestützter Allwetter-Interzeptor und Erdkampfflugzeug;
im Truppendienst.
Daten, Foto und Dreiseitenansicht:
Sea Vixen F.(A.W.) Mk.2

Antrieb: 2 Rolls-Royce Avon 208-Strahltriebwerke von je 5102 kp Schub
Spannweite: 15,24 m
Länge: 16,94 m
max. Abfluggewicht: über 15875 kg
Höchstgeschwindigkeit: 1038 km/h
Bewaffnung: 6 Unterflügelstationen für die Aufnahme von verschiedenen Kombinationen von Red Top- oder Firestreak-Luft-Luft-Lenkwaffen oder Bullpup-Luft-Boden-Raketen, 227 kg-Bomben (bis 4 Stück) oder Treibstoffbehältern; ständige Bewaffnung durch 2 Einziehbehälter im Rumpfvorderteil, von denen jeder 14 2 Zoll-Raketen enthält.

Entwicklung und Truppendienst

Die Sea Vixen, der größte und schwerste britische Jagdflugzeugentwurf, der auf den Flugzeugträgern der Royal Navy Dienst tut, stellt eine Weiterentwicklung der zwei De Havilland D.H. 110-Nachtjäger-Prototypen dar, die seinerzeit für Evaluationszwecke für die RAF gebaut wurden. Mit dem zweiten Prototyp startete man 1953 Anwendungsstudien für den Marineeinsatz, und im Januar 1955 wurde für eine reine Navy-Version ein Produktionsauftrag von fünf Maschinen erteilt. Das erste Produktionsmuster, das dem Werk Christchurch von De Havilland entstammte, hatte am 20. März 1957 Erstflug. Zur umfangreichen Flugerprobung dieses Modells wurde im November 1958 die No.700Y Flight gebildet. Die Sea Vixen F.(A.W.) Mk.1 war der erste in Dienst gestellte britische Jäger, der keine feste Kanone aufwies, sondern stattdessen mit zwei Luft-Luft-Lenkwaffensätzen und einer Vielzahl von Unterflügelbewaffnung, wie z.B. Firestreak-Luft-Luft-Lenkwaffen, ausgerüstet war. Die Sea Vixen F.(A.W.) Mk.2 unterscheidet sich von der Mk.1 dadurch, daß sie als Alternativbewaffnung zur Firestreak auch die Red Top-Lenkwaffe transportieren kann und längere und breitere Leitwerkträger aufweist, in denen Zusatztreibstoff Platz findet. Die erste, aus einer Mk.1-Zelle umgebaute Mk.2 hatte am 1. Juni 1962 Erstflug, und das erste Serienmuster flog am 8. März 1963 erstmals. Insgesamt wurden 119 Mk.2 in Serie gebaut. Von der Mk.2 wurden 29 Exemplare gebaut und zusätzlich wurden 67 Mk.1 in Mk.2 modifiziert. Zu den Einheiten, die die Sea Vixen erhielten, gehören die No.890 Squadron in Yeovilton, die No.893 und No.899 Squadrons, die an Bord von Flugzeugträgern eingesetzt sind, und die No.766 Squadron, die in Yeovilton stationiert und für die Allwetter-Ausbildung verantwortlich ist.

Hawker Siddeley Vulcan

Großbritannien

**Fünfsitziger mittlerer Bomber;
im Truppendienst.
Daten, Foto und Dreiseitenansicht:
Vulcan B.Mk.2**

Antrieb: 4 Rolls-Royce Bristol Olympus 301-Strahltriebwerke von je 9072 kp Schub
Spannweite: 33,83 m
Länge: 30,45 m
max. Abfluggewicht: über 81 650 kg
max. Marschgeschwindigkeit: 1006 km/h (Mach 0,94) in 15 240 m
Einsatzradius: 2775 bis 4625 kg
Bewaffnung: keine Kanonen; die Mk.2 kann eine Blue Steel-Stand-Off-Bombe, eine Nuklearbombe oder 21 hochexplosive 454 kg-Bomben mit sich führen.

Entwicklung und Truppendienst

Der Prototyp Avro 698 (VX770) hatte am 30. August 1952 Erstflug - er war von vier Rolls-Royce Avon angetrieben. Startdatum des zweiten Prototyps (VK777), der bereits Olympus 100-Triebwerke und die später standardmäßig eingebaute vordere Bombenzielwurf-Station unter dem Rumpfbug besaß, war der 3. September 1953. Die Serienmuster Vulcan B.Mk.1, von denen 45 Maschinen, beginnend mit der XA889, gebaut wurden, begannen im Februar 1954 die Montagehalle zu verlassen. Sie hatten die Triebwerke Olympus 101, 102 oder 104 als Antrieb. Die Auslieferung an die Royal Air Force startete Mitte 1956, und die Mk.1 und Mk.1A (letztere mit verlängertem Heck zur Aufnahme der Elektronik) wurden drei Einsatzstaffeln des RAF Bomber Command überstellt. Am 31. August 1957 startete die VX777 als aerodynamischer Erprobungsträger für die Mk.2 erstmals - sie war mit einem modifizierten, größeren Tragflügel ausgerüstet. Die ersten Serien-Mk.2 (XH533) hatte im August 1958 Erstflug, und die ersten Maschinen gingen, beginnend mit der No.83 Squadron, am 1. Juli 1960 an die Royal Air Force. Nachdem die Verantwortung für die britischen Nuklearabschreckungseinsätze der Polaris-U-Boot-Streitmacht der Royal Navy übertragen wurde, stehen jetzt nur noch zwei mit Vulcan Mk.2 ausgerüstete Staffeln des Strike Command im Einsatz, deren Maschinen die Stand-off-Bombe Blue Steel als Bewaffnung besitzen. Diese Staffeln sind die hauptsächlich für die Ausführung von Tiefflugangriffen vorgesehenen No.27 und No.617 Squadrons in Scampton. Andere noch existierende Vulcan B.Mk.2-Einheiten sind die No.44, 50 und 101 Squadrons in Waddington und die No.9 und 35, die in Akrotiri auf Cypern stationiert sind. Letztere führen lediglich taktische Unterstützungseinsätze aus.

Hindustan HF-24 Marut

Indien

Einsitziges Jagdflugzeug; im Serienbau und im Truppendienst.
Daten: Marut Mk.1

Antrieb: 2 Rolls-Royce Bristol Orpheus 703-Strahltriebwerke von je 2200 kp Schub
Spannweite: 9,00 m
Länge: 15,87 m
Abfluggewicht: 8951 kg
Höchstgeschwindigkeit: Mach 1,02 in 12200 m Höhe
normale Reichweite: 1207 km
Bewaffnung: 4 30 mm-Kanonen im Rumpfbug und Einzieh-Waffenschacht für 48 Luft-Luft-Raketen im Rumpf (hinter Bugfahrwerkraum); 4 454 kg-Bomben oder Raketen unter der Tragfläche.

Entwicklung und Truppendienst

Die HF-24 Marut ist der erste in einem Land Asiens (ausgenommen die UDSSR) entwickelte Überschalljäger überhaupt. Sie wurde anfänglich unter der Leitung von Professor Kurt Tank entwikkelt, zu dessen ersten Schöpfungen die Focke Wulf 190 des Zweiten Weltkriegs gehört. Die Entwurfsstudien an der Marut begannen 1956 aufgrund einer Forderung der Luftstreitkräfte Indiens. Zu den ersten Forschungsarbeiten zählte auch die Flugerprobung einer in vollem Maßstab gebauten Holzattrappe der Marut, die kein Triebwerk aufwies. Der Prototyp des Marut-Jägers, die HF-24 Mk.1, wie sie im Datenblatt beschrieben und im Foto oben gezeigt ist, hatte am 17. Juni 1961 Erstflug. Später wurde ein zweiter Prototyp gebaut, und im März 1963 startete die erste von 60 bestellten Mk.1-Serienmaschinen zum Erstflug. Die erste Mk.1-Einheit wurde am 10. März 1964 offiziell von der indischen Luftwaffe übernommen.
Ferner stehen die mit einer Nachbrennerversion des Orpheus 703 ausgerüstete Mk.1R und die zweisitzige Trainerversion (Tandemsitze) Mk.1T in Entwicklung; die Mk.1T hatte am 30. April 1970 Erstflug. Diese beiden Muster sollen von der HF-24 Mk.2 abgelöst werden, die auf eine Fluggeschwindigkeit von Mach 2 ausgelegt ist. Da für diese Version kein geeignetes Triebwerk verfügbar ist, wird man wahrscheinlich zwei Rolls-Royce/Turboméca Adour-Triebwerke, wie sie in der Jaguar Verwendung finden, einbauen. Eine HF-24 wurde Ägypten übergeben, um als fliegender Erprobungsträger für das Nachbrennertriebwerk Helwan E-300 zu dienen. Sie flog mit diesem Triebwerkmuster am 29. März 1967 erstmals. Das E-300-Triebwerk wurde jedoch mittlerweile wieder aufgegeben.

Iljuschin Il-12 und Il-14   UdSSR
(NATO-Codebezeichnungen Coach bzw. Crate)

Mittelstrecken-Transportflugzeug;
im Truppendienst.
Daten, Foto und Dreiseitenansicht: Il-14M

Antrieb: 2 Schwetsow ASh-82T-Kolbenmotoren von je 1900 hp
Spannweite: 3198 m
Länge: 22,34 m
max. Abfluggewicht: 17 237 kg
Höchstgeschwindigkeit: 415 km/h in 3050 m Höhe
Unterbringungsmöglichkeit: bis zu 32 Passagiere
Reichweite: 1508 km mit 26 Passagieren.

Entwicklung und Truppendienst

Die Il-12 flog 1944 erstmals. Dieses Flugzeug sollte urspünglich als Mehrzweck-Militärtransporter die in der Sowjetunion gebaute Dakota, die Li-2, ablösen. Die Il-12 konnte wegen ihres hohen Strukturgewichts nur eine kleine Nutzlast transportieren (27 Passagiere), wurde jedoch von den sowjetischen Luftstreitkräften in großer Anzahl in Dienst gestellt – für Segelflugzeugschlepp, Fallschirmjäger- und Frachteinsätze. Als Antrieb dienten zwei 1775 hp Sternmotoren vom Typ ASh-82FNV.

Die Il-14, die verschiedene Detailentwurf-Verfeinerungen zur Gewichtsreduzierung aufwies und ferner zwei 1900 hp ASh-82T-Triebwerke mit Abgas-Schubverstärkung erhielt, wurde 1953 ausgeliefert. Später wurden zwei Il-14-Versionen angeboten, die als Il-14P bekannte leichtere Ausführung (Bruttogesamtgewicht auf 16 500 kg verringert), die bessere Starteigenschaften und Steigleistung bei gleicher Nutzlast wie bei der Il-12 aufwies, und die 1956 erschienene Il-14M, die einen um ca. 1 m verlängerten Rumpf und ein auf 17 237 kg angehobenes Bruttogesamtgewicht erhielt. Infolge der gewichtssparenden Struktur und der erhöhten Triebwerkleistung kann die Il-14M bis zu 32 Passagiere befördern, verglichen mit 18 bis 26 an Bord der Il-14P transportierten Personen. Die Il-14P wurde auch in der DDR in Serie gebaut, wo die ersten Exemplare 1957 aus der Montagehalle rollten. Die Avia-Werke in der CSSR bauten ungefähr 50 Il-14P für die Sowjetunion und stellten später die Produktion auf die für eigenen Bedarf und für den Export vorgesehene Il-14M um, die als Avia bekannt wurde. Nahezu alle Luftstreitkräfte der Warschauer Paktstaaten sowie ihre Alliierten und befreundeten Nationen fliegen die Il-12 und die Il-14 heute noch.

Iljuschin Il-18 (NATO-Codebezeichnung UdSSR Coot, U-Boot-Kampfversion May)

**Truppen- und Personaltransportflugzeug;
im Serienbau und im Truppendienst.
Daten: Il-18**

Antrieb: 4 Iwtschenko AI-20M-Turboproptriebwerke
von je 4250 shp
Spannweite: 37,40 m
Länge: 35,90 m
max. Abfluggewicht: 64 000 kg
max. Nutzlast: 13 500 kg
Marschgeschwindigkeit: 625 km/h
Reichweite: 3700 km mit max. Nutzlast.

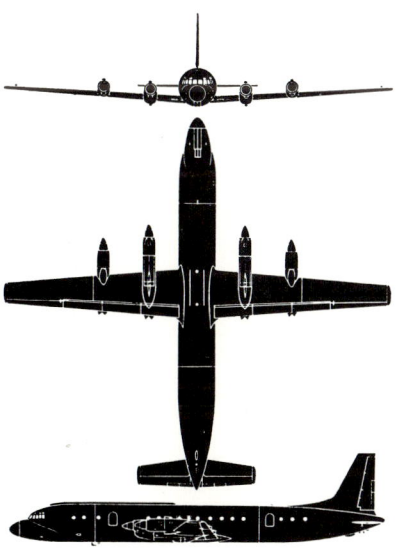

Entwicklung und Truppendienst

Die Il-18, gut bekannt als einer der Standard-
Airliner der Sowjetunion, der auch in die Länder
sowjetischen Einflusses exportiert wurde, wurde
erst spät in den Militärdienst aufgenommen, obwohl ein Prototyp mit Kennzeichen der sowjetischen Luftstreitkräfte bereits 1958 gesehen wurde. Die Il-18 hatte im Juli 1957 Erstflug und nahm
wenig als zwei Jahre später den Dienst bei der
Aeroflot auf. Die Il-18 befördert im zivilen Linien-
dienst bis zu 122 Passagiere und kann wahrscheinlich die gleiche Zahl von Soldaten im Militäreinsatz transportieren. Mindestens eine Il-18
tut als Transportflugzeug für hochgestellte Persönlichkeiten Dienst – diese Maschine steht als
Präsidentenflugzeug bei den jugoslawischen
Luftstreitkräften im Einsatz. Weitere Il-18 werden
für VIP-Transporte in der Sowjetunion eingesetzt, und man glaubt, daß auch die Luftstreitkräfte anderer Länder, wie Afghanistan, Algerien,
CSSR, Polen und Jugoslawien, diesen Typ im
Militäreinsatz haben.
Auch eine U-Boot-Bekämpfungsversion der
Il-18 steht bei den sowjetischen Luftstreitkräften im Einsatz, die unter der NATO-Codebezeichnung May bekannt ist. Diese entspricht etwa im
gleichen Maß der Transportversion wie in den
USA die Lockheed P-3 Orion der Electra. Sie
weist einen verlängerten Rumpf auf, der mit
einem MAD-Heckausleger (MAD-Magnetic Anomaly Detector - Erfassungsgerät magnetischer
Anomalien) ausgerüstet ist, ferner einen Radom
unter dem Rumpfbug und andere U-Boot-Be-
kämpfungselektronik. Außerdem können Waf-
fensysteme transportiert werden. Anfang 1971
existierten noch keine Fotos von diesem Typ. Die
U-Boot-Kampfversion der Il-18, die unter der NA-
TO-Codebezeichnung May bekannt ist, führt, wie
man weiß, jetzt die Typenbezeichnung Il-38 und
soll in großen Stückzahlen in Dienst gestellt werden.

Iljuschin Il-28   UdSSR
(NATO-Codebezeichnung Beagle)

Viersitziger taktischer Bomber, Aufklärungs- und elektronisches Gegenmaßnahmenflugzeug; im Truppendienst.

Antrieb: 2 Klimow VK-1-Strahltriebwerke von je 2700 kp Schub.
Spannweite: 19,50 m
Länge: 17,67 m
max. Abfluggewicht: 19 500 kg
Höchstgeschwindigkeit: 933 km/h in 4572 m Höhe
Reichweite: 2414 km mit max. Bombenzuladung
Bewaffnung: 2 20 mm-Kanonen im Rumpfbug; 2 23 mm-Kanonen im Heckstand; 2000 kg Bombenzuladung.

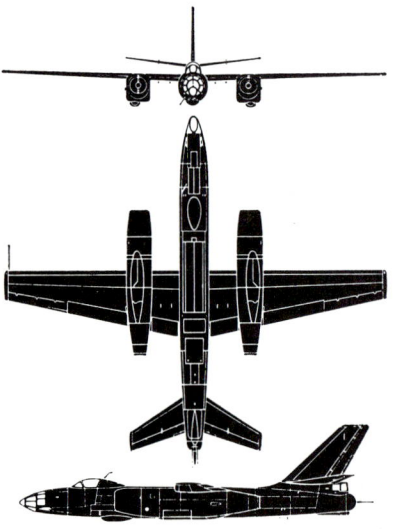

Entwicklung und Truppendienst

Das sowjetische Gegenstück zur Canberra, die Il-28, wurde zum ersten Mal anläßlich der Maifestlichkeiten des Jahres 1950 in der Öffentlichkeit gezeigt, als sie in größeren Zahlen im Flug über Moskau vorgeführt wurde. Einige tausend Maschinen dieses Typs wurden in der Sowjetunion und in der CSSR gebaut, und auch heute noch tun Il-28 als leichte Kampf-, Aufklärungs- und ECM-Flugzeuge in den Luftstreitkräften der Sowjetunion, Polens, der CSSR, Ungarns, der DDR, Afghanistans, Algeriens, des Irak, Nordkoreas, Marokkos, Nigerias, Syriens, Nordvietnams, des Yemen, Indonesiens, der Volksrepublik China und Ägyptens Dienst, obwohl in vielen dieser Länder die Umrüstung auf Su-7-Jagdbomber bereits weit fortgeschritten ist. Finnland setzt zwei Il-28 ein, die hauptsächlich für Zielschleppeinsätze verwendet werden.

Die Il-28 wird von zwei VK-1-Strahltriebwerken angetrieben, die aus der Rolls-Royce Nene abgeleitet wurden. Die konventionelle Konstruktion mit geradem Flügel und gepfeiltem Leitwerk ist typisch für die erste sowjetische Strahlbomber-Generation. In Innenbehältern finden ca. 11 900 Liter Treibstoff Platz, und außerdem können auch noch Flügelspitzentanks Verwendung finden, was allerdings selten der Fall ist. Die Aufbeulung der vorderen Rumpfunterseite dient der Unterbringung eines Navigationsradar- und Bombenwurfsystems nur begrenzten Einsatzwerts. Außer der Bomberversion existiert eine Einsatztrainerversion, die die Typenbezeichnung Il-28U führt (NATO-Codename Mascot), das vor und unterhalb des Standardcockpits ein Cockpit für den zweiten Piloten aufweist. Dafür fehlen bei dieser Variante die Radar-Aufbeulung unter dem Rumpfbug und die nach vorn feuernden Kanonen des Il-28-Bombers. Ansonsten entspricht die Il-28U jedoch konstruktions- und leistungsmäßig der Standard-Il-28.

Kamow Ka-25   UdSSR
(NATO-Codebezeichnung Hormone)

U-Boot-Such- und -Kampfhubschrauber.
Daten basieren auf jenen des Ka-25K

Antrieb: 2 Gluschenkow-Wellenturbinen von je 900 shp
Rotordurchmesser: 15,74 m
Länge: 9,83 m
max. Abfluggewicht: 7300 kg
Höchstgeschwindigkeit: 220 km/h
Unterbringungsmöglichkeit: wahrscheinlich 3 oder 4
Mann Besatzung.

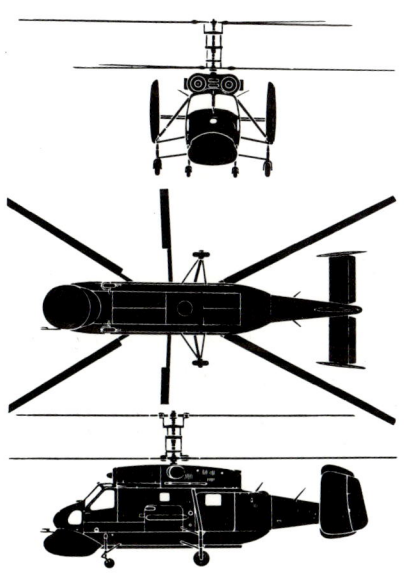

Entwicklung und Truppendienst

Der Hubschrauber Kamow Ka-25 (NATO-Codebezeichnung Hormone) wurde als Prototyp erstmals anläßlich des sowjetischen Luftfahrttages
am 9. Juli 1961 im Flug über Moskau gesehen.
Damals war er mit an beiden Rumpfseiten angebrachten Auslegern ausgerüstet, an denen je
eine Luft-Luft-Lenkwaffenattrappe installiert
war. Bisher wurde eine derartige Installation an
den Ka-25-Serienmustern, die an Bord der sowjetischen Marineschiffe, darunter die Hubschrau-
berträger Moskwa und Leningrad, Dienst tun,
noch nicht beobachtet. Zur Ausrüstung des Kamow Ka-25 zählen ein unter dem Rumpfbug mon-
tiertes Suchradar, ein Zusatzausrüstungsbehäl-
ter an der Unterseite der mittleren Heckflosse,
ein zylindrischer Ausrüstungsraum über dem
Heckträger und aufblasbare Schwimmer an jedem Fahrwerkrad. Das zivile Gegenstück des Kamow Ka-25 ist der Ka-25K, der auf dem Pariser
Aero Salon des Jahres 1967 vorgestellt wurde.
Der Kamow Ka-25 ist die Konstruktion des von
Nikolai Kamow geleiteten Entwurfsbüros, das
seit vielen Jahren Hubschrauber mit Koaxialro-
toren entwickelt hat, von denen ein in Kamows
Frühzeit entstandener „umschnallbarer" Ein-
mannhubschrauber besonders vorzuheben ist.
Verschiedene spätere Entwürfe wie z.B. der leichte Beobachtungshubschrauber Ka-10 und der
zweisitzige Ka-15 standen bei der sowjetischen
Marine im Einsatz.

Kawasaki P-2J   Japan

12sitziges U-Boot-Kampfflugzeug und Marine-Patrouillenbomber; im Serienbau und im Truppendienst.

Antrieb: 2 General Electric T64-IHI-10-Turboproptriebwerke von je 2850 shp und 2 Ishikawajima-Harima J3-7C-Hilfsstrahltriebwerke von je 1400 hp Schub
Spannweite: 30,87 m
Länge: 29,23 m
Leergewicht: 19 277 kg
max. Abfluggewicht: 34 019 kg
Marschgeschwindigkeit: 370 km/h
max. Reichweite: 4450 km
Bewaffnung: Unterflügelstationen für die Aufnahme von 16 5 Zoll-Raketen; interne Waffenzuladung von 3629 kg an Bomben, Wasserbomben oder Torpedos.

Entwicklung und Truppendienst

Die P-2J ist eine Weiterentwicklung der Lockheed P-2H Neptune (siehe dort), von der 48 Maschinen im Zeitraum von 1959 bis 1965 von Kawasaki für die Japanischen Marine-Selbstverteidigungsstreitkräfte gebaut wurden. Die Arbeiten am ersten P-2J Prototyp wurden 1965 aufgenommen, nachdem man sich vier Jahre lang mit dem Entwurf beschäftigt hatte, und der Erstflug fand am 21. Juli 1966 statt. Obwohl die P-2J nur eine Modifikation der P-2H darstellt, blieben lediglich Tragflügel und Heck im wesentlichen unverändert, abgesehen von einer größeren Profiltiefe des Seitenruders. Der Rumpf wurde um 1,27 m vor dem Tragflügel gestreckt, um Platz für den Einbau einer verbesserten Elektronikausrüstung zu erhalten, die fast dem Standard der in der P-3 Orion verwendeten Elektronik entspricht. Auch das Fahrwerk wurde umkonstruiert: Es wurde mit doppelt bereiften Hauptfahrwerkbeinen ausgerüstet. Aber die bedeutendste aller durchgeführten Änderungen machte man beim Triebwerk, indem man die ursprünglich verwendeten Kolbenmotoren durch T64-Turboproptriebwerke ersetzte, die unter Lizenz von Ishikawajima-Harima hergestellt wurden. Diese Triebwerke liefern zwar eine geringere Startleistung als die Kolbenmotoren, machen jedoch eine Gewichtseinsparung von 4536 kg am Flugzeuggesamtgewicht im Vergleich zur P-2H möglich. Auch die Treibstoffkapazität wurde vergrößert. Ferner findet ein zusätzliches Besatzungsmitglied, das als Kampf-Koordinator bezeichnet wird, Platz. Die erste Serienmaschine der P-2J flog am 8. August 1969 erstmals und wurde der japanischen Marine am 7. Oktober des gleichen Jahres übergeben. Bis März 1971 waren 13 Flugzeuge in Dienst gestellt.

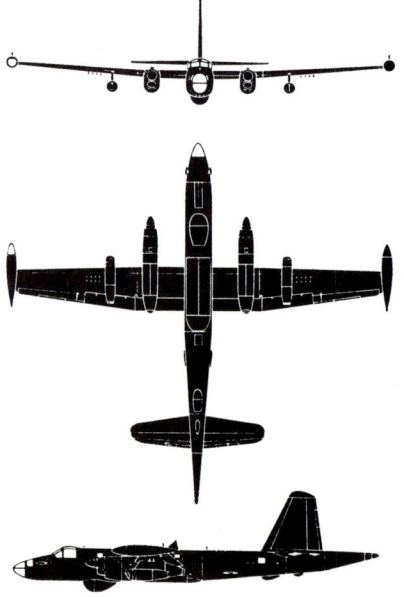

Lockheed C-5A Galaxy   **USA**

**Schweres strategisches Truppenflugzeug;
im Serienbau und im Truppendienst.**

Antrieb: 4 General Electric TF39-GE-1-Zweikreistrieb-
werke von je 18 600 kp
Spannweite: 67,88 m
Länge: 75,54 m
Leergewicht: 147 528 kg
max. Abfluggewicht: 346 770 kg
Höchstgeschwindigkeit: 919 km/h in 7600 m Höhe
Reichweite: 5652 km mit einer Nutzlast von 99 790 kg
Bewaffnung: keine.

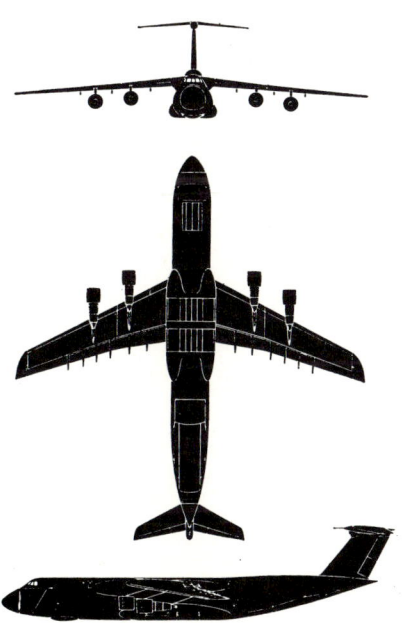

Entwicklung und Truppendienst

Die Entwurfsarbeiten an dem gewaltigen Militärtransporter Lockheed C-5A liefen 1963 an, als
das Military Air Transport Service, das heutige
Military Airlift Command, der Industrie eine Entwurfsanforderung für ein logistisches Transportflugzeug außerordentlicher Größe übermittelte,
das eine Nutzlast von 56 578 kg über eine Entfer-
nung von 1287 km befördern und von den gleichen Start- und Landebahnen aus wie die Lockheed C-141 StarLifter (siehe dort) eingesetzt
werden sollte. Entwicklungsverträge gingen im
Mai 1964 an Boeing, Douglas und Lockheed auf
der Zellen- und an Pratt & Whitney und General
Electric auf der Triebwerkseite. Im Laufe des
Jahres 1965 wurde Lockheeds Entwurf L-500,
der in der Georgia Division des Unternehmens
entstand, mit General Electric GE1/6-Triebwer-
ken als Gewinner ausgewählt. Ein Erstauftrag auf
58 Maschinen wurde an Lockheed vergeben;
später sollten Aufträge auf weitere 57 und später
85 Maschinen erteilt werden. Der Erstflug der
C-5A fand am 30. Juni 1968 statt, und das erste
Einsatzmuster (die neunte C-5A, die gebaut wurde), ging am 17. Dezember 1969 an das Military
Airlift Command. Gegenwärtig sind die Serien-
fertigungspläne auf 81 Flugzeuge begrenzt, da
das Programm starke Kostensteigerungen zu
verzeichnen hatte. Diese 81 Maschinen werden
an vier MAC-Einheiten ausgeliefert, die auf der
Charleston AFB, Dover AFB und Travis AFB stationiert sind. Im Lauf ihrer Entwicklung hat die
C-5A einen Weltrekord aufgestellt, als sie mit
einem Rekordgewicht von 362 063 kg einen Start
durchführte.

Lockheed C-121 Constellation   USA

**Langstrecken-Transportflugzeug und elektronisches Aufklärungsflugzeug;
im Truppendienst.**
Daten: EC-121D, Foto und Dreiseitenansicht: EC-121H

Antrieb: 4 Wright R-3350-91-Kolbenmotoren von je 3250 hp
Spannweite: 38,46 m
Länge: 34,87 m
Leergewicht: 36 565 kg
max. Abfluggewicht: 65 137 kg
Höchstgeschwindigkeit: 517 km/h in 6100 m Höhe
Reichweite: 7400 km
Unterbringungsmöglichkeit: 27 Mann Besatzung; in der C-121 72 Soldaten.

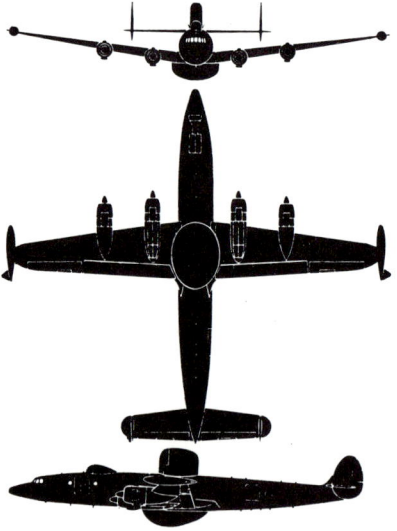

Entwicklung und Truppendienst

Militärversionen des Verkehrsflugzeugs Lockheed Constellation standen anfänglich bei der US Air Force und US Navy als Frühwarnflugzeuge und beim Military Airlift Command als Transportflugzeuge im Einsatz. Das ursprüngliche Fertigungslos von Constellation-Transportflugzeugen mit kurzem Rumpf bestand aus C-69. Die militärischen Gegenstücke der L-749 und L-1049 werden als C-121-Reihe bezeichnet. Das Military Airlift Command (damals noch das Military Air Transport Service) erhielt neun PC-121A, eine VC-121B, 33 C-121C und 32 C-121G (ursprüngliche Navybezeichnung R7V-1). Die mit großen Radomen über und unterhalb des Rumpfes ausgerüsteten 10 RC-121C (später in EC-121C umbenannt) traten 1959 beim Air Defense Command den Dienst an. 70 RC-121D, von denen einige später durch Einbau neuen Geräts in EC-121H modifiziert wurden, hatten Flügelspitzentanks. Die verbleibenden R7V-1-Transporter der US Navy wurden 1962 in C-121J umbenannt, und die Frühwarnversionen wurden ebenfalls neu bezeichnet: EC-121K/P (aus WV-2), EC-121L (aus WV-2E), EC-121M (aus WV-2Q) und WC-121N (aus WV-3). Diese Maschinen fanden für Wetteraufklärungszwecke Verwendung. Zu den letzten noch im Dienst befindlichen Exemplaren der C-121C-Reihe gehörten einige EC-121D/H, die im wesentlichen als Jägerleitflugzeuge beim Air Defense Command eingesetzt waren, ferner vier beim VIP-Geschwader in Washington stationierte C-121A-Transporter und einige umgebaute C-121J, die als Fernseh- und Radio-Sende- und Studioflugzeuge der Navy in Vietnam flogen und als „Blue Eagles" bekannt waren. Sechs früher bei der Air France verwendete L-749A nahmen später den Luft- und Seerettungsdienst beim SGAC auf. Die indischen Luftstreitkräfte erhielten neun L-1049 von der Air India, von denen acht als Suchflugzeuge und eine Maschine für Transporteinsätze verwendet werden.

Lockheed C-130 Hercules   USA

Mehrzwecktransportflugzeug; im Serienbau und im Truppendienst.
Daten: C-130E, Foto: Hercules C.Mk.1, Dreiseitenansicht: HC-130H

Antrieb: 4 Allison T56-A-7A-Turboproptriebwerke von je 4050 eshp
Spannweite: 40,41 m
Länge: 29,78 m
Leergewicht: 33 063 kg
max. Abfluggewicht (normal): 70 310 kg
max. Marschgeschwindigkeit: 592 km/h
Reichweite: 3895 bis 7675 km
Unterbringungsmöglichkeit: 4 Mann Besatzung und 92 Soldaten bzw. 64 Fallschirmjäger oder 70 bis 74 Tragbahren bzw. Fracht.

Entwicklung und Truppendienst

Der Erstflug des Prototyps YC-130 Hercules fand am 23. August 1954 statt; die Auslieferung des taktischen Transporters C-130A lief im Dezember 1956 an. Auf die A-Version folgte die C-130B mit größerem Gewicht und verbesserter Reichweitenleistung. Von diesen beiden Versionen wurden 461 Muster in Serie gebaut. Die C-130E, die am 25. August 1961 erstmals flog,

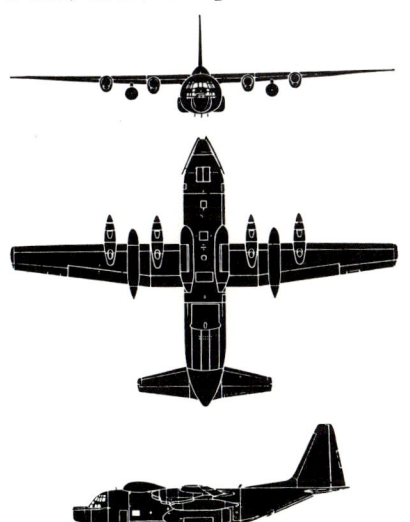

wurde als Interim-Turboproptransporter für das Military Airlift Command entwickelt und hatte eine größere Treibstoffkapazität als ihre Vorgängermodelle. Spezialversionen der Hercules sind: die Zielschleppflugzeuge C-130A; 16 für Luftüberwachungseinsätze verwendete RC-130A; 10 JC-130B für Bergung von Satelliten aus der Luft; eine NC-130B mit STOL-Eigenschaften durch Grenzschichtanblasung sämtlicher Steuerflächen; 12 mit Ski ausgerüstete C-130D für Arktikeinsätze. Ferner stehen im Dienst: 12 HC-130B für Such- und Rettungseinsätze beim USCG; EC-130G ebenfalls beim USCG; WC-130E bei der USAF; 46 KC-130F beim US Marine Corps; sieben C-130F bei der US Navy und mit Ski ausgerüstete LC-130F/R, die für die Navy Antarktis-Einsätze fliegen. Am 8. Dezember 1964 hatte bei Lockheed die erste von insgesamt 66 gebauten HC-130H Erstflug. Diese Version, die mit Allison-Triebwerken T56-A-15 von 4190 shp und Spezial-Rettungsausrüstung im Rumpfbug ausgerüstet war, wurde später - in 20 Exemplaren - in HC-130P umgebaut, die Vorrichtungen zur Luftbetankung von Hubschraubern und zur Bergung von Fallschirmlasten aus der Luft aufweisen. Die 15 HC-130N ähneln der HC-130H, sind jedoch mit fortgeschrittener Elektronikausrüstung zur Richtungshaltung ausgerüstet. Die C-130K, die triebwerkseitig im wesentlichen der H entspricht, wurde vom RAF Transport Command bestellt; die Auslieferung von insgesamt 66 Maschinen lief 1967 an. Acht EC-130Q werden von der US Navy-Einheit VQ-4 für Kommando-Verbindungseinsätze verwendet. Zu den Exportkunden der Hercules zählen außerdem noch Argentinien, Australien, Brasilien, Kanada, Kolumbien, Indonesien, Iran, Italien, Libyen, Neuseeland, Norwegen, Pakistan, Peru, Saudi-Arabien, Südafrika, Schweden, die Türkei und Venezuela. LTV hat sieben Hercules zu AC-130E-Gunships modifiziert, die nach Versuchen mit einem bewaffneten AC-130-Prototyp für Kampfeinsätze in Vietnam verwendet werden sollten. Die Gesamtauftragszahl aller Versionen belief sich Anfang 1970 auf 1137 Maschinen; zu diesem Zeitpunkt waren davon 1089 Flugzeuge ausgeliefert. Neuzugänge an Aufträgen kamen inzwischen aus dem Iran (weitere 30 Muster) und aus Venezuela (4).

Lockheed C-141 StarLifter   USA

Strategisches Langstrecken-Frachtflugzeug; im Truppendienst.

Antrieb: 4 Pratt & Whitney TF33-P-7-Zweikreistriebwerke von je 9525 kp Schub
Spannweite: 48,75 m
Länge: 44,20 m
Leergewicht: 60 679 kg
max. Abfluggewicht: 143 600 kg
max. Marschgeschwindigkeit: 907 km/h
max. Reichweite: 9881 km
Unterbringungsmöglichkeit: 4 bis 6 Mann Besatzung und 154 Soldaten bzw. 127 Fallschirmjäger.

Entwicklung und Truppendienst

Im März 1961 gewann Lockheed eine heißumkämpfte Entwurfsausschreibung mit seinem Entwurf C-141, der auf die spezifische Einsatzforderung 182 der US Air Force zugeschnitten war. Die Forderung lautete auf einen Strahltransporter, der die Kolbenmotor- und Turbopropflugzeugflotte des Military Airlift Command modernisieren sollte. Nach der Wahl des Lockheed-Entwurfs zum Sieger der Ausschreibung wurde am 16. März 1961 die Bewilligung zur Beschaffung gegeben, wonach die Produktion des neuen Frachtflugzeugs anlaufen konnte. Am 16. August 1961 wurde der Vertrag für die Produktion der ersten fünf Flugzeuge unterzeichnet. Die ursprüngliche Forderung sah die Beschaffung von 132 Maschinen vor, aber spätere Aufträge brachten die Gesamtzahl, bevor die Serienfertigung Ende 1967 abgeschlossen war, auf insgesamt 284 C-141. Das erste Evaluationsflugzeug hatte am 17. Dezember 1963 Erstflug, und Die Auslieferung der Einsatzmaschinen an die US Air Force startete 1965. Die C-11 Star Lifter ist der „fliegende Bestandteil" des Logistics Support System 476L. Sie hat einen 24,69 m langen, 3,12 m breiten und 2,77 m hohen Frachtraum, der mit einer Heckladerampe ausgerüstet ist, durch die das Ladegut auf der Höhe von LKW-Pritschen verladen werden kann und die auch für das Absetzen von Fracht aus der Luft ausgelegt ist. Einige Flugzeuge wurden Modifikationen unterzogen mit dem Ziel, die in einem Spezialbehälter untergebrachte Minuteman-Interkontinentalrakete aufzunehmen. Diese Maschinen wurden zu diesem Zweck strukturell verstärkt, um das gewaltige Gewicht von 39 103 kg befördern zu können.

Lockheed F-104 Starfighter   USA

Einsitziges taktisches Allwetter-Kampf- und
Aufklärungsflugzeug; im Serienbau und im
Truppendienst.
**Dreiseitenansicht: F-104G, Foto und Daten:
F-104S**

Antrieb: 1 General Electric J79-GE-19-Strahltriebwerk
von 8120 kp Schub (mit Nachverbrennung)
Spannweite: 6,68 m ohne Flügelspitzentanks
Länge: 16,69 m
Leergewicht: 6577 kg
max. Abfluggewicht: ca. 13 380 kg
Höchstgeschwindigkeit: 2330 km/h (Mach 2,2)
in 11 000 m Höhe
Reichweite: 2253 km mit 4 Außenbehältern
Bewaffnung: 1 20 mm M-61 Vulcan-Kanone und bis zu
1814 kg Außenlasten. Normalerweise werden in der
Interzeptor-Einsatzrolle 2 AIM-7 Sparrow III- und 2 Side-
winder AIM-9-Luft-Luft-Lenkwaffen mitgeführt.

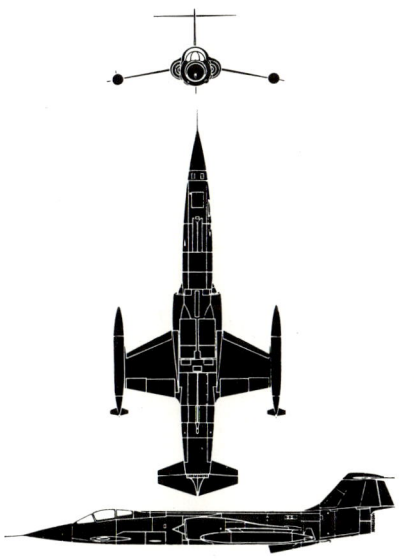

Entwicklung und Truppendienst

Die sogenannte „bemannte Rakete", der Lock-
heed-Modellentwurf 83, entstand ursprünglich
nach einer Forderung der US Air Force. Nach einer etwas langwierigen Entwicklungsgeschichte
folgten der Erstflug des Prototyps am 7. Februar
1954 und der Bau einer begrenzten Anzahl von
Serienmaschinen für das Air Defense Corps und
das Tactical Air Command. Die einsitzige F-104A
und die zweisitzige F-104B wurden vom ADC für
die nordamerikanische Luftverteidigung eingesetzt. Einige Maschinen wurden an Nationalchina
und Pakistan geliefert. Die Gegenstücke beim
TAC waren die F-104C und F-104D. Eine umfangreiche Umkonstruktion hatte die Mehrzweckver-
sion F-104G mit Nachbrennertriebwerk J79-GE-
11A (7165 kp Schub mit Nachverbrennung) zur
Folge, die in einem intereuropäischen Baupro-
gramm auf Fertigungsstraßen in der Bundesrepublik, in Italien, den Niederlanden und Belgien
produziert wurde, in dessen Rahmen 977 Flugzeuge plus weitere 50 von der Luftwaffe im Nachfaßauftrag Ende 1968 gebaute Maschinen entstanden. Ähnliche Versionen wurden in Kanada
für die Canadian Air Force und den Export sowie
in Japan gebaut. Lockheed stellte weitere 179
F-104G her, darunter 96 für die Bundesrepublik,
81 für MAP-Länder im Auftrag der US Air Force
sowie je eine für Italien und Belgien. Zu den europäischen Ländern, deren Luftstreitkräfte F-
104G aus amerikanischer und kanadischer Produktion erhielten, gehören Dänemark, Griechenland, Norwegen, Spanien und die Türkei. Lockheed produzierte ferner die zweisitzige F-104DJ
für Japan, die F-104F und die TF-104G für die
Bundesrepublik, und die TF-104G für Belgien,
Italien, die Niederlande, Dänemark und andere
europäische Luftstreitkräfte. Die letzte Version
ist die F-104S (siehe Datenblatt), die mit neun
Außenstationen für die Aufnahme von Sparrow-
Lenkwaffen ausgerüstet ist. Die Luftstreitkräfte
Italiens haben 156 Exemplare dieser Version in
Auftrag gegeben, und der erste von zwei bei
Lockheed gebauten Prototypen hatte im zweiten
Halbjahr 1966 Erstflug. Die Serienfertigung wird
von Fiat in Turin geleitet, wo das erste Serien-
muster am 30. Dezember 1968 den Jungfernflug
absolvierte.

Lockheed P-2 Neptune

USA

Marine-Patrouille- und Bombenflugzeug; im Truppendienst.
Daten und Dreiseitenansicht: P-2H,
Foto: P-2E (Brasilien)

Antrieb: 2 Wright R-3350-32W-Kolbenmotoren von je 3500 hp und 2 Westinghouse J34-Strahltriebwerke von je 1542 kp Schub
Spannweite: 31,65 m
Länge: 27,94 m
Leergewicht: 22 592 kg
max. Abfluggewicht: 36 191 kg
Höchstgeschwindigkeit: 573 km/h in 3050 m Höhe
Reichweite: 5930 km mit Außenbehältern
Unterbringung: bis zu 7 Mann Besatzung, davon 2 Piloten, Navigator/Bombenschütze, Radar-Operator und MG-Schützen.
Bewaffnung: wahlweise Waffenstand auf Rumpfoberseite mit 2 0,50 Zoll-MG; 16 5 Zoll-Raketen unter dem Tragflügel; Waffenschacht zur Aufnahme von 3629 kg Bomben, Wasserbomben oder Torpedos.

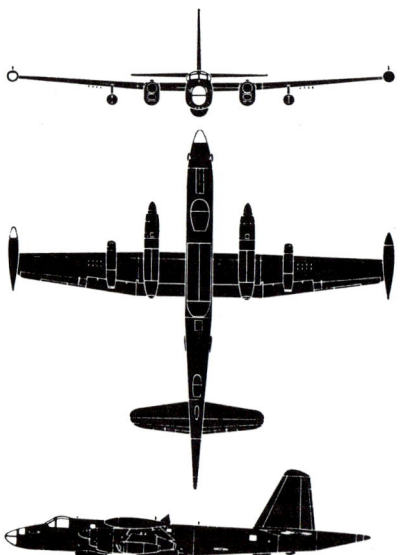

Entwicklung und Truppendienst

Die Arbeiten am Lockheed-Modell 26 begannen im September 1941 mit dem Ziel, ein Flugzeug zu entwickeln, das auf die Forderungen der US Navy nach einem U-Boot-Bekämpfungs- und Patrouillenflugzeug zugeschnitten sein sollte. Die Entwurfsvorschläge gingen 1944 bei der US Navy ein, und daraufhin wurde Lockheed ein Auftrag auf zwei Prototypen und 15 Serienmuster erteilt. Die Serienfertigung der Neptune erstreckte sich über einen Zeitraum von 20 Jahren, und im April 1962, als die Fertigung auslief, waren mehr als 1000 Maschinen dieses Typs gebaut. Die Neptune führte anfangs die Typenbezeichnung P2V, und Varianten mit der Bezeichnung P2V-1 bis P2V-7 wurden gebaut. Laufende Modifikationen hatten auch eine Änderung der Typenbezeichnung zur Folge, wobei die P2V-7, die zwei Strahltriebwerke unter dem Tragflügel zur Leistungssteigerung erhielt, in P-2H umbenannt wurde. Dieser Strahltriebwerkanbau wurde auch bei früheren Navy-Mustern nachträglich durchgeführt. Neben der US Navy setzen auch noch andere Streitkräfte die Neptune ein, darunter die Royal Australian Air Force, die niederländischen Luftstreitkräfte und die Luftstreitkräfte von Argentinien, Brasilien, Frankreich, Japan und Portugal. In Japan entstanden bei Kawasaki 48 P-2H Neptune unter Lizenz, und später entwickelte das japanische Unternehmen die P-2J, die von General Electric T64-IHI-10-Turboproptriebwerken einer Wellenleistung von 2850 shp statt der Standard-Kolbenmotoren und von zwei unter der Tragfläche angebrachten IHI J3-7C-Strahltriebwerken von 1400 kp Schub angetrieben wird (siehe auch Kawasaki P-2J).

Lockheed P-3 Orion   USA

12sitziges U-Boot-Aufklärungsflugzeug;
im Serienbau und im Truppendienst.
Daten: P-3B

Antrieb: 4 Allison T56-A-14-Turboproptriebwerke von
je 4910 eshp
Spannweite: 30,37 m
Länge: 35,61 m
Leergewicht: 27 890 kg
max. Abfluggewicht: 61 235 kg
Höchstgeschwindigkeit: 761 km/h in 4570 m Höhe
Einsatzradius: 2494 km bei 3stündigem Aufenthalt in
457 m Höhe über dem Einsatzgebiet
Bewaffnung: Torpedos, Minen, Wasserbomben und
Bomben (darunter auch Nuklearbomben) im Waffen-
schacht; Außenlasten an 10 Unterflügelstationen.

Entwicklung und Truppendienst

Das Standardmuster der US Navy für landstatio-
nierte U-Bootsuche und -bekämpfung ist die
Lockheed P-3 Orion, die aufgrund der Type Spe-
cification No.146 entstand, die im August 1957
ausgeschrieben wurde. Wie die anderen an der
Ausschreibung beteiligten Konkurrenzunterneh-
men auch und auf Wunsch der Navy legte man
bei Lockheed dem neuen Projekt ein bereits exi-
stierendes, in Serie gebautes Flugzeug zugrunde,
in Lockheeds Fall die Verkehrsmaschine vom Typ
Electra. Am 24. August 1958 wurde Lockheed zum
Sieger der Entwurfskonkurrenz erklärt und am 8.
Mai 1958 wurde dem Unternehmen ein Entwick-
lungsauftrag erteilt, auf den am 7. Oktober 1958
ein Vorserienfertigungsauftrag folgte. Eine zum
aerodynamischen Prototyp umgebaute Electra
startete am 19. August 1958 zum Erstflug. Der
Einsatzprototyp YP3V-1 flog am 25. November
1959 erstmals, und das Erstflugdatum der für die
Einsatzerprobung vorgesehenen Vorserienmaschine P3V-1 war der 15. April 1961. Im Juli 1962
wurde die Typenbezeichnung in P-3A umgeändert. Am 13. August desselben Jahres übernahm
die Navy Squadron VP-8 offiziell die ersten drei
Orion und setzte sie auf der Patuxent River Naval
Air Station ein. Nachdem mehr als 100 mit T56-A-
10W-Triebwerken ausgerüstete P-3A ausgeliefert
waren, stellte man die Produktion auf die von leistungsstärkeren Triebwerken angetriebene P-3B
um (siehe Angaben im Datenblatt). Neben der US
Navy setzt auch die Royal Australian Air Force
die P-3B ein (10 Maschinen), ferner die norwegischen Luftstreitkräfte (5) und die neuseeländi-
sche Luftwaffe (5). Drei Maschinen sollen an die
spanischen Luftstreitkräfte ausgeliefert werden.
Die neueste Orion-Version der US Navy ist die
P-3C, die ein neues Datenverarbeitungssystem
erhielt und zum ersten Mal am 18. September
1968 flog. Die Orion-Variante WP-3A, die für die
Durchführung von Wetteraufklärungseinsätzen
ausgerüstet ist, ist das Nachfolgemuster der noch
im Dienst stehenden WC-121N der US Navy.

Lockheed S-3A

USA

Viersitziges trägergestütztes U-Boot-Kampf-flugzeug; in Entwicklung.

Antrieb: 2 General Electric TF34-GE-2-Zweikreistrieb-werke von je 4082 kp Schub
Spannweite: 20,93 m
Länge: 16,26 m
Leergewicht: ca. 12 065 kg
max. Abfluggewicht: 18 597 kg
Höchstgeschwindigkeit: über 800 km/h
Überführungsreichweite: 5560 km
Bewaffnung: Torpedos, Wasserbomben, Minen, Lenk-waffen, Raketen und Spezialwaffen in innenliegenden Waffenschächten und unter dem Tragflügel.

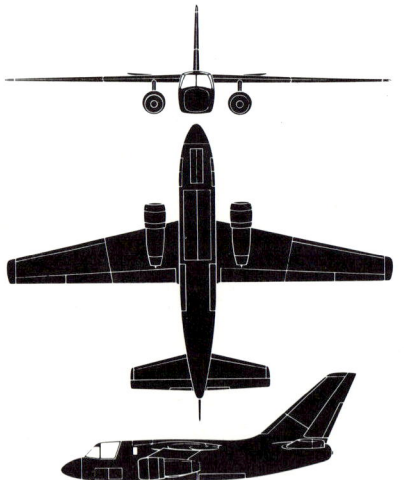

Entwicklung und Truppendienst

Das neue trägerstationierte U-Boot-Bekämp-fungsflugzeug Lockheed S-3A soll die im Dienst der US Navy stehende S-2 Tracker ablösen. Lock-heed-California wurde im August 1969 ein Erst-auftrag (Umfang $ 461 Mio.) für die S-3A erteilt, sechzehn Monate, nachdem die US Navy mit der Auswertung der fünf eingegangenen Konkur-renz-Entwurfsvorschläge begonnen hatte. Mit dieser Auftragssumme soll die Fertigung von sechs Prototypen, von denen der erste am 21. Januar 1972 seinen Erstflug absolvierte, durch-geführt werden. Ein Anschlußauftrag (Umfang $ 57 Mio.) beinhaltet den Bau von zwei weiteren Flugzeugen; die Auslieferung an die US Navy soll beginnend mit 1974 erfolgen.
Die Besatzung der S-3A besteht aus Pilot, Copilot und je einem Mann für die Bedienung der für den taktischen Einsatz verwendeten Systeme und der akustischen Sensoren. Der Copilot ist für die Bedienung der nicht-akustischen Sensoren ver-antwortlich, wie Radar und Infrarotgeräte. Durch die Verwendung von verbesserten Sonarbojen und MAD-Gerät wird die S-3A auch die leiseren, tiefer tauchenden U-Boote orten und bekämpfen können, die heute bereits im Einsatz sind. Die Zelle der S-3A ist auf eine Erhöhung des Brutto-gesamtgewichts bis zu 22 680 kg ausgelegt, und der Rumpf ist groß genug für die Aufnahme einer um 50 Prozent gegenüber der gegenwärtig ge-planten Elektronikausrüstung ausgeweiteten Avionikanlage. Der Grundentwurf der S-3A kann ferner ohne Schwierigkeiten für die Schaffung anderer Varianten herangezogen werden, z.B. von Tankflugzeugen, Mehrzwecktransportern, U-Boot-Bekämpfungs, -Kommando- und -Leit-flugzeugen und ECM-Flugzeugen (ECM – Elec-tronic Countermeasures – elektronische Gegen-maßnahmen).

Lockheed SR-71 und YF-12A   USA

Zweisitziger Interzeptor und strategisches Aufklärungsflugzeug; im Truppendienst.
Daten und Foto: SR-71A, Dreiseitenansicht: YF-12A

Antrieb: 2 Pratt & Whitney J58-Strahltriebwerke von je 14 740 kp Schub (mit Nachverbrennung)
Spannweite: 16,95 m
Länge: 32,74 m
max. Abfluggewicht: 77 110 kg
Höchstgeschwindigkeit: mehr als Mach 3,0
Reichweite: 4800 bei Mach 3,0 in einer Höhe von 24 000 m
Unterbringungsmöglichkeit: 2 Mann Besatzung
Bewaffnung: keine

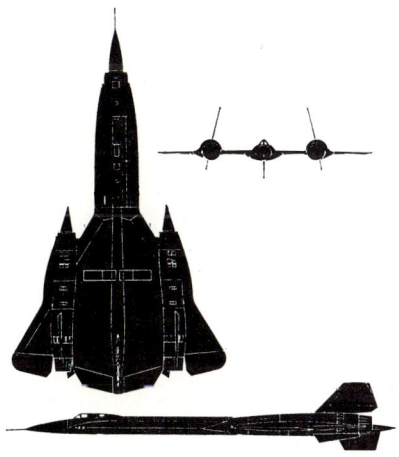

Entwicklung und Truppendienst

Die Grundversion A-11, unter strengster Geheimhaltung und mit bemerkenswerter Schnelligkeit entwickelt, soll 1961 zum ersten Mal geflogen sein, wurde jedoch nicht vor Februar 1964 der Öffentlichkeit vorgestellt. Die ursprüngliche Forderung, so glaubt man, soll auf ein U-2-Nachfolgemuster gelautet und ein Flugzeug zum Gegenstand gehabt haben, das in genügend großer Höhe und mit genügend hoher Geschwindigkeit fliegen konnte, um beim Einsatz als Langstrekken-Aufklärer praktisch unangreifbar zu sein. Die ersten drei A-11 wurden im Jahre 1964 für Evaluationszwecke zu YF-12A-Abwehrjägern modifiziert, die in innenliegenden Waffenschächten acht Hughes AIM-47A-Lenkwaffen beförderten. Die ähnliche, aber längere SR-71A hatte am 22. Dezember 1964 Erstflug und wurde in die – allerdings begrenzte – Serienfertigung übernommen. Der 9th Strategic Reconnaissance Wing des Strategic Air Command erhielt im Januar 1966 die erste SR-71. Die SR-71B war mit einem höherliegenden hinteren Cockpit ausgerüstet und wurde beim 9th Wing als Trainer eingesetzt. Als sie durch Absturz verlorenging, wurde sie durch eine YF-12A ersetzt, die für den Trainereinsatz modifiziert wurde und die Typenbezeichnung SR-71C erhielt. Am 1. Mai 1965 stellte eine YF-12A einen Weltgeschwindigkeitsrekord von 3330 km/h über einen 15km/25km-Kurs und einen Höhenweltrekord von 24 463 m im Horizontalflug auf.

McDonnell F-101 Voodoo   USA

**Zweisitziger Langstrecken-Interzeptor;
im Truppendienst.
Daten: F-101B, Foto: CF-101B,
Dreiseitenansicht RF-101C**

Antrieb: 2 Pratt & Whitney J57-P-55-Strahltriebwerke
von je 6750 kp Schub (mit Nachverbrennung)
Spannweite: 12,09 m
Länge: 20,55 m
max. Abfluggewicht: 20 993 kg
Höchstgeschwindigkeit: 1963 km/h (Mach 1,85) in
12 200 m Höhe
max. Reichweite: 2502 km
Bewaffnung: 3 Falcon-Lenkwaffen in innenliegendem
Rumpfschacht und 2 Genie-Lenkwaffen unter dem
Rumpf.

Entwicklung und Truppendienst

Die Voodoo wurde von einem früheren McDon-
nell-Entwurf, der XF-88, abgeleitet, von dem nur
zwei Prototypen gebaut wurden. Ein Produktionsauftrag auf die daraus weiterentwickelte F-
101 wurde 1951 erteilt mit dem Ziel, das Strategic
Air Command mit einem einsitzigen Begleitjäger
für ihre B-36-Bomber auszurüsten. Diese Forderung wurde jedoch später aufgegeben, und die
Serienfertigung der F-101 wurde daraufhin für
das Tactical Air Command weitergeführt. Der
Erstflug erfolgte am 29. September 1954, und im
folgenden wurden drei Staffeln mit F-101A (50
Exemplare gebaut) ausgerüstet, bevor sie von der
in einer Stückzahl von 47 Einheiten gefertigten
F-101C, die eine größere Waffenzuladung aufwies, abgelöst wurde. Im Lauf der Jahre 1967 und
1968 wurden viele dieser Maschinen zu Aufklä-
rungsflugzeugen mit im Rumpfbug montierten
Kameras umgebaut, die die Typenbezeichnung
RF-101G und RF-101H erhielten und bei der Air
National Guard eingesetzt wurden. Die RF-101A-
und RF-101C-Aufklärer, die Kameras in der verlängerten Rumpfspitze mit sich führen, wurden
in Stückzahlen von 35 bzw. 166 Maschinen gebaut. Für den Einsatz beim Air Defense Command
wurde die F-101B zu einem zweisitzigen Langstrecken-Interzeptor mit Allwettereigenschaften
modifiziert. Von dieser Version, die am 27. März
1957 Erstflug hatte, wurden insgesamt 478 Maschinen produziert, von denen einige mit Doppelsteuerung ausgerüstet waren und die Bezeichnung TF-101B führten. 56 Voodoo-Zwei-
sitzer (USAF-Bezeichnung F-101F) gingen nach
dem Ausscheiden aus dem Air Defense Command
an die kanadischen Luftstreitkräfte, und außerdem wurden 10 mit Doppelsteuerung ausgerüstete, von der USAF als TF-101F bezeichnete Muster
an Kanada geliefert. Die entsprechenden kanadischen Bezeichnungen lauten CF-101B bzw.
CF-101F. Im Jahre 1970 wurden die 58 noch übrigen CF-101B/F gegen 66 aus dem US-Dienst aus-
gegliederte Voodoo ähnlicher Typen ausge-
wechselt, die ein fortgeschritteneres Avioniksystem und weitere Verfeinerungen aufwiesen.

McDonnell Douglas A-4 Skyhawk   USA

**Einsitziger trägergestützter leichter Kampfbomber; im Serienbau und im Truppendienst.
Daten und Dreiseitenansicht: A-4F, Foto: A-4M**

Antrieb: 1 Pratt & Whitney J52-P-8A-Strahltriebwerk von
4218 kp Schub
Spannweite: 8,38 m
Länge: 12,27 m
Leergewicht: 4535 kg
max. Abfluggewicht: 11 113 kg
Höchstgeschwindigkeit: 1083 km/h in Seehöhe
Reichweite: 3300 km mit Außenbehältern
Bewaffnung: 2 20 mm-Kanonen im Flügel; 1 Aufhänge-
punkt unter dem Flügel und 4 Stationen unter dem Flü-
gel nehmen eine max. Waffenlast von 4636 kg an Bom-
ben, Raketen oder anderen Waffen auf.

Entwicklung und Truppendienst

Der mit einem Wright J65-W-2-Triebwerk ausgerüstete XA4D-1-Prototyp startete am 22. Juni

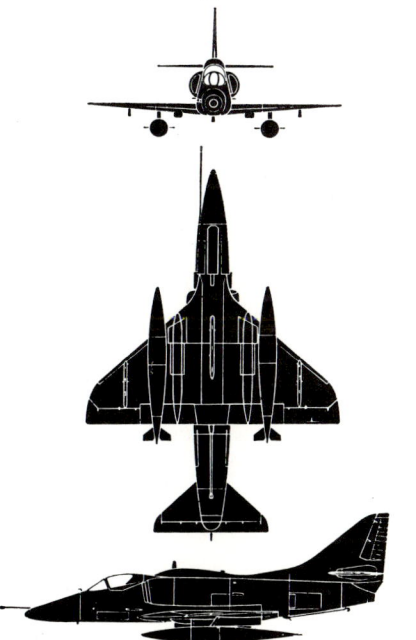

1954 zum Erstflug. Die Bezeichnung der nach-
folgenden Serienmodelle wurde 1962 von A4D
in A-4 geändert. Die 166 gebauten A-4A-Modelle
waren mit J65-W-4-Triebwerken ausgerüstet und
wurden im Oktober 1956 in Dienst gestellt. Das
nächste in Serie gefertigte Skyhawk-Muster war
die A-4B, die am 26. März 1956 zum Jungfernflug startete. Diese Version besaß ein J65-W-16-
Triebwerk, ein verbessertes Steuerungssystem
(Einflächen-Ruder mit Außenabstrebung) und
andere Verbesserungen. Die Einführung von All-
wetterausrüstung, darunter ein in der geringfügig verlängerten Rumpfspitze untergebrachtes
Terrainfolgeradar, hatte die Version A-4C zur Folge, die am 21. August 1958 Erstflug hatte. Douglas baute 542 A-4B und 638 A-4C. Die A-4E, die
am 12. Juli 1961 erstmals flog, hatte eine größere
Nutzlastkapazität und mehr Reichweite. Diese
Version, von der Ende 1965 500 Maschinen gebaut waren, wurde von einem J52-P-6A-Trieb-
werk angetrieben. Anfang 1965 orderte die US
Navy den TA-4E-Trainer mit verlängertem Rumpf,
Tandem-Sitzen und J52-P-8A-Triebwerk. Die erste von insgesamt 139 Maschinen hatte am 30.Ju-
ni 1965 Erstflug, und die in TA-4F umbenannten
Serienmaschinen wurden beginnend mit Mai
1966 an die Navy ausgeliefert. Am 31. August
1966 brachte Douglas den A-4F-Prototyp zum
Erstflug, und die Auslieferung dieser Version
startete im Juni 1967. Wie oben im Datenblatt beschrieben, besitzt diese Skyhawk-Variante ein
J52-P-8A-Strahltriebwerk und weist eine Auf-
dickung des oberen Rumpfbereiches hinter dem
Cockpit, in der die Avionikausrüstung untergebracht ist, und verschiedene andere Veränderungen auf. Die A-4C, die auf einen Ausrüstungs-
standard gebracht wurden, der sich mit jenem
der bei der US Navy Dienst tuenden A-4F verglichen läßt, führen die Bezeichnung A-4L. Die A-4M
schließlich, die am 10. April 1970 Erstflug hatte,
ist eine Marine Corps-Ableitung der A-4F mit
J52-P-408A-Triebwerk von 5080 kp Schub und
anderen Verbesserungen. Die australische Marine hat acht A-4G und zwei TA-4G gekauft; die
A-4H und TA-4H gingen an Israel; die neuseelän-
dische Luftwaffe beschaffte 10 A-4K und vier
TA-4K, und schließlich gingen 50 A-4B aus alten
Beständen an Argentinien.

McDonnell Douglas F-4 Phantom II   USA

Zweisitziger land- und trägergestützer Mehrzweckjäger und -jagdbomber; im Serienbau und Truppendienst.
Daten und Foto: Phantom F.G.R.Mk.2

Antrieb: 2 Rolls-Royce RB.168 Spey 202-Zweikreistriebwerke von je 5556 kp Schub (9305 kp mit Nachverbrennung)
Spannweite: 11,70 m
Länge: 17,76 m
max. Abfluggewicht: 26 308 kg
Höchstgeschwindigkeit: Mach 2,5
Reichweite: über 3200 km
Bewaffnung: Standardbewaffnung mit 4 Sparrow III-Lenkwaffen halb verdeckt unter dem Rumpf und mit 2 Sparrow III- oder 4 Sidewinder-Lenkwaffen an 2 Flügelstationen; Alternativbewaffnung mit Nuklear- oder konventionellen Bomben von über 4530 kg Gewicht, mit Vulcan-Kanonenbehältern, Raketenbehältern etc.

Entwicklung und Truppendienst

Die Entwicklungsgeschichte der F-4 Phantom II begann im September 1953 – die Bezeichnung des als Hochleistungs-Kampfzweisitzer für die US Navy bestimmten Flugzeugs lautete AH-1.

Diese Typenbezeichnung wurde am 26. Mai 1955 in F4H abgeändert, nachdem die Spezifikation dahingehend abgewandelt wurde, daß auch Luft-Luft-Bewaffnung mitgeführt werden sollte. Die erste XF4H-1 hatte am 27. Mai 1958 Erstflug. Darauf folgte der Serienauftrag, und als erste Navy-Staffel erhielt die VF-101 im Dezember 1960 die erste Maschine ausgeliefert. Versuche bezüglich der Eignung in der Erdkampf-Einsatzrolle führten dazu, daß auch die US Air Force die Phantom beschaffte: Die Grundversion bei der Navy und der Air Force waren die F-4B bzw. die F-4C. Die erste F-4C hatte am 27. Mai 1963 Erstflug, der erste Prototyp der Aufklärerversion YRF-4C am 9. August 1963 und die erste Serien-RF-4C am 18. Mai 1964. Die Aufklärerversion RF-4B für die US Navy flog am 12. März 1965 erstmals. Spätere USAF-Versionen sind die F-4D (Erstflug 8. Dezember 1965) mit verbesserter Avionik und die F-4E mit im Rumpfbug installierter M-61-Kanone. Die US Navy beschaffte eine Staffel F-4G mit fortschrittlicherer Avionik und später die mit J79-GE-10-Triebwerken und vielen anderen Verbesserungen versehene Serien-F-4J. Die F-4K und F-4M sind von Rolls-Royce Spey angetriebene Versionen der Phantom für die Royal Navy beziehungsweise die Royal Air Force und stehen bei den britischen Teilstreitkräften unter der Bezeichnung Phantom F.G.Mk.1 (48 bestellt) bzw. Phantom F.G.Mk.2 (120 bestellt) im Dienst. Die Royal Navy hat 28 Phantom F.G.Mk.1 bereits erhalten, die eine Einsatzstaffel (No.892) und eine Trainingseinheit (No.767) ausrüsten. Das RAF Strike Command hat Mk.1 für seine No.43 Squadron erhalten, und zwei weitere Strike Command-Staffeln – alle drei genannten Staffeln liegen in Leuchars – werden das gleiche Muster zugeteilt bekommen. Die Mk.2 werden als Ausrüstung der Air Support Command-Staffeln No.6 und No.54 und der No.228 OCU dienen. Die ersten Staffeln der RAF Germany, die voll einsatzfähig mit der Mk.2 sein werden, sind die No.14 und No. 17 Squadrons. Iran hat 64 F-4D bestellt, und die Auslieferung von 18 F-4E an Südkorea lief Mitte 1969 an. Israel hat Aufträge auf 50 F-4E und 6 RF-4E erteilt – später kamen noch 18 F-4E dazu –, deren Auslieferung in der zweiten Hälfte 1969 ins Rollen kam. In der Bundesrepublik ist die Lieferung von 88 RF-4E-Aufklärern abgeschlossen; ca. 200 F-4E(F)-Luftüberlegenheitsjäger folgen noch nach. Japan bestellte Ende 1968 104 F-4EJ als F-104-Nachfolger. Das erste Exemplar dieses Musters hatte am 14. Januar 1971 Erstflug. Die Royal Australian Air Force hat, bevor die Auslieferung der bestellten General Dynamics F-111 anläuft, als Zwischenlösung 24 F-4E gemietet.

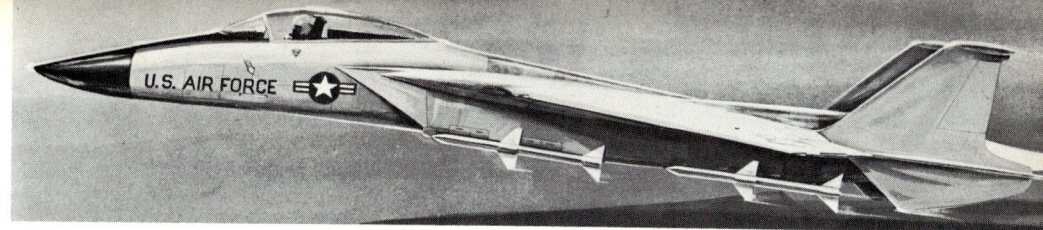

McDonnell Douglas F-15 USA

Einsitziger Mehrzweckjäger; in Entwicklung.

Antrieb : 2 Pratt & Whitney F100-PW-100-Zweikreistriebwerke von je 10 886 kp Schub
Abmessungen und Leistungen: geheim
max. Abfluggewicht: über 18 140 kg.

Entwicklung und Truppendienst

Die Firma McDonnell Douglas wurde im Dezember 1969 als Hauptauftragnehmer für die Entwicklung des neuen Luftüberlegenheitsjägers der US Air Force ausgewählt, nachdem ihr Entwurf zusammen mit Konkurrenzvorschlägen von Fairchild Hiller und North American Rockwell einer Evaluation unterzogen worden war. Der Erstjahres-Auftrag hatte einen Auftragsumfang von $ 175 Mio., womit die Zellen-, Triebwerk- und Avionikausrüstungs-Entwicklung vorgenommen werden sollte. Die Gesamtaufwendungen, die für

die Entwicklung und Erprobung von 20 F-15 anfallen, werden auf $ 1150 Mio. geschätzt. Die erste F-15 soll, so sieht es der Vertrag vor, 1972 erstmals fliegen, und die ersten Einsatzmaschinen dürften Mitte 1975 zur Auslieferung gelangen. Die F-15 ist ein mit festem Tragflügel und doppeltem Seitenleitwerk ausgerüstetes Flugzeug eines Abfluggewichts von 18 140 kg. Die Bewaffnung soll vorerst eine mehrläufige 20 mm-Kanone enthalten, die später von einer neuen 25 mm-Kanone und Lenkwaffen geringer Reichweite abgelöst werden soll, die speziell für den Luftkampf ausgelegt sind. Die Höchstgeschwindigkeit der F-15 wird bei Mach 2 liegen. Der neue Luftüberlegenheitsjäger der US Air Force wird jedoch neben Abfangeinsätzen auch für den Erdkampf geeignet sein. Gleichzeitig mit der F-15-Entwicklung wird an einer zweisitzigen Trainerversion gearbeitet.

North American Rockwell B-1A USA

Strategisches Überschall-Bombenflugzeug; in Entwicklung.

Antrieb: 4 General Electric F101-GE-100-Strahltriebwerke von je 13 600 kp Schub
Dimensionen und Gewichte: geheim
Höchstgeschwindigkeit: ca. Mach 2,2 in 15 240 m Höhe
max. Reichweite: 9800 km bei Mach 0,85 in großer Höhe.

Entwicklung und Truppendienst

Die B-1A ist ein neues strategisches Bomberprojekt der US Air Force, das die in die Jahre gekommenen Boeing B-52 Stratofortress-Bomber des Strategic Air Command ablösen soll. Die Konstruktions- und Entwicklungsarbeiten an der neuen B-1A laufen bei North American Rockwells

Los Angeles Division auf vollen Touren. Die B-1 ist eine Schwenkflügel-Konstruktion, die in der Größe mit der Boeing 707 vergleichbar ist. Aus nicht offiziellen Quellen verlautet, daß das Abfluggewicht bei 163 300 kg liegen wird, wobei maximal ca. 22 680 kg auf die Waffenzuladung entfallen. Nach dem Marschflug zum Ziel, der mit Unterschallgeschwindigkeit in Bodennähe durchgeführt wird, kann die B-1 mit Überschallgeschwindigkeit in großen und geringen Höhen das Ziel angreifen. Der erste von drei geplanten Prototypen soll, so erwartet man, im Sommer 1974 Erstflug haben. Die US Air Force befaßt sich mit dem Gedanken, ca. 250 Serienflugzeuge von der B-1 zu ordern.

Martin und General Dynamics
B-57 Canberra

USA

Zweisitziger leichter taktischer Bomber; im Truppendienst.
Daten und Dreiseitenansicht: B-57B,
Foto: RB-57F

Antrieb: 2 Wright J65-W-5-Strahltriebwerke von je 3266 kp Schub
Spannweite: 19,51 m
Länge: 19,96 m
max. Abfluggewicht: 24 948 kg
Höchstgeschwindigkeit: 937 km/h in 12 200 m
Reichweite: 3700 km
Bewaffnung: 2 720 kg Bombenzuladung in Drehbombenschacht; 16 Unterflügelstationen für die Aufnahme von Raketen; 8 fest eingebaute, nach vorn feuernde 0,50 Zoll-MG im Rumpfbug.

Entwicklung und Truppendienst
Die Canberra hatte ihren Ursprung in Großbritannien als ein English Electric-Entwurf (siehe dort). Das Interesse der US Air Force an diesem Entwurf führte zu Produktionsverträgen mit der Martin Company in Baltimore. Zwei in Großbritannien gebaute Canberra wurden über den Atlantik geflogen, um als Muster für die US-Ferti-

gung zu dienen. Martin baute acht der urspünglichen Canberra sehr ähnliche Maschinen mit der Typenbezeichnung B-57A und später ein Fertigungslos von 67 RB-57A, die mit Kameras im hinteren Bombenschachtteil ausgerüstet waren. Die Hauptversion war die B-57B, deren Rumpfvorderteil zur Aufnahme von Bewaffnung, eines Tandemcockpits und eines Dreh-Bombenschachts umgebaut wurde. 202 Maschinen wurden von dieser Version hergestellt; sie standen von 1955 bis 1959 im Einsatz. Die 38 produzierten B-57C entsprachen im wesentlichen der B-57B, waren jedoch mit Doppelsteuerung ausgerüstet, und auch die B-57E ähnelte der B, hatte jedoch zusätzlich noch eine Zielflugkörper-Vorrichtung. Von der letzteren Variante wurden 68 Maschinen gebaut. In den frühen sechziger Jahren waren die meisten B-57B bereits außer Dienst gestellt, wurden jedoch 1964 wieder an die Air National Guard-Staffeln geliefert, um in Vietnam eingesetzt zu werden. Seitdem wurden einige Maschinen auf B-57G-Standard gebracht und mit Spezialsensoren für Nachtangriff ausgerüstet. Andere tun als ECM-Flugzeuge des Typs EB-57 Dienst (ECM – Electronic Counter Measures – Elektronische Gegenmaßnahmen). Umfangreiche Modifikationen wurden 20 RB-57D unterzogen, die für strategische Aufklärungseinsätze in großen Höhen verwendet werden und zu diesem Zweck mit Flügeln größerer Spannweite, Flügel- und Rumpfradomen und J57-Triebwerken ausgerüstet wurden. Sechs RB-57D waren Doppelsitzer, die anderen 14 Maschinen Einsitzer; der Aufklärungs-Ausrüstungsstandard war jeweils verschieden. Eine andere Weiterentwicklung der RB-57, die RB-57F, die für extrem große Flughöhen ausgelegt war, hatte 37,19 m Spannweite, zwei Pratt & Whitney TF33-P-11-Turboantriebwerke (je 8165 kg Schub) und zusätzlich noch zwei je 1497 kp Schub leistende Pratt & Whitney J60-P-9-Triebwerke in Unterflügelgondeln und viele andere Änderungen; auch diese Maschine wurde für strategische Aufklärungseinsätze verwendet. Die Umrüstung führte General Dynamics in Fort Worth durch. Eine geringe Anzahl von B-57B und RB-57D gingen an die Luftstreitkräfte Nationalchinas, die sie ebenfalls für Aufklärungseinsätze benützen. Weitere B-57 wurden an Pakistan und Südvietnam ausgeliefert.

Mikojan/Gurewitsch MiG-15   UdSSR
(NATO-Codebezeichnung Fagot)

Einsitziger Jagdbomber und zweisitziger Trainer; im Truppendienst.
Daten und Dreiseitenansicht: MiG-15 bis,
Foto: MiG-15UTI

Antrieb: 1 Klimow VK-1-Strahltriebwerk von 2707 kp Schub
Spannweite: 10,09 m
Länge: 11,08 m
Höchstgeschwindigkeit: 1075 km/h in Seehöhe
max. Abfluggewicht: 6458 kg
Flugdauer: ca. 2 Stunden
Bewaffnung: 1 37 mm N-37- und 2 23 mm Nr-23-Kanonen.

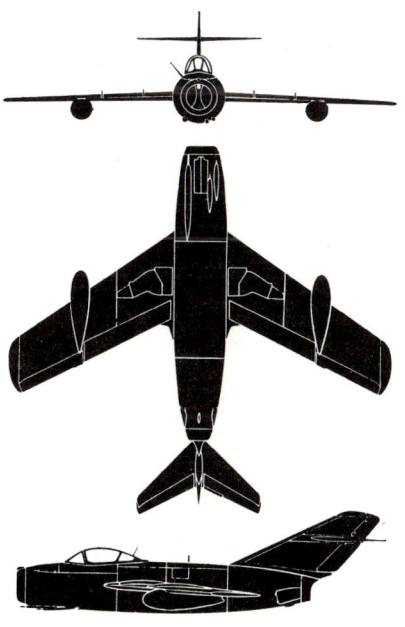

Entwicklung und Truppendienst

Als die Sowjets durch deutsche Forschungsdokumente, die ihnen nach Kriegsende in die Hände gefallen waren, die Vorteile des gepfeilten Tragflügels kennenlernten, entwickelten Artem Mikojan und Michail Gurewitsch in Rekordzeit die MiG-15-Zelle. Was ihnen fehlte, um das Projekt zu einem außergewöhnlichen Jagdflugzeug zu machen, war ein leistungsfähiges Strahltriebwerk. Zu dieser Zeit gab die britische Regierung den Export des Rolls-Royce Nene-Strahltriebwerks frei, und mit diesem Antrieb flog die MiG-15 am 30. Dezember 1947 erstmals. Wie die meisten sowjetischen Kampfflugzeuge wurde auch der MiG-15-Entwurf so einfach wie irgend möglich gehalten, um die Serienfertigung rasch durchführen zu können, und ferner wurde größter Wert auf kleine Abmessungen, geringes Gewicht und damit auf großes Steigvermögen und gute Manövrierbarkeit gelegt. Zwar wurden – eine Enttäuschung für die Sowjets – keine Überschallgeschwindigkeiten erreicht, aber nichtsdestoweniger wurde die MiG-15 in großen Produktionszahlen in der Sowjetunion, in der CSSR und in Polen hergestellt. Die Grundversion der MiG-15 (S-102 in der CSSR, LIM-1 in Polen) hatte ein RD-45-Strahltriebwerk zum Antrieb, das praktisch eine Kopie des Nene-Triebwerks war und eine Schubleistung von 2472 kp erbrachte. Dieses Triebwerk wurde nach einer gewissen Zeit durch eine schubstärkere Weiterentwicklung, die VK-1, ersetzt, die 2707 kp Schub lieferte. Die mit dem VK-1-Triebwerk ausgerüstete MiG-15 war als MiG-15-bis bekannt (Bezeichnungen in der CSSR und Polen S-103 bzw. LIM-2). Neben der Standard-Jägerversion wurde die zweisitzige MiG-15UTI (Sitze in Tandemanordnung, NATO-Code Midget) in Serie gebaut, ein mit einem RD-45-Triebwerk ausgerüsteter Einsatztrainer. (Bezeichnung in der CSSR CS-102).
Obwohl die Produktion schon längst ausgelaufen ist, steht die MiG-15 bis heute immer noch im Dienst bei vielen Luftstreitkräften, besonders im Mittleren Osten und in Afrika, wo viele Nationen sowjetische Militärhilfe erhielten. Die MiG-15UTI wird in mehr als 20 Ländern als Standardtrainer eingesetzt, darunter auch in der UdSSR.

Mikojan/Gurewitsch MiG-17   UdSSR
(NATO-Codebezeichnung Fresco)

**Einsitziges Jagdflugzeug; im Truppendienst.
Daten und Foto: Fresco-C, Dreiseitenansicht:
Fresco-E**

Antrieb: 1 Klimow VK-1A-Strahltriebwerk von 3170 kp
Schub (mit Nachverbrennung)
Spannweite: 9,45 m
Länge: 11,08 m
max. Abfluggewicht: 5670 kg
Höchstgeschwindigkeit: 1127 km/h in Seehöhe
max. Reichweite: 1200 km mit Außenbehältern und
Bombenzuladung
Bewaffnung: 3 23 mm NR-23-Kanonen; 8 Raketenbe-
hälter oder 2 250 kg-Bomben.

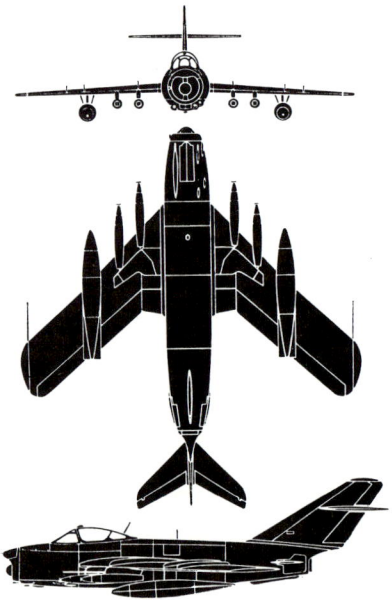

Entwicklung und Truppendienst

Die MiG-17 wurde als Nachfolgemuster der
MiG-15 entwickelt, die sie 1953 in der Produktion
ablöste. Da man mit dieser Konstruktion ernst-
hafte Anstrengungen unternahm, Überschallgeschwindigkeiten zu erreichen, wurde sie
gegenüber der MiG-15 bedeutend verfeinert. Sie
erhielt einen dünneren Tragflügel, stärkere Flügelpfeilung (47° innen, 43° außen) und ein verlängertes Rumpfheck. Trotzdem erreichte auch
die MiG-17 im Horizontalflug nicht die Schallgeschwindigkeit. Man weiß, daß fünf Versionen der
MiG-17 gebaut wurden. Das Anfangsmodell, die
in der NATO als Fresco-A bekannt ist, wurde von
einem VK-1-Strahltriebwerk ohne Nachbrenner
(Schubleistung 2707 kp) angetrieben, hatte
schmale Sturzflugbremsen am Heck wie die
MiG-15 und als Bewaffnung eine 37 mm- und
zwei 23 mm-Kanonen. Bei der Fresco-B wurden
die Sturzflugbremsen vergrößert und unmittelbar hinter die Tragflügelhinterkante verlegt.
Wahrscheinlich erwies sich diese Anordnung als
eine nicht sehr glückliche Lösung, denn die
nächste Version, die Fresco-C, behielt zwar die
größeren Sturzflugbremsen bei, aber diese
waren wieder an die alte Stelle gerückt. Als Neuheiten der Fresco-C sind ferner ein Nachbrennertriebwerk, eine zusätzliche 23 mm-Kanone statt
der 37 mm-Waffe und die Verwendung von Unterflügelbewaffnung zu nennen. Die Fresco-D ist
eine Version der Fresco-C mit beschränkter Allwettertauglichkeit, ist mit einem in der Mitte des
Lufteinlaufs und in einer Lippe darüber unter-
gebrachtem Radargerät ausgerüstet und befördert manchmal vier Luft-Luft-Lenkwaffen statt
der Kanone. Die Fresco-E ist ähnlich, hat jedoch
keinen Nachbrenner. Die Fresco-C wurde in der
CSSR als S-104, in Polen als LIM-5, in China und
in der Sowjetunion gebaut. Eine ganze Anzahl
von diesem Muster steht noch im Einsatz, besonders bei den Luftstreitkräften von Nationen in
Asien und Afrika, die Waffenhilfe von der UdSSR
erhalten haben. Die sowjetische Typenbezeichnung für die Fresco-B ist MiG-17P, MiG-17F für
Fresco-C, MiG-17PF für die Fresco-D und MiG-
17PFU für die Fresco-E.

Mikojan MiG-19
(NATO-Codebezeichnung Farmer)

UdSSR

Einsitziges Jagdflugzeug; im Truppendienst. Daten: Farmer-C, Dreiseitenansicht: Farmer-D, Foto: in China gebaute MiG-19 der pakistanischen Luftstreitkräfte.

Antrieb: 2 Klimow RD-9B-Strahltriebwerke von je 3250 kp Schub (mit Nachverbrennung)
Spannweite: 8,99 m
Länge: 13,08 m
max. Abfluggewicht: 8700 kg
Höchstgeschwindigkeit: 1452 km/h in 10 000 m Höhe
Bewaffnung: 3 30 mm-Kanonen und Raketenbehälter, Lenkwaffen usw. an Unterflügelstationen.

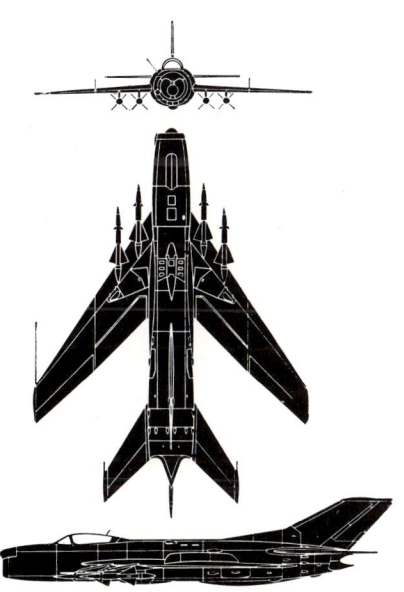

Entwicklung und Truppendienst

Mit der MiG-19 erreichte Mikojan endlich Überschallgeschwindigkeit im Horizontalflug. Das Mitteldecker-Rumpfbugeinlauf-Layout der MiG-15 und der MiG-17 wurde beibehalten. Der Einbau zweier Exemplare des neuen Klimow-Strahltriebwerks geringen Durchmessers nebeneinander in das Rumpfhinterteil führte zu einer Verdoppelung des verfügbaren Triebwerkschubs. Die Anfangsversion (Farmer A) wurde Anfang 1955 in Dienst gestellt. Sie war mit einer 37 mm-Kanone auf der Unterseite des Rumpfbugs, zwei 23 mm-Kanonen in den Flügelwurzeln und Raketen, Lenkwaffen und abwerfbaren Außenbehältern unter der Tragfläche ausgerüstet. Die Farmer-B entsprach im wesentlichen der A, besaß jedoch Radar, das in einem Radom im Lufteinlauf und einer darüberliegenden Lippe untergebracht war und für begrenze Allwettertauglichkeit sorgte. Die am weitesten verbreitete Version, die Farmer-C, erhielt eine neue, unter dem Tragflügel liegende Luftbremse, die die Wirkung der beiderseits des Rumpfhecks montierten Luftbremsen verstärken sollte, und war mit drei verbesserten Kanonen des Kalibers von 30 mm ausgerüstet. Die Farmer-D ist das Gegensück zur C mit begrenzter Allwettertauglichkeit (Radar in Triebwerkeinlauf und Lippe, nur Flugwurzel-Kanonen). Einige Farmer-D wurden mit vier Unterflügel-Lankwaffen (Code-Bezeichnung Alkali) gesichtet, hatten dafür aber keine Kanonen. Die sowjetischen Typenbezeichnungen sollen sein: MiG-19S für die frühe Farmer-C-Version mit Klimow AM-5-Triebwerken; MiG-19PF für Farmer-D und MiG-19PM für die Farmer-D mit Alkali-Lenkwaffen. Vor dem Ausbruch von Feindseligkeiten zwischen der UdSSR und China wurden China sämtliche Fertigungsunterlagen für die MiG-19 zur Verfügung gestellt. China baute deshalb die MiG-19 in eigener Regie in Serie. Dieses Flugzeug gehört heute zur Standardausrüstung der Luftstreitkräfte der Volksrepublik China und wurde sogar an die pakistanische Luftwaffe geliefert. Einige Luftstreitkräfte osteuropäischer Länder fliegen immer noch in der Sowjetunion gebaute MiG-19; außerdem haben im Rahmen der sowjetischen Militärhilfe der Irak, Cuba und Indonesien MiG-19 erhalten.

Mikojan MiG-21   UdSSR
(NATO-Codebezeichnung Fishbed)

**Einsitziges Jagd- und zweisitziges Trainings-
flugzeug; im Serienbau und im Truppendienst.
Daten (geschätzt): Fishbed-C, Foto und Dreiseitenansicht: Fishbed-F**

Antrieb: 1 TDR Mk.R37F-Strahltriebwerk von 5670 kp
Schub (mit Nachverbrennung)
Spannweite: 7,15 m
Länge: 15,76 m
max. Abfluggewicht: 7575 kg
Höchstgeschwindigkeit: 2 136 km/h in 11 000 m Höhe
Reichweite (ohne Außenlasten): 1200 km
Bewaffnung: 1 oder 2 30 mm-Kanonen und 2 Atoll-Luft-
Luft-Lenkwaffen.

Entwicklung und Truppendienst

Die MiG-21 — sie wurde erstmals als Prototyp bei
den Flugvorführungen anläßlich des sowjetischen Luftfahrttags des Jahres 1956 gesehen —
ist zur Zeit das Standard-Kampfflugzeug der
sowjetischen Luftstreitkräfte, der Luftwaffen al-
liierter und befreundeter Nationen darunter Afghanistan, Algerien, Bulgarien, Kuba, CSSR,

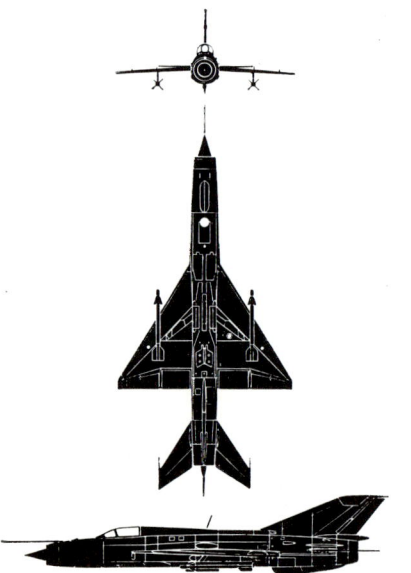

Ägypten, Finnland, die DDR, Ungarn, Indien, Indonesien, Irak, Nordkorea, Nordvietnam, Polen,
Rumänien, Sudan, Syrien, Jemen und Jugoslawien. Die MiG-21 ist ein Interzeptor vergleichs-
weise geringer Reichweite mit einer begrenzten
Allwettertauglichkeit und ist mit einer Primärbe-
waffnung von zwei Atoll-Lenkwaffen mit Infrarot-
suchköpfen ausgerüstet, die in der Leistung in
etwa der amerikanischen Sidewinder entsprechen dürften. Die ursprüngliche Standardversion
MiG-21F (NATO-Code Fishbed-C) wurde auch in
der CSSR gebaut und — wahrscheinlich in modifizierter Form und ohne Lizenzberechtigung — in
China. Außerdem weit verbreitet sind eine zweisitzige Tandem-Trainerversion (MiG-21UTI Mon-
gol) und die spätere Serienversion Fishbed-D,
die eine verlängerte Rumpfspitze größeren
Durchmessers besitzt, in der ein größeres und
leistungsfähigeres Radargerät untergebracht ist.
Zu den weiteren Veränderungen der D gehören
das Fehlen der Kanonenbewaffnung, ein schub-
stärkeres Triebwerk (5950 kp) ein verlegtes Pitotrohr und zwei zusätzliche türartige Luftbremsen
unter dem Rumpfmittelteil. Diese Version führt
die sowjetische Bezeichnung MiG-21PF, und ihre
Exportversion MiG-21FL wird von Hindustan
Aeronautics in Indien in Lizenz gebaut. Die Fishbed-F unterscheidet sich durch das seitlich zu
öffnende Cockpit und größere Seitenleitwerk-
flächen von den anderen Mustern; eine Variante
mit angeblasenen Klappen wird in der CSSR als
MiG-21SPS bezeichnet. Die Fishbed-H ist eine
Weiterentwicklung der D mit verbesserter Avionik und anderen Änderungen. Die letzte Version,
die bei sowjetischen und ägyptischen Einheiten
Dienst tut, ist die Fishbed-J, die eine tiefere auf
dem Rumpfrücken verlaufende Verkleidung und
vier Flügelpylons für die Aufnahme zusätzlicher
Erdkampfwaffen besitzt. Eine ähnliche Variante,
die von den Luftstreitkräften der CSSR eingesetzt wird, ist die MiG-21M, die auch in Indien
verwendet wird.
Eine mit einem Triebwerk von 5950 kp Schub ausgerüstete MiG-21 stellte 1959 einen Geschwindigkeitsweltrekord von 2387,7 km/h auf. Sie
führte die Typenbezeichnung E-66. Mit einem
GRD Mk.U2-Flüssigraketenmotor (3000 kp
Schub) unter dem Rumpf stellte diese Maschine,
die in E-66A umbenannt worden war, einen Höhenweltrekord von 34 714,2 m auf. 1967 wurde
eine STOL-Version der MiG-21PF (Fishbed-G)
vorgeführt, die mit zwei Hubtriebwerken, die im
gegenüber der Standardversion verlängerten
Rumpf hinter dem Cockpit installiert waren, ausgerüstet war.

Mikojan E-266 (MiG-23)   UdSSR
(NATO-Codebezeichnung Foxbat)

Einsitziger Überschall-Interzeptor

Antrieb: 2 Strahltriebwerke mit Nachverbrennung von je 11 000 kp Startschub
Spannweite (geschätzt): 12,20 m
Länge (geschätzt): 21,00 m
Keine anderen Daten erhältlich.

Entwicklung und Truppendienst

Die Existenz eines neuen sowjetischen Flugzeugs mit der Bezeichnung E-266 wurde im April 1965 bekannt, als ein Flugzeug dieses Typs mit Alexander Fedotow am Steuer mit einer Nutzlast von 2000 kg an Bord einen Geschwindigkeitsweltrekord von 2319,37 km/h über einen geschlossenen Kreis von 1000 km Länge aufstellte. Wahrscheinlich wurde dieser Flug mit einem Prototyp, der möglicherweise 1964 zum ersten Mal flog, durchgeführt. Von der E-266 wurde bis 5. Oktober 1967 nichts mehr gehört, als der gleiche Pilot mit der gleichen Maschine einen Höhenweltrekord von 29 976,77 m aufstellte. Wie beim vorigen Rekordflug hatte die E-266 eine Nutzlast von 2000 kg an Bord. Der Start wurde mit Hilfe eines Zusatzraketentriebwerks durchgeführt. Die Fotos, die zu diesem Zeitpunkt veröffentlicht wurden, bewiesen, daß die E-266 in Wirklichkeit das neue sowjetische Mach 3-Kampfflugzeug MiG-23 war, das in vier Exemplaren im Juli 1967 an den Flugvorführungen über Moskau teilgenommen hatte. Die Bezeichnung MiG-23 mag noch etwas verfrüht sein, doch es gibt Gründe zu der Annahme, daß dieser Typ bereits bei der sowjetischen Luftwaffe im Einsatz ist und bei in Ägypten stationierten Einheiten geflogen wird. Weitere Rekordversuche im Jahre 1967, die möglicherweise mit einem Vorserienmuster durchgeführt wurden, führten zu Geschwindigkeiten von 2979 km/h über geschlossene Kreise von 500 km und von 2920 km/h über 1000 km, was wenig Zweifel an der Tatsache bestehen ließ, daß die E-266 im Horizontalflug eine Geschwindigkeit von Mach 3 überschreiten kann. Die E-266 ist im wesentlichen ein Interzeptor für Einsatz in großen Flughöhen, kann wahrscheinlich jedoch auch – mit Waffen oder Aufklärungsbehältern zwischen den Triebwerkauslässen ausgerüstet – Angriffs- und Aufklärungseinsätze durchführen. Vier Unterflügelstationen sind jedenfalls vorhanden.

MIL Mi-4   UdSSR
(NATO-Codebezeichnung Hound)

Transport-, U-Boot-Kampf- und Mehrzweck-hubschrauber; im Truppendienst

Antrieb: 1 ASh-82V-Kolbenmotor von 1700 hp
Rotordurchmesser: 21,00 m
Rumpflänge: 16,80 m
max. Abfluggewicht: 7800 kg
Höchstgeschwindigkeit: 210 km/h in 1500 m
Reichweite: 400 km mit 8 Passagieren
Unterbringungsmöglichkeit: 2 Mann Besatzung und 14 Soldaten oder 1600 kg Fracht oder Fahrzeuge.
Bewaffnung: Die Armee-Unterstützungsversion ist mit einem MG im Rumpfbug ausgerüstet und kann Luft-Boden-Raketen mitführen. Die U-Boot-Kampf-Version besitzt ein Suchradar unter dem Rumpfbug, ein Erfassungsgerät magnetischer Störungen am hinteren Teil der Kabine und Aufhängestationen für die Aufnahme von Leuchtsignalen, Markierungszeichen und Sonarbojen an den Kabinenseiten.

Entwicklung und Truppendienst

Der Mi-4-Hubschrauber, der seit 1953 bei den sowjetischen Luftstreitkräften Dienst tut, war der zweite sowjetische Hubschrauber – nach dem kleineren Mi-1 –, der in der Sowjetunion in Serie gebaut wurde. Obwohl der Mi-4 ein eigener sowjetischer Entwurf mit einer ganzen Anzahl von selbständigen Konstruktionsmerkmalen ist, weist er doch starke äußere Ähnlichkeit zum Sikorsky S-55 auf, der ganz klar die Arbeiten des Mil-Konstruktionsbüros beeinflußt hat. Eine der Spezialitäten des Mi-4 ist das Vorhandensein von Heckladetüren unter dem Heckrotorträger, die das Verladen von kleinen Militärfahrzeugen wie z.B. des GAZ-69-Kommandofahrzeugs oder der 76 mm-Panzerabwehrkanone gestatten. Ein anderes Merkmal, das den militärischen Mi-4 vom Sikorsky-Entwurf unterscheidet, ist die Verkleidung unter dem Rumpfbug, in der ein Navigator oder Beobachter untergebracht werden kann und in der ein Maschinengewehr zur Bekämpfung von Bodenzielen installiert ist. Insgesamt wurden mehrere tausend Exemplare des Mi-4 gebaut. Sie stehen bei den sowjetischen Armee- und Luftwaffenkommandos im Dienst und wurden auch an die Luftstreitkräfte einiger anderer Länder geliefert, so an Afghanistan, Albanien, Algerien, Bulgarien, Volksrepublik China, Kuba, die CSSR, Ägypten, Finnland, die DDR, Ungarn, Indien, Indonesien, Irak, Nordkorea, Nordvietnam, Polen, Rumänien, Syrien, Jemen und Jugoslawien. Ebenfalls im Einsatz steht eine U-Boot-Bekämpfungsversion der sowjetischen Marine, die im Foto oben abgebildet ist.

MIL Mi-6 (NATO-Codebezeichnung Hook) UdSSR

Schwerer Transporthubschrauber; im Serienbau und im Truppendienst.

Antrieb: 2 Solowiew D-25V (TB-2BM)-Wellenturbinen von je 5500 shp
Rotordurchmesser: 35,00 m
Länge: 33,18 m
Leergewicht: 27 240 kg
max. Abfluggewicht: 42 500 kg
Höchstgeschwindigkeit: 300 km/h
Reichweite: 1000 km mit einer Nutzlast von 4500 kg
Unterbringungsmöglichkeit: 5 Mann Besatzung und 65 Passagiere, 41 Patienten auf Tragbahren oder eine entsprechende Kombination von Fracht.

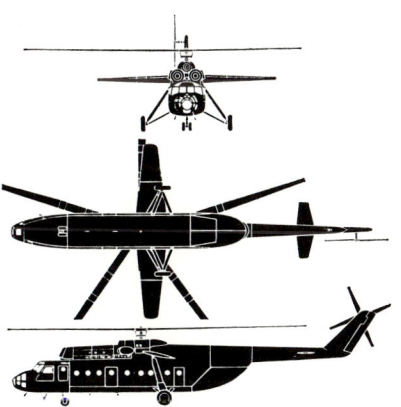

Entwicklung und Truppendienst

Der 1967 erstmals öffentlich vorgestellte Mi-6 war lange Zeit der größte im Einsatz stehende Standardhubschrauber der Welt, bevor anläßlich des Pariser Salons 1971 der Mi-12 gezeigt wurde. Der Mi-6, der vom erfahrensten Hubschrauberkonstruktionsbüro der Sowjetunion entworfen wurde, beschritt völliges technisches Neuland: Er war der erste in Großserie hergestellte Hubschrauber der Sowjetunion mit Turbinenantrieb. Aus sowjetischen Berichten geht zwar hervor, daß der Entwurf im Zusammenhang mit geologischen Aufgaben in Sibirien entstand, aber schon das erste Produktionslos des Mi-6 ging als Kampfzonenhubschrauber, Truppen-, Nachschub oder Lenkwaffentransporthubschrauber an die Luftstreitkräfte der UdSSR. Einige wenige Exemplare wurden Anfang 1965 an Indonesien geliefert, und zum gleichen Zeitpunkt soll der Mi-6 auch bei der Aeroflot im Einsatz gewesen sein, in deren Dienst er Passagiere und Fracht in entlegene Gebiete transportierte. Andere Maschinen wurden an die ägyptischen und nordvietnamesischen Streitkräfte geliefert. Die NATO-Codebezeichnung des Mi-6 ist Hook; eine „fliegende Kran"-Version mit auf ein Minimum verkleinertem Rumpf ist als Mi-10 bekannt (NATO-Code Harke). Einige wenige Mi-6, darunter auch die im Foto abgebildete Maschine, sind mit einem Bug-MG ausgerüstet.

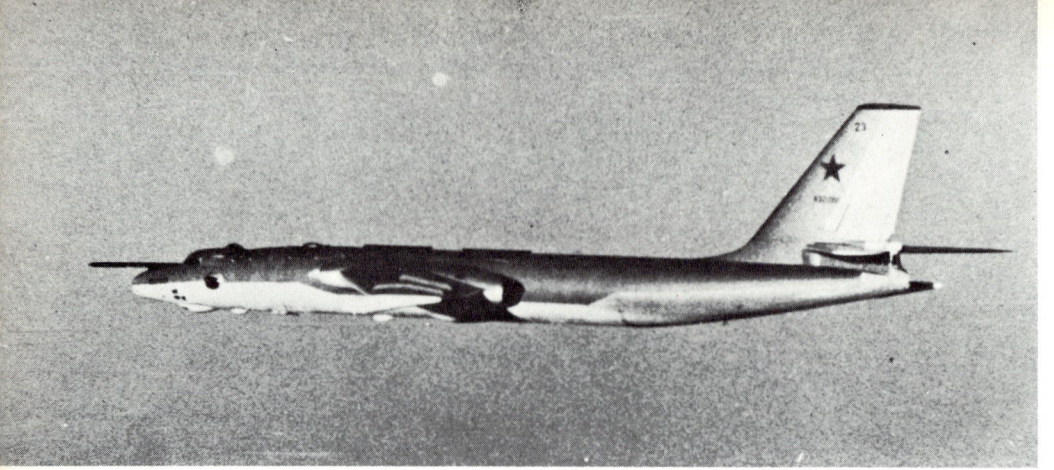

Myasischtschew Mya-4 (NATO-Codebezeichnung Bison)

UdSSR

Vierstrahliger Langstrecken-Aufklärer und Bomber; im Truppendienst.
Daten: geschätzt.
Foto und Dreiseitenansicht: Mya-4

Antrieb: 4 Mikulin AM-3D-Strahltriebwerke von je 8700 kp Schub
Spannweite: 52 m
Länge: 50 m
Abfluggewicht: 158 800 kg
Höchstgeschwindigkeit: 900 km/h in 11 000 m Höhe
Reichweite (ohne Luftbetankung): 11 000 km bei einer Geschwindigkeit von ca. 800 km/h und einer Bombenzuladung von 4500 kg.

Entwicklung und Truppendienst

Dieser Großbomber, der von V.M. Myasischtschew entworfen wurde, wurde als Rußlands Antwort auf den amerikanischen Nuklearbomber Boeing B-52 Stratofortress eingestuft: Die Mya-4 war für die gleiche Aufgabenstellung ausgelegt, nämlich für den Transport von thermonuklearen Waffen über interkontinentale Reichweiten, wobei in extremen Fällen auf Luftbetankung zurückgegriffen werden sollte. Aber es ist wahrscheinlicher, daß die Mya-4 lediglich ein Gegenstück zur B-52 und keine „Antwort" darauf darstellte, denn sie war bereits im Jahre 1954 über Moskau gesehen worden und soll Anfang 1956 bereits mit einer Fertigungsrate von 15 Maschinen pro Monat aus den Montagehallen gerollt worden sein. Im Gegensatz zu den acht in Paaren zusammengefaßten Strahltriebwerken der B-52 weist die Bison nur vier Triebwerke auf, die in einer Konfiguration wie bei der britischen Comet, nämlich im Rumpf-Tragflügel-Anschlußbereich, installiert sind. Man glaubt, daß die Einsatzhöhe der Bison wenig über 13 700 m liegen dürfte, woraus sich auch die schwere Abwehrbewaffnung des Musters erklären ließe. Bei der ursprünglichen Bomberversion wurde die Bewaffnung von 10 23 mm-Kanonen in Doppel-Heckständen, Waffenständen oben auf dem Rumpf vor und hinter dem Bombenschacht gebildet. Eine modifizierte Version der Mya-4, die mit einer Luftbetankungssonde in der Rumpfspitze und neuer Elektronikausrüstung ausgestattet war, wurde 1964 erstmals beim Ausführen von Seeaufklärungseinsätzen beobachtet, und eine andere Weiterentwicklung, die als 201-M bekannt ist, besitzt eine neue, verlängerte Rumpfspitze und D-15-Triebwerke eines Schubs von je 13 000 kp. Diese Version stellte 1959 eine Reihe von Weltrekorden auf, steht jedoch nicht im Truppendienst, obwohl einige Einsatz-Mya-4 die gleiche modifizierte Rumpfspitze aufweisen.

Nord 2501/2504 Noratlas   Frankreich

**Zweimotoriges Mittelstrecken-Transportflug-
zeug; im Truppendienst.**
Daten, Dreiseitenansicht und Foto: Nord 2501

Antrieb: 2 SNECMA (Bristol) Hercules 738 oder 758-Kol-
benmotoren von je 2040 hp
Spannweite: 32,50 m
Länge: 21,96 m
max. Abfluggewicht: 23 000 kg
Höchstgeschwindigkeit: 440 km/h
Reichweite: 2500 km mit einer Nutzlast von 4,5 Tonnen
Bewaffnung: keine.

Entwicklung und Truppendienst

Die Nord 2501 Noratlas gehört zur Standard-
Transporterausrüstung der Luftstreitkräfte
Frankreichs, der Bundesrepublik, Portugals und
Israels. Weitere Maschinen dieses Typs stehen
im Zivileinsatz bei verschiedenen Airlines, wobei
einige Muster mit Zusatz-Turboméca Marboré-
Strahltriebwerken an den Flügelspitzen ausgerüstet sind, die beim Start oder im Notbetrieb zusätzliche Leistung bringen. Der ursprüngliche
Nord 2500-Prototyp, der am 10. September 1949
erstmals flog, war mit 1600 hp Gnome-Rhone
14R-Triebwerken ausgerüstet; der als Nord 2501
bezeichnete zweite Prototyp hatte am 27. November 1950 Jungfernflug, und diese Maschine
hatte Hercules-Motoren als Antrieb. Von diesem
Typ wurden 200 Exemplare von der französischen
Luftwaffe beschafft; 30 Maschinen gingen an Israel und 12 nahmen den Dienst bei den portugiesischen Luftstreitkräften auf. 25 Maschinen
wurden für die Bundesrepublik gebaut, wo weitere 161 Noratlas unter Lizenz von Flugzeugbau
Nord hergestellt wurden. Die erste in der Bundesrepublik gebaute Noratlas hatte am 6. August
1958 Erstflug. Drei Maschinen wurden an die
Luftwaffe von Niger überstellt, und einige wenige
Muster erhielt Nigeria.
Die maximale Nutzlastkapazität der Nord 2501
liegt bei ca. 7,5 Tonnen Fracht oder 45 Passagieren bzw. Fallschirmjägern. Weitere Militärversionen waren die 2504 mit an den Flügelspitzen
montierten Marboré-Zusatztriebwerken, von der
fünf Exemplare für die Ausbildung von U-Boot-
Bekämpfungsmannschaften an die französische
Marine geliefert wurden, und die in insgesamt
nur zwei Mustern gebaute Transporterversion
2508, die mit Pratt & Whitney R-2800-Triebwer-
ken von je 2500 hp und zusätzlich mit zwei flü-
gelspitzenmontierten Marboré ausgerüstet war.
Diese beiden Maschinen wurden 1963 von der
deutschen Luftwaffe übernommen, um damit
Gerät im Flug zu erproben, das für den Transporter Transall C-160 in Entwicklung war.

North American F-86 Sabre USA

Einsitziges taktisches Kampfflugzeug und
Jagdbomber; im Truppendienst.
**Daten: F-86F, Foto: Sabre 6, Dreiseitenansicht:
F-86K**

Antrieb: 1 General Electric J47-GE-27-Strahltriebwerk
von 2680 kp Schub
Spannweite: 11,91 m
Länge: 11,44 m
Leergewicht: 5046 kg
max. Abfluggewicht: 9349 kg
Höchstgeschwindigkeit: 1106 km/h in Seehöhe
Reichweite: 1488 km bei einer Geschwindigkeit von
853 km/h
Bewaffnung: 6 0,50 Zoll-MG und 2 Sidewinder-Lenkwaffen, 2 454 kg-Bomben oder 8 Raketen.

Entwicklung und Truppendienst

Die Sabre, der erste Jäger der US Air Force mit
gepfeiltem Tragflügel, hatte am 1. Oktober 1947
Erstflug. Sie stand in großen Zahlen im Koreakrieg im Einsatz und wurde in Australien, Japan,
Kanada und Italien in Lizenz gebaut. North American produzierte mehr als 6000 F-86A, D, E, F, H
und K. Davon waren die F-86A, E, F und H Tagjäger und Jagdbomber. Die F-86D dagegen war ein
Interzeptor für den Allwettereinsatz und hatte ein
in einem Bugradom über dem Lufteinlauf installiertes Radargerät und ein mit Nachbrenner ausgerüstetes Triebwerk. Die von Fiat in Italien gebaute, für den Einsatz bei den europäischen
NATO-Streitkräften vorgesehene Version F-68K,
war der F-68D ähnlich. Die F-86L, von der 981
Einheiten gebaut wurden, stellte einen Umbau
aus der D mit fortgeschrittener Elektronikausrüstung dar. Verschiedene Versionen der Sabre
stehen heute noch im Einsatz bei der Air National
Guard und bei vielen Luftstreitkräften des Auslands.
Zwischen 1950 und 1958 produzierte Canadair
insgesamt 1815 Sabre in Lizenz für die Royal Canadian Air Force und für die Luftstreitkräfte anderer Länder. Die letzte gefertigte Version war
die Sabre Mk.6, die von einem Orenda-14-Strahl-
triebwerk angetrieben wurde; diese Version tut
heute noch als Interzeptor bei den Luftstreitkräften Südafrikas und Kolumbiens Dienst. Die meisten der 225 an die Bundesrepublik ausgelieferten Sabre Mk.6 wurden an andere Nationen verkauft, darunter an Pakistan. Eine mit Rolls-Royce
Avon-Triebwerk ausgerüstete Version der North
American F-86 Sabre wurde 1951 bei dem australischen Unternehmen Commonwealth Aircraft
Corporation für die Verwendung bei der Royal
Australian Air Force bestellt. Der erste Prototyp
dieser Version startete am 3. August 1953 zum
Jungfernflug. Darauf folgten 111 als Sabre 30, 31
und 32 bekannte Serienmaschinen, die inzwischen fast vollständig durch Mirage III ersetzt
wurden. Eine für die Ausrüstung einer Jagdbom-
berstaffel ausreichende Menge Sabre 32 ging
1970 an die Royal Malaysian Air Force.

North American F-100 Super Sabre   USA

**Interzeptor und Jagdbomber; im Truppendienst
Daten, Foto und Dreiseitenansicht: F-100D**

Antrieb: 1 Pratt & Whitney J57-P-21-Strahltriebwerk von
5307 kp Schub (7711 kp mit Nachverbrennung)
Spannweite: 11,81 m
Länge: 16,53 m
Leergewicht: 9525 kg
max. Abfluggewicht: 15 800 kg
Höchstgeschwindigkeit: 1448 km/h (Mach1,3) in
11 000 m Höhe
Reichweite: 2414 km mit 2 Außenbehältern
Unterbringungsmöglichkeit: 1 Pilot
Bewaffnung: 4 20 mm-Kanonen im Rumpf, 6 Unterflü-
gelstationen für die Aufnahme von Bomben, Raketen,
Luft-Luft- oder Luft-Boden-Lenkwaffen usw.

Entwicklung und Truppendienst

Die Super Sabre, der erste der „Century Series"-
Jagdflugzeugreihe der US Air Force – sie wurden
so bezeichnet, weil die Zahl nach dem F über 100
lag –, war urspünglich, wie schon der Name sagt,
eine Weiterentwicklung der F-86 Sabre. Ein offi-
zieller Auftrag wurde im November 1951 plaziert.
Der Prototyp YF-100A hatte am 25. Mai 1953 Erstflug. Das erste Serienmodell F-100A startete am
29. Oktober 1953 zum Erstflug, und im darauffolgenden Monat wurden drei Maschinen dieses
Typs an die US Air Force ausgeliefert. Die drei
Hauptvarianten der F-100 waren der F-100A-In-
terzeptor, der mit einem strukturell verstärkten
Flügel ausgerüstete Jagdbomber F-100C und die
Jagdbomberversion F-100D, die verbesserte
Ausrüstungssysteme und andere Änderungen
enthielt. Die F-100F war ein mit verlängertem
Rumpf versehener zweisitziger Trainer, der neben seiner Trainerrolle auch als Einsatzkampf-
flugzeug verwendet werden konnte. In den späten fünfziger Jahren wurden die noch im Dienst
stehenden F-100-Versionen mit Sidewinder-
bzw. Bullpup-Lenkwaffen ausgerüstet. Im Rahmen des MDAP-Programms wurden F-100 aller
Serienversionen an eine Reihe von NATO-Staa-
ten geliefert, darunter Dänemark, Türkei und
Frankreich. Weitere Maschinen dieses Typs wurden der nationalchinesischen Luftwaffe zur Verfügung gestellt. Verschiedene Staffeln der US Air
Force in Europa sind immer noch mit F-100 ausgerüstet. Die Super Sabre hat eine bedeutende
Rolle im Vietnameinsatz gespielt.

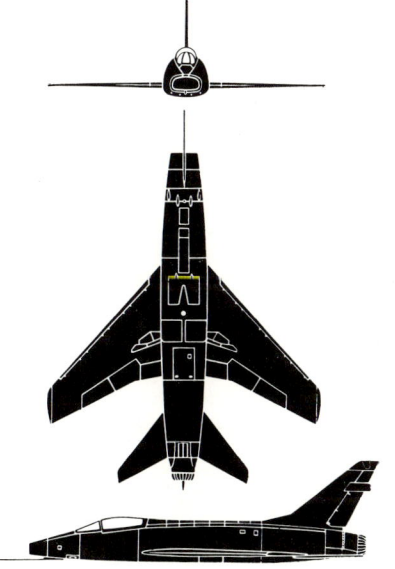

North American T-28 Trojan   USA

**Zweisitziger Anfangstrainer und leichter Erd-
kämpfer; im Truppendienst.
Daten, Foto und Dreiseitenansicht: T-28D**

Antrieb: 1 Wright R-1820-56S-Kolbenmotor von 1425 hp
Spannweite: 12,38 m
Länge: 10,00 m
Leergewicht: 2958 kg
max. Abfluggewicht: 3853 kg
Höchstgeschwindigkeit: 611 km/h
Reichweite: über 800 km mit voller Waffenzuladung
Bewaffnung: 2 0,50 Zoll-MG-Behälter und Bomben,
Raketen, Napalmbehälter usw. an 6 Unterflügelstatio-
nen.

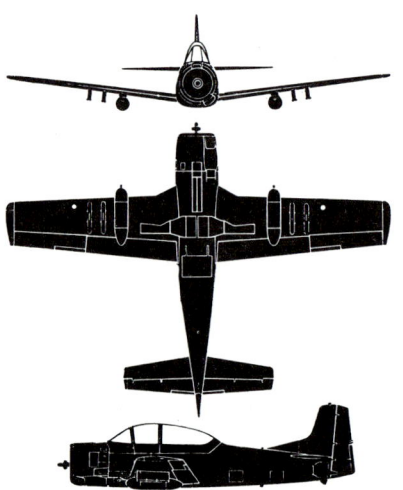

Entwicklung und Truppendienst

Der North American NA-159-Entwurf, der 1948
als Gewinner einer Ausschreibung der US Air
Force für einen neuen Trainer hervorging, schloß
die Lücke zwischen den frühen Anfangstrainern
mit beträchtlich niedrigerer Triebwerkleistung
und den heute verwendeten Strahltrainern für An-
fänger- und Fortgeschrittenenschulung. Zur Zeit
ihrer Indienststellung war die T-28 das leistungsstärkste bis dahin für die Anfangsschulung eingesetzte Flugzeug. Sowohl die US Air Force als
auch die US Navy beschlossen die Beschaffung
dieses Musters. Die für die US Air Force in Serie
gebaute, mit 800 hp-Wright R-1300-Motor ausgerüstete Trainerversion führte die Bezeichnung
T-28A. Der Prototyp dieser Version flog am 26.
September 1949 erstmals. Die von einem 1425 hp-
R-1820-Motor angetriebene T-28B der US Navy
entsprach im wesentlichen die A. Die T-28C war
dagegen zum Zweck des Trainings von Träger-
landungen mit einem Fanghaken ausgerüstet.
Die Trainerversionen stehen heute noch bei der
US Navy und vielen Luftstreitkräften des Auslands im Einsatz. Außerdem wurden einige hundert T-28 aus alten Beständen zur Ausführung
von Erdkampfmissionen umgebaut. Mit einer
Waffenzuladung von Bomben, Raketen und Maschinenkanonen unter der Tragfläche war die
US-Version T-28D in Vietnam und im Kongo eingesetzt. Diese Variante tut heute noch Dienst bei
verschiedenen Luftstreitkräften. Eine ähnliche
Version, die von Sud-Aviation in Frankreich produziert wurde, wurde unter der Bezeichnung
Fennec in Algerien verwendet. Bei der argentinischen Marine operieren zur Zeit noch Fennec,
die auch von Flugzeugträgern aus eingesetzt
werden können. Mit dem Entwicklungsziel eines
schlagkräftigen Erdkampf- und COIN-Flugzeugs
wurde die YAT-28E geschaffen, die als Antrieb
eine Propellerturbine vom Typ Lycoming YT55
hat (2455 shp Wellenleistung). Der erste von insgesamt drei gebauten Prototypen-Umbauten
flog am 15. Februar 1963. In die Serie ging diese
Version allerdings nicht.

North American Rockwell OV-10 Bronco   USA

Beobachtungs- und COIN-Flugzeug; im Truppendienst.
Daten: OV-10A

Antrieb: 2 Garrett AiResearch T67-G-10/12-Turboproptriebwerke von je 715 shp
Spannweite: 12,19 m
Länge: 12,67 m
Leergewicht: 3 161 kg
max. Abfluggewicht: 6563 kg
Höchstgeschwindigkeit: 452 km/h in Seehöhe, ohne Außenlasten
Einsatzradius: 367 km mit max. Waffenzuladung, ohne Aufenthalt im Zielgebiet
Bewaffnung: 4 0,30 Zoll-MGs in den Leitwerkträgern, die auch die Aufhängevorrichtungen für die Aufnahme von 1089 kg Außen-Waffenlast tragen; 1 Sidewinder-Lenkwaffe unter jedem Flügel und 544 kg Waffenlast unter dem Rumpf. Max. Waffenzuladung 1633 kg.

Entwicklung und Truppendienst

Die nach dem Zweiten Weltkrieg bei der Bereinigung von kleineren Konflikten gesammelten

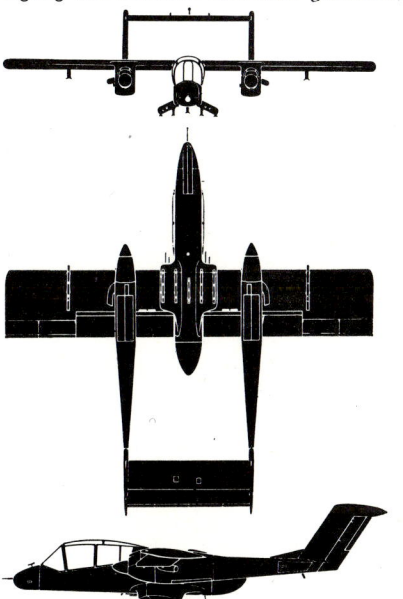

Erfahrungen überzeugten die US-Navy von der Notwendigkeit eines leichten Mehrzweck-COIN-Flugzeugs. Nachdem eine Entwurfsausschreibung bezüglich einer solchen Maschine vorgenommen worden war, wählte man schließlich die North American NA300 vor acht anderen Konkurrenten zum Gewinner dieser Ausschreibung aus. Insgesamt sieben Prototypen wurden bestellt, die die Bezeichnung YOV-10A führten. Der Erstflug des ersten Prototyps (YOV-10A) fand am 16. Juli 1965 statt, gefolgt vom zweiten, dritten und vierten am 30. November 1965, 31. Dezember 1965 bzw. am 31. Januar 1966. Diese ersten YOV-10 hatten 660 shp T67-GE-6/8-Triebwerke als Antrieb, eine Spannweite von 9,22 m, ein Maximalgewicht von 5608 kg und gerade Leitwerkträger. Die siebente YOV-10A wurde einer Untersuchung mit Pratt & Whitney T74-Turboproptriebwerken unterzogen, und der sechste Prototyp wurde 1967 auf die Serienausführung modifiziert – mit um 3 m vergrößerter Spannweite, leistungsstärkeren Triebwerken (wie im Datenblatt angeführt), versetzten Leitwerkträgern und einer ganzen Reihe kleinerer Änderungen. Die ersten Serienfertigungsaufträge wurden im Oktober 1966 plaziert, die Auslieferung lief Anfang 1968 an. Die US Air Force beschaffte 152 OV-10A für den Einsatz als Forward Air Controller (Beobachtung des vorderen Gefechtsfeld-Luftraums) und für sekundäre Erdkampfunterstützungseinsätze der Bodentruppen. Das US Marine Corps erhielt 96 ähnliche Maschinen, von denen 18 der US Navy für leichte bewaffnete Aufklärung, Hubschraubereskortierung und Gefechtsfeldbeobachtung in Vietnam geliehen wurden. Die Serienfertigung für die US-Streitkräfte endete im April 1969, aber die Thai Air Force orderte weitere 16 OV-10C, während die Bundesregierung 18 OV-10B für Zielschleppeinsätze bestellte. 12 Einheiten des letzten Musters wurden mit einem zusätzlichen General Electric-Triebwerk versehen, um ihre Höchstgeschwindigkeit auf 592 km/h zu bringen. Diese Maschinen führen die Bezeichnung OV-10Z und flogen am 21. September 1970 erstmals. Zwei YOV-10D sind bewaffnete Nachtbeobachtungs-Gunships für die US Marines.

109

North American Rockwell RA-5C Vigilante USA

Trägergestütztes Aufklärungsflugzeug; im Serienbau und im Truppendienst.

Antrieb: 2 General Electric J79-GE-10-Strahltriebwerke von je 5395 kp Schub (8118 kp mit Nachverbrennung)
Spannweite: 16,15 m
Länge: 23,11 m
max. Abfluggewicht: 36 285 kg
Höchstgeschwindigkeit: 2230 km/h (Mach 2,1) in 12 200 m Höhe
Reichweite: 4830 km
Unterbringungsmöglichkeit: 2 Mann Besatzung in Tandem-Cockpit
Bewaffnung: 4 Unterflügelstationen für die Aufnahme von Nuklear- oder konventionellen Bomben, Lenkwaffen oder Außen-Kraftstoffbehältern.

Entwicklung und Truppendienst

Die Vigilante, die mit der Modellbezeichnung XA3J-1 am 31. August 1958 zum ersten Mal flog, war vor allen Dingen auf folgende Aufgaben zugeschnitten: Bombenwurf nahezu jeden Bombentyps, Einsatzmöglichkeit vom Deck eines Flugzeugträgers, Geschwindigkeitsleistung von Mach 2. Ein besonderes Merkmal dieses Flugzeugs war der „lineare" Bombenschacht, der aus einem über die gesamte Rumpflänge laufenden Tunnel bestand, aus dessen hinterem Ende die Bomben ausgestoßen wurden. Ursprünglich sollte die A3J-1 neben den zwei Strahltriebwerken einen zusätzlichen XLR46-NA-2-Raketenmotor erhalten, aber diese Pläne wurden später wieder aufgegeben. Die A-5A Vigilante, von der 57 Exemplare ausgeliefert wurden, nahm 1961 bei der VAH-7-Einheit der US Navy den Dienst auf und wurde zum ersten Mal im Februar 1962 an Bord von USS Enterprise eingesetzt. Die in sechs Maschinen gebaute A-5B Vigilante (Datum des Erstflugs des Prototyps ist der 29. April 1962) war eine Langstreckenversion der A-5A, die einen zusätzlichen Treibstofftank auf der Rumpfoberseite aufwies. Bevor diese Version in Dienst gestellt wurde, wurde jedoch die Einsatzrolle als Bomber aufgegeben, und das Flugzeug wurde dann unter der Typenbezeichnung RA-5C als Aufklärer verwendet. Äußerlich sieht die RA-5C der A-5B-Konfiguration ähnlich. Sie ist mit vier Unterflügel-Aufhängestationen für die Aufnahme von 1260 Liter-Treibstofftanks, Bomben oder Raketen ausgerüstet und besitzt darüber hinaus die in einer langgestreckten, unter dem Rumpf verlaufenden Verkleidung untergebrachte Aufklärungsausrüstung, die aus Kameras, Seitensichtradar etc. besteht. Die erste RA-5C hatte am 30. Juni 1962 Erstflug; die Auslieferung an die US Navy lief 1964 an. Zusätzlich zu den neu gebauten RA-5C wurden alle A-5A und A-5B auf RA-5C-Standard gebracht, und dieser Typ wurde 1969 wieder in die Serienfertigung genommen, um dem durch den Vietnamkrieg entstandenen Bedarf zu genügen. Die gegenwärtige Auftragslage steht bei 46 neuen Flugzeugen, auf die die im Datenblatt angegebenen Werte zutreffen. Frühere RA-5C sind mit J79-GE-8-Triebwerken einer Schubleistung von 7711 kp ausgerüstet.

Northrop F-5   USA

Leichtbaujäger; im Serienbau und im Truppendienst.
Daten und Dreiseitenansicht: F-5A, Foto: CF-5A

Antrieb: 2 General Electric J85-GE-13-Strahltriebwerke
von je 1850 kp Schub (mit Nachverbrennung)
Spannweite: 7,87 m (mit Flügelspitzentanks)
Länge: 14,38 m
Leergewicht: 3667 kg
max. Abfluggewicht: 9379 kg
Höchstgeschwindigkeit: 1488 km/h (Mach 1,4)
in 11 000 m Höhe
max. Reichweite: 2594 km
Unterbringungsmöglichkeit: 1 Pilot (in der F-5B noch ein
Trainer oder Beobachter)
Bewaffnung: 2 20 mm-Kanonen im Rumpfbug, 1 Sidewinder-Luft-Luft-Lenkwaffe an jeder Flügelspitze,
5 Unterflügelstationen unter dem Rumpf und unter der
Tragfläche für bis zu 2812 kg Waffenlast.

Entwicklung und Truppendienst

Die F-5 ging aus einem Projekt hervor, das von
Northrop im Jahre 1954 begonnen wurde, um einen kleinen Leichtbau – Überschalljäger zu entwickeln, der bedeutend billiger als seine „Zeitgenossen" ähnlicher Leistung sein sollte. Der Bau
von drei N-156F begann im Mai 1958 auf privater
Basis, aber später leistete das US-Verteidigungsministerium finanzielle Unterstützung. Der erste
Prototyp hatte am 30. Juli 1959 Erstflug. Die Serienfertigungsverträge wurden vom Verteidigungsministerium auf die N-156 erteilt, die als
F-5A, RF-5A (einsitzig) und F-5B (zweisitzig) im
Rahmen des MAP-Programms an Griechenland,
die Türkei, Marokko, Nationalchina, die Philippinen, Thailand, Südvietnam, Iran, Äthiopien,
Libyen und Südkorea geliefert werden sollten.
Die norwegischen Luftstreitkräfte bestellten 108
Maschinen, darunter die Muster F-5G und die F-
5B für Trainingszwecke. Spanien hat 36 SF-5A
und 34 SF-5B im Einsatz, die von der CASA montiert wurden und von den spanischen Luftstreitkräften als C-9 bzw. CE-9 bezeichnet werden. In
Kanada baut Canadair 89 CF-5A-Einsitzer und 26
CF-5D-Doppelsitzer für die Kanadischen Luftstreitkräfte sowie 75 NF-5A und 30 NF-5B für die
Luftwaffe der Niederlande. Die ersten beiden
Flugzeuge, die aus der Canadair-Montagehalle
rollten, waren CF-5A und wurden 1968 zur Edwards AFB transportiert, um einer ausgedehnten
Flugerprobung unterzogen zu werden. Das dritte Flugzeug – es war die erste F-5, die in Montreal flog – war eine zweisitzige CF-5D, die im August 1968 fertiggestellt war. Eine verbesserte
Version, die als F-5-21 bekannt ist, ist mit Triebwerken höherer Leistung und vielen anderen
neuen Entwurfsmerkmalen ausgestattet und soll
im Rahmen von USAF-Verträgen als F-5E für die
amerikanischen Alliierten gebaut werden. Eine
versuchsweise mit J85-GE-21-Triebwerken von
2268 kp Schub ausgerüstete F-5B hatte am 28.
März 1969 Erstflug. Sie führt die Prototypenbezeichnung YF-5B-21.

Republic F-84F Thunderstreak und RF-84F Thunderflash

USA

Einsitziger Jäger, Jagdbomber und taktisches Aufklärungsflugzeug; im Truppendienst.
Daten: F-84F, Foto: RF-84F, Dreiseitenansicht: F-84F, zusätzliche Seitenansicht (ganz unten) RF-84F

Antrieb: 1 Wright J65-W-3-Strahltriebwerk von 3275 kp Schub
Spannweite: 10,24 m
Länge: 13,22 m
max. Abfluggewicht: 12 700 kg
Höchstgeschwindigkeit: 1118 km/h in Seehöhe
max. Reichweite: über 3220 km
Bewaffnung: 6 0,50 Zoll-MGs und Unterflügelstationen für maximal 2 722 kg Waffenzuladung.

Entwicklung und Truppendienst

Bei Republic begann man 1949 mit der Entwicklung einer Pfeilflügel-Version der sehr erfolgreichen F-84 Thunderjet mit dem Ziel, einen neuen Hochleistungs-Jagdbomber mit einem Minimum an Entwicklungskosten zu schaffen. Der Rumpf der Thunderjet wurde zu diesem Zweck mit gepfeiltem Flügel und Leitwerk versehen. Der Prototyp YF-84F hatte am 3. Juni 1950 Erstflug. Ein zweiter Prototyp wurde statt des Allison J35-Triebwerks mit einem J65 ausgerüstet. Der Ausbruch des Koreakrieges gab den Anstoß für die Aufnahme der F-84F-Serienproduktion. Die Auslieferung an die US Air Force begann 1954, und die Gesamtproduktion belief sich schließlich auf 2711 Maschinen, von denen ungefähr die Hälfte im Rahmen des MDAP-Programms an die NATO-Luftstreitkräfte ging. Kurze Zeit, nachdem die F-84F in Serie ging, entwickelte Republic eine Aufklärerversion dieses Entwurfs, bei der die vorher in der Rumpfspitze sitzenden Lufteinläufe an die Flügelwurzeln verlegt wurden, um den Einbau von Kameras im Bug zu ermöglichen. Diese Version erhielt die Typenbezeichnung RF-84F Thunderflash; von ihr wurden insgesamt 718 Maschinen gebaut, wovon wiederum eine ganze Reihe an Luftstreitkräfte des Auslands geliefert wurde. 25 Thunderflash wurden für das FICON-Projekt des Strategic Air Command mit Spezialausrüstung versehen, um von B-36- „Mutterflugzeugen" aus eingesetzt werden zu können. Diese Flugzeuge führten die Typenbezeichnung RF-84 K. Einige F-84F und RF-84F stehen immer noch im Dienst bei den NATO-Luftstreitkräften, darunter in Belgien, den Niederlanden und in Griechenland. Die meisten Maschinen dieses Typs werden jetzt durch Muster wie Mirage 5, Canadair/Northrop NF-5 und McDonnell Douglas RF-4E ersetzt.

Republic F-105 Thunderchief   USA

Einsitziger taktischer Langstrecken-Jagdbomber; im Truppendienst.
Daten und Foto: F-105D, Dreiseitenansicht: F-105F

Antrieb: 1 Pratt & Whitney J75-P-19-W-Strahltriebwerk von 12 030 kp Schub (mit Nachverbrennung)
Spannweite: 10,65 m
Länge: 20,41 m
Leergewicht: 12 474 kg
max. Abfluggewicht: 23 832 kg
Höchstgeschwindigkeit: Mach 2,25 in 11 000 m Höhe
max. Reichweite: 3330 km
Bewaffnung: 1 General Electric 20 mm-Vulcan-Mehrlaufkanone und mehr als 6350 kg Waffenzuladung unter dem Rumpf und unter der Fläche.

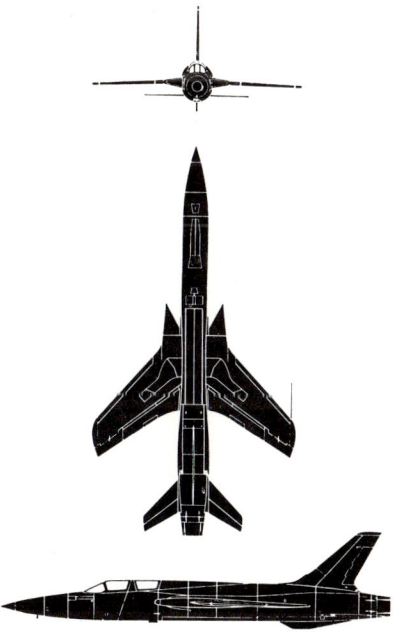

Entwicklung und Truppendienst

Die Entwicklung der F-105 wurde 1954 aufgenommen. Das Entwicklungsziel war ein Überschall-Jagdbomber für das USAF Tactical Air Command. Die zwei Prototypen mit der Typenbezeichnung YF-105A waren mit J75-P-25-Strahltriebwerken ausgerüstet. Der erste hatte am 22. Oktober 1955 Jungfernflug. Die Umrüstung auf das schubstärkere J75-P-3 oder -5-Triebwerk änderte die Typenbezeichnung der nächsten 75 Maschinen auf F-105B. Diese Maschinen erhielten als erste Thunderchief die charakteristischen, nach vorn gepfeilten Lufteinläufe. Drei Versuchsmaschinen mit der Typenbezeichnung RF-105B wurden für die Aufklärer-Einsatzrolle ausgelegt, aber diese Version wurde nicht weiterverfolgt. Die Hauptserienversion war die F-105D, die viele Verbesserungen erhielt und heute die Tactical Air Command-Geschwader in den USA und im Fernen Osten ausrüstet. Der Vorschlag einer Zweisitzer-Version, die F-105E, wurde wieder fallengelassen, doch 1962 wurde eine kleine Anzahl von F-105F – Einsatztrainern in Auftrag gegeben. Diese haben einen um 0,79 m verlängerten Rumpf, ein zweites Cockpit mit Doppelsteuerung und eine größere Flosse. Die erste F-105F hatte am 11. Juni 1963 Erstflug. Die F-105D und F-105F haben eine wichtige Rolle im Luftkrieg in Vietnam gespielt, wo sich ihre Fähigkeit zum Befördern großer Unterflügellasten und ihre Beschußunempfindlichkeit als außerordentlich erwiesen hatten. Durch fortgesetzte Modernisierungen wurde erreicht, daß die F-105 die neuesten Lenkwaffen- und Ausrüstungsentwicklungen, darunter fortgeschrittene elektronische Gegenmaßnahmengeräte aufnehmen kann. 1970 wurden ca. 30 F-105D für den Einbau des neuen Bombenwurfsystems T-Stick II modifiziert, wofür die Elektronik in einer Verkleidung auf der Rumpfoberseite installiert wurde (siehe Foto). Der Erstflug einer T-Stick II-Version fand am 9. August 1969 statt.

SAAB-32 Lansen

Schweden

Zweisitziges Allwetter-Jagdflugzeug, Erd-kampfflugzeug und Foto-Aufklärer; im Truppendienst.
Daten, Foto und Dreiseitenansicht: A 32A

Antrieb: 1 Svenska Flygmotor R.M.5A2 (Rolls-Royce Avon)-Strahltriebwerk von 4500 kp Schub (mit Nachverbrennung)
Spannweite: 13,00 m
Länge: 14,64 m
Leergewicht: 7484 kg
max. Abfluggewicht: 9980 bis 13 000 kg
Höchstgeschwindigkeit: 1127 km/h in Seehöhe
max. Reichweite: 3220 km
Bewaffnung: 4 20 mm-Kanonen und Unterflügelstationen für 2 RB04-Luft-Boden-Lenkwaffen, 1000 kg Bombenzuladung oder bis zu 24 Raketen.

Entwicklung und Truppendienst

Die Lansen, einer der ersten Doppelsitzer der Welt, die die Geschwindigkeit von Mach 1 überschritten (allerdings im Bahnneigungsflug), war hauptsächlich auf die Ausführung von Allwetter-Angriffen gegen See- und Küstenziele ausgelegt. Die vier Prototypen, deren erster am 3. November 1952 Erstflug hatte, waren mit Avon-Triebwerken britischen Ursprungs ausgerüstet; diese wurden jedoch bei den ersten Serienmustern durch die in Schweden gebauten Avon R.A.FR (R.M.5A2) mit Nachverbrennung ersetzt. Die mit A 32A bezeichneten Serienflugzeuge gingen beginnend mit 1955 an die Truppe. Ca. 280 Stück wurden davon gebaut und stehen heute noch bei den vier Angriffgeschwadern (10 Staffeln) im Einsatz, bis sie von der Viggen ersetzt werden. Das nächste Lansen-Modell, das in Serie ging, war der zweisitzige Nacht- und Allwetterjäger J 32B, der am 7. Januar 1957 Erstflug hatte. Obwohl er äußerlich der A 32A gleicht, ist er mit einem in Schweden gebauten Avon-Nachbrennertriebwerk der Serie 200 (6890 kp Schub), das in Schweden R.M.6B heißt und mit schwererer Bewaffnung ausgerüstet ist, bestückt. Die 20 mm-Kanonen wurden bei dieser Version durch vier 30 mm-Kanonen ersetzt, und dazu kamen noch Unterflügel – Aufhängestationen für Sidewinder-Lenkwaffen oder Raketenbehälter.
Diese Version, von der ca. 150 Stück gebaut wurden, nahm im Juli 1958 den Truppendienst auf. 1970 flogen noch drei Staffeln die J 32B, und man nimmt an, daß sie dort noch einige Jahre Dienst tun sollen. Die dritte Version der Lansen ist die von einem R.M.5-Triebwerk angetriebene Aufklärervariante S 32C, die in einer modifizierten Rumpfspitze Kameras mitführt. Der Erstflug der S 32C fand am 26. März 1957 statt. Ungefähr 35 Maschinen dieses Typs wurden gebaut. Sie stehen noch heute bei zwei Staffeln der schwedischen Luftwaffe im Einsatz.

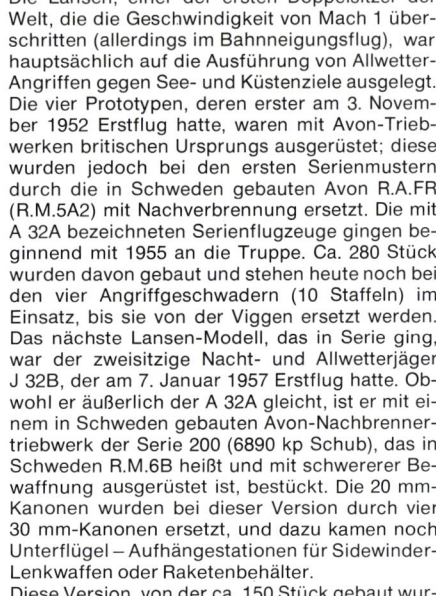

SAAB-35 Draken   Schweden

Einsitziges Jagd-, Aufklärungs- und zweisitziges Trainingsflugzeug; im Serienbau und Truppendienst.
Daten: J 35D, Foto: SAAB-35XD, Dreiseitenansicht: J 35F

Antrieb: 1 Svenska Flygmotor R.M.6C (Avon 300)-Strahltriebwerk von 7800 kp Schub (mit Nachverbrennung)
Spannweite: 9,40 m
Länge: 15,35 m
max. Abfluggewicht: 10 220 bis 12 270 kg
Höchstgeschwindigkeit: 2124 km/h (Mach 2) in 11 000 m Höhe
Bewaffnung: 2 30 mm-Kanonen (wahlweise); Unterflügelstationen und Unterrumpfstationen für 4 Sidewinder-Luft-Luft-Lenkwaffen, 1000 kg Bomben oder Raketen.

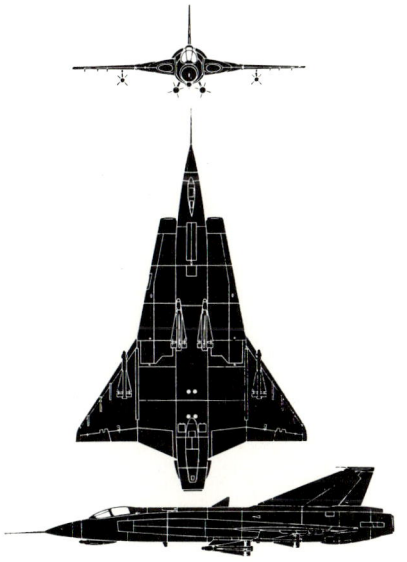

Entwicklung und Truppendienst

Ebenso wie die Lansen wurde die Draken darauf ausgelegt, von Hilfspisten, die von Teilstücken des schwedischen Hauptstraßennetzes gebildet werden, zu starten. Der großflächige Doppel-Deltaflügel trägt zu den kurzen Start- und Landestrecken der Draken bei. Die letzten Draken-Versionen haben eine Steigrate von fast 203 m/s. Der erste von insgesamt drei Draken-Prototypen, der noch mit aus Großbritannien importierten Avon-Triebwerken ausgerüstet war, startete am 25. Oktober 1955 zum Erstflug. Das erste Serienmuster des für die schwedischen Luftstreitkräfte bestimmten J 35A-Interzeptors flog am 15. Februar 1958 erstmals; es war bereits mit einem in Schweden gebauten R.M.6B (Avon Series 200) einer Schubleistung von 6894 kp ausgerüstet. Diese Version ging 1960 in den Truppendienst. Auf sie folgte die J 35B, die am 29. November 1959 den Jungfernflug durchführte und ein fortgeschrittenes Feuerleitsystem für Kollisionskurs-Taktik aufwies. Diese Version nahm 1961 den Dienst auf, aber die meisten J 35A und B wurden schließlich auf J 35D-Standard gebracht, wie er im Datenblatt angegeben ist. Die wichtigsten Verbesserungen sind das leistungsstärkere Triebwerk, der verbesserte Autopilot und die vergrößerte Treibstoffkapazität. Der J 35D-Prototyp hatte am 27. Dezember 1960 Erstflug – die Serienversion wurde 1964 einsatzbereit. Einige J 35A wurden ferner in die mit Doppelsteuerung ausgerüstete zweisitzige Trainervariante SK 35C umgebaut, um die Neuproduktion zu ergänzen. Die S 35E schließlich ist die Aufklärungsversion der Draken mit Kameras in der Rumpfspitze. Die gegenwärtige Serienversion für die schwedischen Luftstreitkräfte führt die Bezeichnung J 35F, die im wesentlichen der J 35D entspricht, aber ein verbessertes Feuerleitsystem aufweist und mit einem 30 mm-Kanone und/oder zwei bis vier Falcon-Luft-Luft-Lenkwaffen bestückt ist. Die F wird in größeren Fertigungszahlen als ihre Vorgängermuster gebaut, und Schwedens 18 Allwetterjägerstaffeln sind gegenwärtig mit Draken ausgerüstet.
Die ersten Auslandsaufträge lauteten auf 40 SAAB 35XD mit bedeutend erhöhter Waffenzuladung und Reichweite, und auf sechs SAAB 35XT (zweisitzige Trainer für Dänemark) sowie 12 SAAB 35XS-Einsitzer (für Finnland). Das Bruttogesamtgewicht dieser Einsitzer der X-Baureihe beträgt mit neun 1000 lb-Bomben 16 000 kg. Einige der dänischen Flugzeuge weisen eine Aufklärungs-Rumpfspitze wie die S 35E auf.

SAAB-37 Viggen

Schweden

Einsitziges Mehrzweck-Kampfflugzeug und zweisitziges Trainingsflugzeug; im Serienbau. Daten und Dreiseitenansicht: AJ 37. Foto: SK 37

Antrieb: 1 Volvo Flygmotor R.M.8 (Pratt & Whitney JT8D-22)-Zweikreistriebwerk von 12 000 kp (mit Nachverbrennung)
Spannweite: 10,60 m
Länge: 16,30 m
max. Abfluggewicht (normal): 16 000 kg
Höchstgeschwindigkeit: 2 120 km/h (Mach 2)
in 11 000 m Höhe
Bewaffnung: 3 Stationen unter dem Rumpf und 2 unter jedem Flügel für die Aufnahme von RB04- oder RB05-Luft-Boden-Lenkwaffen oder, als Alternativbewaffnung, 30 mm-Kanonenbehälter, Bomben, Raketen oder Minen.

Entwicklung und Truppendienst

Es ist keine Übertreibung, wenn man die Viggen als reines Mehrzweck-Kampfflugzeug bezeichnet, denn dieses Muster soll die gesamten Flugzeuge ersetzen, die zur Zeit von den schwedischen Luftstreitkräften für Erdkampf, Abfangjagd und Aufklärung eingesetzt werden, nämlich die A 32A Lansen, die J 32B Lansen, die J 35 Draken und die S 32C Lansen. Nachdem SAAB bereits auf dem Sektor des Doppeldeltaflügels eine Pionierrolle gespielt hat, hat man sich jetzt mit der Viggen einem noch fortgeschritteneren aerodynamischen Konzept zugewendet, das einen mit Klappen ausgerüsteten Vorflügel zusammen mit einem Hauptdeltaflügel aufweist. Diese aerodynamische Auslegung und das sehr leistungsstarke Triebwerk verleihen der Viggen STOL-Eigenschaften, so daß auch sie von Straßenstücken oder Startbahnen einer Länge von nur 500 m eingesetzt werden kann. Der erste von insgesamt sieben gebauten Prototypen hatte am 8. Februar 1967 Erstflug, und als am 2. Juli 1970 der zweisitzige Tandem-Trainer SK 37 seinen Erstflug absolvierte, waren alle Prototypen fertiggestellt. Der Anfangs-Serienauftrag, der im März 1967 bekanntgegeben wurde, lautete auf 83 Erdkampf-Einsitzer AJ 37 und 17 SK 37-Trainer; im April 1968 wurden weitere 67 AJ 37 und 8 SK 37 bestellt. Wie ihre Typenbezeichnung zu erkennen gibt, kann die AJ 37 auch als Interzeptor eingesetzt werden. Weitere Viggen-Versionen sind der einsitzige JA 37-Interzeptor, der auch für Erdkampfeinsätze verwendet werden kann und die einsitzige Aufklärervariante S 37. Die AJ 37 hat 1971 den Dienst bei der Truppe aufgenommen, nachdem am 23. Februar 1971 die erste Serienversion ihren Erstflug absolviert hatte.

SAAB-105   Schweden

Zweisitziger Anfangstrainer und leichtes Kampfflugzeug; im Serienbau und im Truppendienst.

Daten und Foto: SAAB-105Ö, Dreiseitenansicht: SK 60C

Antrieb: 2 General Electric J85-GE-17B-Strahltriebwerke von je 1293 kp Schub
Spannweite: 9,50 m
Länge: 10,80 m
Leergewicht: 2565 kg
max. Abfluggewicht: 6500 kg
Höchstgeschwindigkeit: 970 km/h in Seehöhe
Reichweite: 3020 km in 11 000 m Höhe mit Außenbehältern
Bewaffnung: 6 Unterflügelstationen für bis zu 2000 kg Waffenlast aus 30 mm-Kanonenbehältern oder Miniguns, Raketen, Bomben, Sidewinder- oder RB05-Lenkwaffen.

Entwicklung und Truppendienst

Obwohl die SAAB-105 hauptsächlich als militärischer Zweisitzer eingesetzt wird, ist sie darüber hinaus auch ein leichtes Mehrzweckflugzeug, in dem zwei weitere Personen auf hinter der Besatzungssitzen liegenden Sitzen Platz finden. Die SAAB-105 wurde auf Privatinitiative entwickelt, und der erste von den beiden gebauten Prototypen flog am 29. Juni 1963 erstmals. Anfang des darauffolgenden Jahres erhielt die Firma SAAB vom Royal Swedish Air Board einen Auftrag auf 130 Serienmaschinen zugesprochen, die als Antrieb je zwei Turboméca Aubisque-Zweikreistriebwerke von je 744 kp Schub erhalten sollten. Später wurden weitere 20 Einheiten bestellt. Das erste Serienflugzeug hatte am 27. August 1965 Erstflug, und die Auslieferung des Anfangstrainers SK 60 an die schwedischen Luftstreitkräfte begann im Frühjahr 1966. Alle SAAB-SK 60 können in Kampfflugzeuge umgebaut werden. Einige wurden von der Luftwaffe an SAAB rückgeliefert, um dort mit Aufhängevorrichtungen für Waffen und mit einem Zielvisier versehen zu werden. In dieser Form führen die Flugzeuge die Typenbezeichnung SK 60B. Obwohl diese Version noch immer in der Hauptsache für militärische Trainingszwecke zum Einsatz gelangt, ist sie sehr rasch auf die Kampf-Konfiguration zu bringen. Ferner wurde eine kleinere Zahl von SK 60A auf SK 60B-Standard gebracht; diese Maschinen sind später mit einer permanenten Panorama-Aufklärungskamera ausgestattet worden (siehe Dreiseitenriß). Der Prototyp dieser Version, die SK 60C, flog am 18. Januar 1967 erstmals. Auch diese Variante ist voll als Kampfmuster einsatzfähig. Die österreichischen Luftstreitkräfte haben 40 SAAB-105Ö bestellt (das ist eine Version des Exportmusters SAAB-105XT), die General Electric J85-Triebwerke, größere Waffenzuladung und höhere Flugleistungen besitzt (siehe Datenblatt). Die erste SAAB-105Ö hatte am 17. Februar 1970 Erstflug, und kurz darauf lief auch die Auslieferung an die Truppe an.

Shin Meiwa PS-1   Japan

STOL-U-Boot-Kampf-Flugboot; im Serienbau und im Truppendienst.

Antrieb: 4 Ishikawashima-Harima (General Electric) T64-IHI-10-Turboproptriebwerke von je 2850 shp
Spannweite: 33,14 m
Länge: 33,50 m
Leergewicht: 26 300 kg
max. Abfluggewicht: 43 000 kg
Höchstgeschwindigkeit: 547 km/h in 1500 m Höhe
Überführungsreichweite: 4744 km bei einer Geschwindigkeit von 315 km/h
Unterbringungsmöglichkeit: 10 Mann Besatzung, darunter 2 Piloten, 1 Flugingenieur, 2 Sonar-Operatoren, 1 Navigator, 1 MAD-Operator, 1 Funk- und 1 Radar-Operator und ein sogenannter taktischer Koordinator.
Bewaffnung: 2 Unterflügelbehälter zwischen jedem Triebwerkgondel-Paar enthalten je 2 Zielsuchtorpedos; 6 5 Zoll-Raketen unter den Flügelspitzen; 4 150 kg-U-Boot-Kampfbomben im Bombenschacht.

Entwicklung und Truppendienst

Dieses neue Großflugboot stellt in einer Zeit, da die meisten U-Boot-Kampfflugzeuge entweder von Land oder von Flugzeugträgern aus eingesetzt werden, eine wirkliche Seltenheit dar. Es weist viele neuen Entwurfsmerkmale auf, zu denen die PS-1 mit eigener Kraft vom Wasser an Land rollen kann. Eine General Electric T58-IHI-8B-Wellenturbine ist im oberen Mittelteil des Rumpfs installiert, um komprimierte Luft für die Anblasung der Klappen und Leitwerksflächen zu liefern, was in hohem Maß zu den hervorragenden STOL-Leistungen der PS-1 beiträgt. Die PS-1 hebt bei ruhiger See nach ca. 275 m Rollstrecke ab und hat eine Landestrecke von weniger als 185 m. Der Entwurf dieses Flugboots wurde so ausgelegt, daß es bis zu einer Windgeschwindigkeit von 46 km/h und bis zu einer Wellenhöhe von 4 m normal operieren kann, bei Bedingungen also, die den normalen Verhältnissen bei rauher See im Pazifischen Ozean in der Nähe Japans entsprechen. Die PS-1 kann ferner sehr oft hintereinander landen bzw. starten, um zum Zweck der U-Boot-Suche das große Sonargerät zu Wasser zu bringen. Zur weiteren Einsatzausrüstung der PS-1 gehören ein Suchscheinwerfer, ein im Rumpfbug untergebrachtes Suchradar, ein Gerät zur Aufspürung magnetischer Anomalien (MAD), Sonarbojen und Gerät für elektronische Gegenmaßnahmen. Der als PX-S bekannte Prototyp flog am 5. Oktober 1967 erstmals, der zweite Prototyp startete Mitte 1968 zum Jungfernflug. 14 Serienmuster sollen im Zeitraum von 1971 bis 1973 an die japanischen Selbstverteidigungs-Streitkräfte (Marine) geliefert werden. Ca. 1976 sollen weitere 15 Bestellungen folgen.

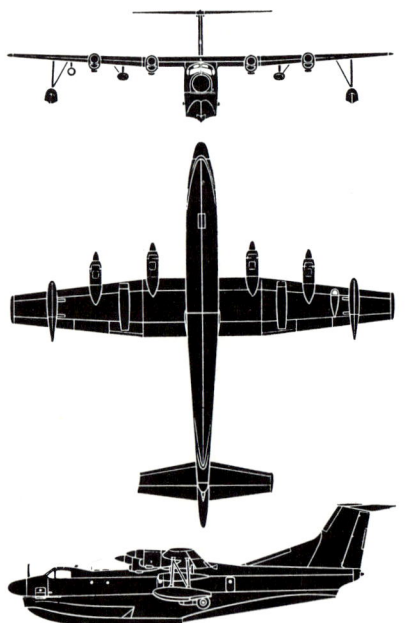

Short Belfast C.Mk.1   Großbritannien

Schweres strategisches Transportflugzeug; im Truppendienst.

Antrieb: 4 Rolls-Royce Tyne R.Ty. 12-Turboproptriebwerke von je 5730 eshp.
Spannweite: 48,42 m
Länge: 41,69 m
max. Abfluggewicht: 104 326 kg
max. Marschgeschwindigkeit: 566 km/h in 7315 m Höhe
max. Reichweite: 8530 km bei 539 km/h
Unterbringungsmöglichkeit: 5 Mann Besatzung; bis zu 35 380 kg Fracht, darunter große Kanonen, Fahrzeuge und Lenkwaffen, die von der britischen Armee und der Royal Air Force verwendet werden.
Bewaffnung: keine.

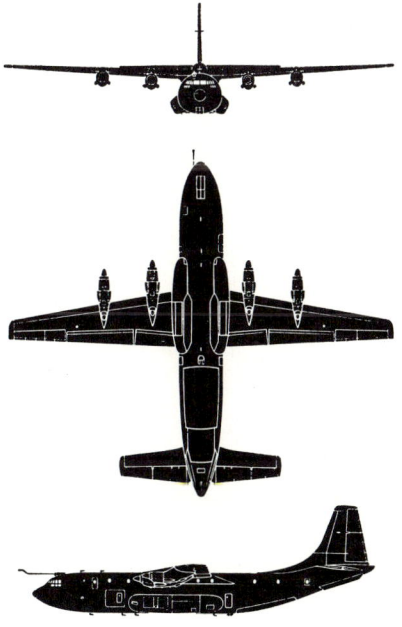

Entwicklung und Truppendienst

Im Dezember 1960 brachte die Royal Air Force die Vertragsverhandlungen mit der Firma Short Brothers & Harland bezüglich der Lieferung von 10 strategischen Frachtflugzeugen zum Abschluß, die damals gerade die Typenbezeichnung Belfast C.Mk.1 erhalten hatten statt der Bezeichnung Britannic, unter der diese Flugzeuge vorher bekannt gewesen waren. Der Entwurf der Belfast basierte ursprünglich auf dem Verkehrsflugzeug Bristol Britannia, aber heute haben beide Flugzeuge zellenseitig nur wenig mehr als einen Teil der Flügel-Grundstruktur miteinander gemeinsam. Zu der hochkomplizierten, in der Belfast installierten Ausrüstung gehört ein für Schlechtwettereinsatz ausgelegtes automatisches Landesystem, und im Juni 1970 konnte die Belfast als erstes Militärsportflugzeug der Welt überhaupt für automatische Landungen („Hands off") unter Einsatzbedingungen zugelassen werden. Die Bauarbeiten an der ersten Belfast liefen im Oktober 1959 an; der Erstflug fand am 5. Januar 1964 statt. Die Auslieferung an das RAF Support Command (früher Transport Command) lief am 20. Januar 1966 an, als die erste Belfast der No.53 Squadron in Brize Norton übergeben wurde. Diese Staffel setzt ihre Belfast hauptsächlich als Frachter ein, obwohl die Maschine für die Umrüstung in einen Truppentransporter (150 Mann oder bei Verwendung eines ausbaubaren Oberdecks 250 Mann) ausgelegt wurde.

Sikorsky S-56 (H-37, CH-37, Mojave)   USA

Transporthubschrauber; im Truppendienst.

Antrieb: 2 Pratt & Whitney R-2800-54-Kolbenmotoren
von je 2100 hp
Rotordurchmesser: 21,94 m
Rumpflänge: 19,76 m
Leergewicht: 9450 kg
max. Abfluggewicht: 14 061 kg
Höchstgeschwindigkeit: 209 km/h
Reichweite: 233 km
Unterbringungsmöglichkeit: 36 voll ausgerüstete Solda-
ten, Armeefahrzeuge oder Nachschubgüter.
Bewaffnung: keine.

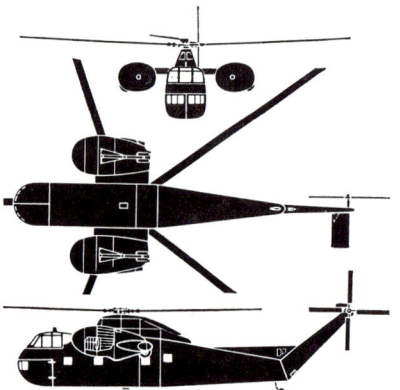

Entwicklung und Truppendienst

Sikorsky startete die Entwicklung des S-56 – im
übrigen der erste Hubschrauber mit zwei Triebwerken, den das Unternehmen baute –, um einer
Anforderung der US-Marine nach einem schweren Transporthubschrauber mit Schnellbelade-
möglichkeit nachzukommen. Diese Forderung
erfüllte man bei Sikorsky durch die Installation
einer vorderen Ladetür und einer Laufschiene an
der Kabinendecke mit einer Winde von 970 kg
Tragfähigkeit. Der S-56-Prototyp wurde im Rahmen eines Navy-Auftrags gebaut, war aber für die
Marine bestimmt; er führte die Typenbezeichnung XHR2S-1 und startete am 18. Dezember
1953 zum Erstflug. Die Serienmuster HR2S-1 für
das Marine Corps entsprachen im wesentlichen
dem Prototyp. Erstflugdatum für das Serienmodell war der 25. Oktober 1955; die Auslieferung
begann im Juli 1956. Ca. 60 Maschinen wurden
an die Truppe geliefert, und die noch im Dienst
stehenden Muster wurden 1962 in CH-37C umbenannt. Einige wenige Exemplare wurden unter
der Bezeichnung HR2S-1W an die US Navy geliefert – diese Maschinen sind mit in einer großen
Rumpfbugverkleidung untergebracht em AN/APS-
20E-Radar ausgerüstet und werden für Früh-
warn-Aufklärungsmissionen eingesetzt. Nach
der Evaluation einer HR2S-1 im Jahre 1954 kaufte die US Army 94 Sikorsky S-56 für Transporteinsätze (Army-Bezeichnung H-37A Mojave).
Zwischen Juni 1961 und Ende 1962 modifizierte
Sikorsky 90 Maschinen dieses Typs zur H-37B-
Konfiguration (jetzige Bezeichnung CH-37B), die
mit einem Autostabilisierungssystem von Lear
und aufschlagsicheren Treibstofftanks ausgerüstet war und auch im Schwebeflug be- und
entladen werden konnte. Viele dieser Versionen
wurden als Schwerlasthubschrauber in Vietnam
eingesetzt, insbesondere zur Bergung von abge-
schossenen Flugzeugen. Einige Maschinen stehen heute noch bei der US Army in Europa im
Einsatz.

Sikorsky S-58   USA
(H-34 Seabat, Choctaw, Seahorse)

**Mehrzweck- und U-Boot-Kampfhubschrauber;
im Truppendienst.**

Antrieb: 1 Wright R-1820-84-Kolbenmotor von 1525 hp
Rotordurchmesser: 17,07 m
Rumpflänge: 14,25 m
Leergewicht: 3515 bis 3745 kg
max. Abfluggewicht: 6350 kg
Höchstgeschwindigkeit: 198 km/h in Seehöhe
Reichweite: 418 km bei 158 km/h
Unterbringungsmöglichkeit: 12 Passagiere (CH-34, UH-34); 4 Mann Besatzung (SH-34)
Bewaffnung: In der SH-34 können U-Boot-Bekämpfungswaffen mitgeführt werden.

Entwicklung und Truppendienst

Die US Navy erteilte der Firma Sikorsky am 30. Juni 1952 den Auftrag zum Bau eines Prototyps eines U-Boot-Kampfhubschraubers. Dieser Prototyp, der die Bezeichnung XHSS-1 führte, hatte am 8. März 1954 Erstflug und war das erste Exemplar der Sikorsky-S-58-Baureihe. Nach Auslaufen der Fertigung dieses Typs waren insgesamt 1821 Maschinen gebaut, also mehr, als je von einem anderen Sikorsky-Typ hergestellt wurden. Die US Navy-Versionen waren der seit August 1955 in Dienst stehende SH-34G Seabat, der mit Autostabilisationsgerät bestückte und andere Verbesserungen aufweisende SH-34J, der nur in einem Prototyp gebaute, mit zwei General Electric T58-Wellenturbinen ausgerüstete SH-34H und der für Kaltwetterbetrieb ausgestattete LH-34D. Bei den US Marines stehen im Einsatz: der Mehrzweck-Transporthubschrauber UH-34D Seahorse, der mit Amphibienfahrwerk ausgerüstete UH-34E und der für den Transport von wichtigen Persönlichkeiten vorgesehene VH-34D. Die Navy-Versionen wurden später auch in einer Mehrzweck-Einsatzrolle verwendet (als UH-34G und UH-34J). Sechs HH-34F wurden der Coast Guard zur Verfügung gestellt; die US Army-Varianten waren der CH-34A und der CH-34C Choctaw. Darüber hinaus hat Sikorsky eine ganze Reihe von S-58 an Streitkräfte des Auslands geliefert, darunter Argentinien, Brasilien, Kanada, Chile, die Bundesrepublik, Italien, Israel, Japan, die Niederlande und Thailand. Für die französische Armee und Marine baute Sud-Aviation 166 S-58; Belgien erhielt fünf S-58 aus französischer Produktion. Die britische Firma Westland fertigte den S-58 unter der Bezeichnung Wessex (siehe dort).
Sikorsky bietet den jetzigen S-58-Haltern einen Umbausatz an, der aus der 1800 shp-Einheit Pratt & Whitney PT6 Twin-Pac (zwei gekoppelte PT6-Turbinen) besteht. Der Prototyp dieser turbinengetriebenen S-58T hatte im Sommer 1970 Erstflug.

Sikorsky S-61B (H-3 Sea King)　　　　USA

**U-Boot-Bekämpfungs- und Transporthub-
schrauber; im Serienbau und im Truppendienst.
Daten und Dreiseitenansicht: SH-3D, Foto:
SH-3A**

Antrieb: 2 General Electric T58-GE-10-Wellenturbinen
von je 1400 shp
Rotordurchmesser: 18,90 m
Rumpflänge: 16,69 m
Leergewicht: 5382 kg
max. Abfluggewicht: 8449 kg
Höchstgeschwindigkeit: 267 km/h
Reichweite: 1005 km
Unterbringungsmöglichkeit: 4 Mann Besatzung (SH-3D)
Bewaffnung: 380 kg an Zielsuchtorpedos, Wasserbom-
ben, usw. (nur im SH-3D).

Entwicklung und Truppendienst

Der Sikorsky S-61 wurde anfänglich entwickelt,
um die US Navy mit einem U-Boot-Kampfhubschrauber auszurüsten, der die vorher von ge-
trennten Hubschraubern ausgeführten Einsatzrollen der U-Boot-Jagd und der U-Boot-Bekämpfung zusammenfassen sollte. Dazu war
notwendigerweise Allwettertauglichkeit und eine
genügend hohe Triebwerkleistung erforderlich,
um das Suchradar und die Waffenzuladung transportieren zu können. Der S-61 wurde für die Aufnahme von zwei T58-Wellenturbinen ausgelegt
und erhielt für die notwendigen Schwimmanöver
einen wasserdichten Bootskörper. Der Prototyp
(Bezeichnung XHSS-2) hatte am 11. März 1959
Erstflug, und die Auslieferung an die U-Boot-
Kampfstaffeln startete mit September 1961. Im
Juli 1962 wurde die Typenbezeichnung von HSS-
2 in SH-3A Sea King geändert, und diese Version
ist mit T58-GE-8B-Wellenturbinen einer Leistung
von 1250 shp ausgerüstet. Neun SH-3A wurden,
indem man Minenräumgerät installierte, zu RH-
3A modifiziert. Ein weiterer Umbau ist der Such-
und Rettungshubschrauber HH-3A. Acht mit
Spezialausrüstung ausgestattete Versionen (früher HSS-2Z, jetzt VH-3A) werden vom Executive
Flight Detachment, das in Washington stationiert
ist, für den Transport von Führungskräften eingesetzt; davon stehen sechs den Marines und
zwei der Army zur Verfügung. 41 HSS-2 wurden
von der japanischen Marine bestellt, werden jedoch von der japanischen Firma Mitsubishi montiert. Der SH-3D, der mit leistungsstärkeren Triebwerken ausgerüstet ist, erschien 1965; er wird
auch in Italien von Agusta für die italienische Marine produziert. In Großbritannien baut Westland
eine mit Gnome-Triebwerken ausgerüstete Version (siehe unter Westland Sea King). Die spani-
sche Marine hat sechs von Sikorsky gebaute SH-
3D im Einsatz. Die Marine Brasiliens hat vier Maschinen dieses Typs bestellt. Die Luftstreitkräfte
Dänemarks beschafften neun S-61-Transport-
hubschrauber (ähnlich dem SH-3A) für die Ausführung von Langstrecken-See-Luft-Rettungs-
einsätzen. Die Luftwaffe Malaysias hat 16 S-61A-
4 Nuri-Transporthubschrauber (je 31 Sitze) im
Einsatz.

Sikorsky S-61R (H-3C)   USA

**Truppentransport- und Rettungshubschrauber;
im Serienbau und im Truppendienst.**

Antrieb: 2 General Electric T58-GE-1-Wellenturbinen
von je 1300 shp
Rotordurchmesser: 18,90 m
Rumpflänge: 17,45 m
Leergewicht: 5635 kg
max. Abfluggewicht: 10 000 kg
Höchstgeschwindigkeit: 265 km/h in Seehöhe
Reichweite: 780 km bei einer Geschwindigkeit von
243 km/h
Unterbringungsmöglichkeit: 2 bis 3 Mann Besatzung,
30 Soldaten, 15 Tragbahren oder 2268 kg Fracht.
Bewaffnung: keine.

Entwicklung und Truppendienst

Diese Version des S-61 (siehe auch Seite vorher)
wurde entwickelt, um einer Forderung der US Air
Force nach einem Mehrzweckhubschrauber zu
entsprechen. Dem Erstauftrag auf den CH-3C
(Modell S-61R) ging eine Bewertung auf sechs
S-61A durch die US Air Force voraus, die sie von
der US Navy zur Verfügung gestellt bekam (Typenbezeichnung CH-3B). Diese Maschinen waren eigentlich SH-3A der Navy, die sie als Ver-
sorgungshubschrauber mit 27 Sitzen zwischen
der Küste und Radartürmen im Atlantik einsetzte. Der CH-3C ist wie der S-61A ein Amphibien-
hubschrauber, weist jedoch einige Änderungen
auf, darunter neue Stabilisierungsschwimmer,
eine hydraulisch bediente Heckladerampe und
eine bordinstallierte Hilfsturbine. Dem US Air
Force-Anfangsauftrag auf 22 CH-3C, der am 8.
Februar 1963 plaziert wurde, folgten Bestellungen auf 111 Maschinen dieses Musters, nachdem
es im Juli 1963 ausgewählt worden war, um die
erneute Forderung der US Air Force nach einem
Langstrecken - Unterstützungshubschraubersy-
stem zu erfüllen. Der erste S-61R hatte am 17.
Juni 1963 Erstflug, und auf diesen zivilen Prototyp folgte einige Wochen später der erste CH-3C.
Die Auslieferung an die US Air Force startete am
30. Dezember 1963. Im Februar 1966 wurde die
Produktion auf den mit 1500 shp leistenden T58-
GE-5-Turbinen ausgerüsteten CH-3E umgestellt.
Alle als CH-3C ausgelieferten Maschinen wurden
daraufhin auf CH-3E- oder HH-3E-Standard umgerüstet, wobei der letztere Typ an den US Air
Force Air Rescue Service ging und mit gepan-
zerter Zelle, abwerfbaren Treibstofftanks und einer Rettungswinde ausgestattet war. Zu Beginn
des Jahres 1970 belief sich die Zahl der ausgelieferten Maschinen auf 83 CH-3E und 35 HH-3E.
Der HH-3F steht als Version für ausgedehnte
Such- und Rettungsoperationen bei der US Coast
Guard in Dienst, die 22 Maschinen dieses Typs
erhielt.

Sikorsky S-64 Skycrane (CH-54 Tarhe)   USA

Schwerlasthubschrauber; im Serienbau und im Einsatz.

Antrieb: 2 Pratt & Whitney T73-P-1-Wellenturbinen von je 4500 shp
Rotordurchmesser: 21,95 m
Rumpflänge: 21,41 m
Leergewicht: 8724 kg
max. Abfluggewicht: 19 050 kg
Höchstgeschwindigkeit: 204 km/h
Reichweite: 407 km
Bewaffnung: keine.

Entwicklung und Truppendienst

Der sehr funktionell konstruierte Skycrane besteht im wesentlichen aus einer „Rückgrat"-Struktur, die an ihrer vorderen Seite eine Kabine für drei Mann Besatzung, zwei Wellenturbinen und das Hauptrotorsystem über dem Schwerpunkt, und am hinteren Ende des Heckrotorsystem aufweist. Die Unterseite der Rumpfkonstruktion ist abgeflacht, so daß sperrige Frachtgüter ganz nahe am Rumpf zwischen den weit ausladenden Hauptfahrwerkbeinen transportiert werden können. Die Nutzlast kann an strukturell verstärkten Aufhängepunkten befestigt werden, wird jedoch zumeist in austauschbaren Einheits-Militärbehältern (Universal Military Pods) untergebracht, von denen jeder z.B. 45 voll ausgerüstete Soldaten, 24 Tragbahren, eine voll ausgerüstete Krankenstation oder eine Gefechtskommando- bzw. Fernmeldestation aufnehmen kann. Der erste von insgesamt drei S-64A-Prototypen hatte am 9. Mai 1962 Erstflug. Die zweite und dritte Maschine gingen in die Bundesrepublik, wo sie von den Streitkräften einer Evaluation unterzogen wurden. Im Juni 1963 bestellte die US Army sechs Maschinen unter der Bezeichnung YCH-54A, um das Schwerlasthubschrauber-Konzept im Hinblick auf die Unterstützung der Gefechtsfeld-Beweglichkeit der Truppe zu untersuchen. Fünf Exemplare davon wurden im Juni 1964 an die 748th Aviation Company ausgeliefert, und nach einer vollen Einsatzerprobung der YCH-54A in Vietnam bestellte die Army ca. 60 Serienmaschinen CH-54A. In Vietnam wurden von diesen Hubschraubern Lasten bis zu 9072 kg Gewicht transportiert, darunter gepanzerte Fahrzeuge und 87 in einem LKW untergebrachte Soldaten. Ca. 380 beschädigte Flugzeuge wurden bis Mitte 1970 von ihnen geborgen. Zwei CH-54B mit 4800 shp T73-P-100-Triebwerken und einem Bruttogesamtgewicht von 21 319 kg wurden 1969 von der Army für weitere Evaluationszwecke beschafft.

Sikorsky S-65A (H-53 Sea Stallion) USA

Schwerer Transporthubschrauber; im Serienbau und im Truppendienst.
Daten: CH-53D, Foto: CH-53DG

Antrieb: 2 General Electric T64-GE-413-Wellenturbinen von je 3925 shp
Rotordurchmesser: 22,02 m
Rumpflänge: 20,47 m
Leergewicht: 10 653 kg
max. Abfluggewicht: 19 050 kg
Höchstgeschwindigkeit: 315 km/h
Reichweite: 413 km
Unterbringungsmöglichkeit: 3 Mann Besatzung, bis zu 64 Soldaten, 24 Tragbahren oder entsprechende Innen- und Außenlasten.
Bewaffnung: keine.

Entwicklung und Truppendienst

Der S-65A gehört einer ganzen Baureihe von Großhubschraubern an, die mit dem S-60 ihren Anfang nahm. Dieser Hubschrauber war mit dem

Rotor- und Antriebssystem des S-56 sowie mit einem „Mini"-Rumpf ausgestattet und sollte eine Außenlast von sechs Tonnen transportieren können. Diese Idee wurde im S-64A Skycrane verwirklicht, der von zwei 4500 shp leistenden Pratt & Whitney T73P-1-Turbinen ausgerüstet ist (siehe Seite vorher). Basierend auf der S-64-Erfahrung, wurden bei Sikorsky die Konstruktionsarbeiten am schweren Hubschrauber S-65 aufgenommen, für den eine Bedarfsmeldung der Marine vorlag. Im August 1962 wurde ein Auftrag auf Erstellung einer Attrappe, einer statischen Bruchzelle und zweier Flugprototypen erteilt (Typenbezeichnung CH-53A), und der erste Prototyp hatte am 14. Oktober 1964 Erstflug. Die Auslieferung dieser Version begann Mitte 1966, und seit 1967 standen Hubschrauber vom Typ CH-53A auch im Vietnam-Einsatz. Die Haupteinsatzrolle ist der Frachttransport, darunter Ladegüter wie beispielsweise ein 1,5 Tonnen-LKW mit Anhänger, ein Lenkwaffensystem vom Typ Honest John oder eine 105 mm-Haubitze. Die Heckladetore unterhalb des Heckrotorträgers bieten direkten Zugang ins Rumpfinnere. Der Rumpf ist abgedichtet, so daß – zur Stabilisierung sind auch seitliche Schwimmer vorhanden – der CH-53A im Notfall auch auf Wasser niedergehen kann. Im September 1966 übernahm die US Air Force eine bewaffnete, mit 3080 shp T64-GE-3-Triebwerken, außenliegenden, abwerfbaren Treibstofftanks, einer Luftbetankungssonde und einer Rettungswinde ausgerüstete Version, die beim Aerospace Rescue and Recovery Service im Einsatz steht. Dieser Auftrag umfaßte acht Maschinen, die die Typenbezeichnung HH-53B führen. Der erste HH-53B hatte am 15. März 1967 Erstflug. Später folgte die Version HH-53C, die von T64-GE-7-Turbinen angetrieben wurde. Die gegenwärtige Serienversion für die Marines ist der CH-53D (siehe Datenblatt). Die deutschen Heeresflieger erhalten 135 ähnliche CH-53DG, die in Deutschland montiert und zum Teil auch gefertigt werden. Israel hat acht CH-53 erhalten, und die österreichischen Luftstreitkräfte setzen zwei S-65-Oe in den Alpen für Rettungsmissionen ein. Unter einem US Navy-Kontrakt wird eine dreimotorige Version der Sea Stallion mit der Typenbezeichnung CH-53E entwickelt.

Soko Jastreb

Jugoslawien

**Einsitziges leichtes Kampfflugzeug; im Serien-
bau und im Truppendienst.**

Antrieb: 1 Rolls-Royce Bristol Viper 531-Strahltriebwerk
von 1360 kp Schub
Spannweite: 10,56 m mit Flügelspitzentanks
Länge: 10,71 m
Leergewicht: 2820 kg
max. Abfluggewicht: 4666 kg
Höchstgeschwindigkeit: 820 km/h in 6000 m Höhe
max. Reichweite: 1520 km
Bewaffnung: 3 0,50 Zoll-Colt-Browning-MGs im Rumpf-
bug; 8 Unterflügelstationen für die Aufnahme von 2
Bomben von bis zu 250 kg Gewicht und von je 1 57 mm-
bzw. 1 27 mm-Rakete.

Entwicklung und Truppendienst

Die Jastreb ist die leichte Kampfversion des zweisitzigen Anfangstrainers Galeb (siehe dort) und
besitzt zum Unterschied von diesem einen modifizierten Tragflügel, ein leistungsstärkeres Triebwerk und Vorrichtungen zur Aufnahme schwerer
Bewaffnung. Das Elektriksystem wurde mit dem
Ziel verbessert, für das Anlassen der Triebwerke
unabhängig von Bodenversorgungsquellen zu
sein. Zu der auf Wunsch gelieferten Ausrüstung
gehören Identifizierungsradar und Zusatzrake-
ten zum Verbessern der Startleistung. Anfang
1968 waren zwei Prototypen der Jastreb geflogen. Zu diesem Zeitpunkt stand das Flugzeug
auch bereits in der Serienproduktion für die Luftstreitkräfte Jugoslawiens und für den Export.
Vier Jastreb wurden inzwischen an Zambia ausgeliefert.

Soko P-2 Kraguj

Jugoslawien

Einsitziges leichtes Nahunterstützungsflugzeug; im Truppendienst.

Antrieb: 1 Lycoming GSO-480-B1A6-Kolbentriebwerk von 340 hp
Spannweite: 10,64 m
Länge: 7,93 m
Leergewicht: 1130 kg
max. Abfluggewicht: 1624 kg
Höchstgeschwindigkeit: 295 km/h in 1500 m Höhe
max. Reichweite: 800 km
Bewaffnung: 2 7,7 mm-Maschinengewehre im Tragflügel; 2 Unterflügelstationen zur Aufnahme von 2 100 kg-Bomben, Napalmbehältern oder Raketenbehältern mit je 12 Raketen Inhalt; 4 Unterflügelstationen zur Aufnahme von 57 mm- und 127 mm-Raketen.

Entwicklung und Truppendienst

Mit der Kraguj nahm man das Konzept eines leichten kolbenmotorgetriebenen Kampfflugzeugs wieder auf, das in den frühen fünfziger Jahren mit der US-Maschine Fletcher Defender verfolgt worden war. Die Kraguj ist auch der Defender auslegungs- und leistungsmäßig sehr verwandt, ist jedoch etwas größer als diese und ist mit einem leistungsstärkeren Triebwerk ausgerüstet. Hinter der Entwicklung der Kraguj (und auch der Defender) stand die Idee, ein Flugzeug zu schaffen, das von Piloten geflogen werden kann, die mit einem minimalen Trainingsaufwand ausgebildet wurden. Einsatzrollen für solche Flugzeuge sind Flüge gegen Bodenziele in Gebieten, in denen nicht mit schwerem Fliegerabwehrbeschuß vom Boden oder von Abfangjägern zu rechnen ist. Die Kraguj ist eine Ganzmetallkonstruktion und wurde für Start und Landung auf unbefestigten Pisten oder Grasflächen entworfen. Die Start- bzw. Landestrecke der Kraguj liegt bei unter 120 m.
Der Kraguj-Prototyp flog wahrscheinlich 1966 erstmals, und man nimmt an, daß inzwischen (ab 1968) einige Staffeln der jugoslawischen Luftstreitkräfte mit diesem Flugzeugtyp ausgerüstet sind.

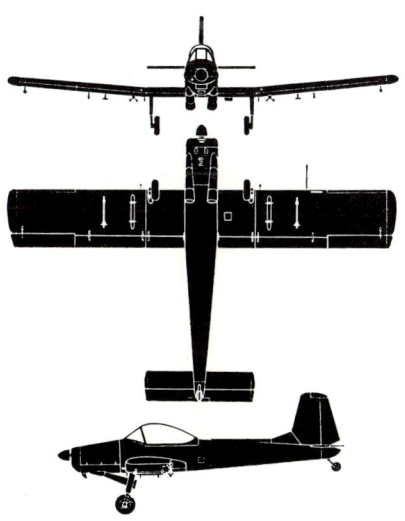

Sud-Aviation S.O.4050 Vautour   Frankreich

**Bomber und Allwetterjäger; im Truppendienst.
Daten und Dreiseitenansicht: Vautour IIN, Foto:
Vautour IIB**

Antrieb: 2 SNECMA Atar 101E-3-Strahltriebwerke von je
3502 kp Schub
Spannweite: 16,10 m
Länge: 15,57 m
max. Abfluggewicht: 20 700 kg
Höchstgeschwindigkeit: 1104 km/h (Mach 0,9) in See-
höhe
Reichweite: 4000 km
Bewaffnung: 4 30 mm-Kanonen; 2 Raketenbehälter mit
insgesamt 232 Raketen; Unterflügelstationen für die
Aufnahme von 4 Matra R.511-Luft-Luft-Lenkwaffen.

Entwicklung und Truppendienst

Der Vautour-Prototyp hatte am 16. Oktober 1952
Erstflug. Die Serienaufträge beliefen sich auf insgesamt 140 Vautour II, davon 30 einsitzige Erd-
kampfflugzeuge des Typs IIA, 40 zweisitzige
Bomber IIB und 70 zweisitzige Allwetterjäger IIN.
Die IIB und IIN wurden an die französischen Luftstreitkräfte ausgeliefert und stehen dort weiter
im Einsatz. 25 Maschinen des Typs IIA wurden an
Israel geliefert, und ein Teil davon spielt heute
noch eine wichtige Rolle bei den Luftstreitkräften dieses Landes.
Die Vautour IIA ist mit vier 30 mm-Kanonen bewaffnet und kann im Rumpfinneren drei 1000 lb-
oder sechs 750 lb-Bomben aufnehmen, wozu
noch vier Bomben bis zu 1000 lb Gewicht kommen, die unter der Tragfläche mitgeführt werden
können. Die IIB transportiert die gleiche Waffenzuladung wie die IIA, nur sind die im Rumpfbug
installierten Kanonen in der B nicht vorhanden.
Dafür wurde ein verglaster Bombenschützen-
stand eingerichtet. Alle Versionen der Vautour
erreichen im Bahnneigungsflug Überschallgeschwindigkeit.

Sukhoi Su-7B
(NATO-Codebezeichnung Fitter)

UdSSR

Einsitziges Erdkampfflugzeug; im Serienbau und im Truppendienst.

Antrieb: 1 TDR R.31-Strahltriebwerk von 10 000 kp Schub (mit Nachverbrennung)
Spannweite: 8,93 m
Länge: 17,37 m
max. Abfluggewicht: 14 500 kg
Höchstgeschwindigkeit: 1750 km/h (Mach 1,7) in 11 000 m Höhe
max. Reichweite: 1450 km
Bewaffnung: 2 30 mm-Kanonen in den Flügelwurzeln; Unterflügelstationen für die Aufnahme von Bomben, normalerweise 2 750 kg- und 2 500 kg-Bomben, oder Raketenbehältern.

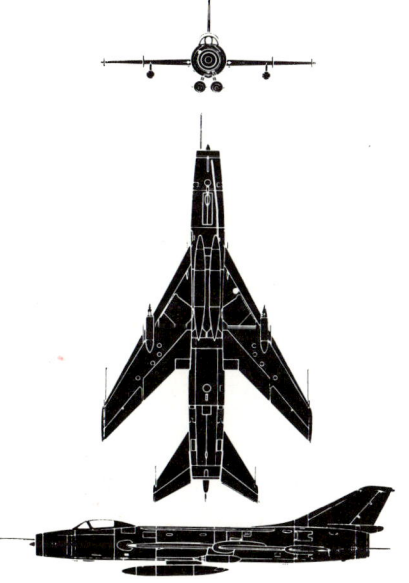

Entwicklung und Truppendienst

Dieser Pfeilflügel-Jäger bildet die Standardausrüstung der sowjetischen Erdkampfstaffeln und wurde auch an Kuba, die CSSR, Polen, die DDR, Ungarn, Nordvietnam, Ägypten und Indien geliefert. Rumpf, Triebwerk und Heckbaugruppe scheinen nahezu identisch mit den entsprechenden Teilen des Deltaflüglers Su-9 zu sein, wobei die gleiche Aufhängevorrichtung für zwei Außentreibstofftanks unter der Rumpfmitte Verwendung findet. Die Su-7 gehörte zu den vier Prototypen von einsitzigen Jägern, die auf der Ausstellung von Tushino gezeigt wurden; die anderen drei waren die MiG-21, die Su-9 und ein Pfeilflügel-Gegenstück zur MiG-21, dem der NATO-Codename Faceplate gegeben wurde. Es scheint nicht ausgeschlossen, daß die Su-7 und die Faceplate einer Konkurrenzevaluation unterzogen wurden mit dem Ziel, ein neues Kampfflugzeug für Nahunterstützung zu finden, und daß – da die Faceplate nicht den Truppendienst aufnahm – der Sukhoi-Entwurf siegreich war. Als die Su-7 zum ersten Mal gesehen wurde, war der Pitotrohr-Träger mittig über dem Triebwerkeinlauf montiert. Neuere Versionen weisen jedoch ein nach rechts versetztes Pitotrohr auf. Die Su-7 ist mit sehr großen Flügelklappen ausgerüstet, die sich von der Flügelwurzel bis über die Spannweitenhälfte erstrecken und die Flügelfläche beträchtlich vergrößern. Bisher fand eine normale, nach hinten schiebbare Cockpithaube Verwendung, während die letzten Versionen der MiG-21 eine nach vorn klappbare Cockpitverglasung haben, die am Boden des Windschutzes angelenkt ist. Die Flügelpfeilung der Su-7 dürfte bei ca. 60° liegen. Auf Mitte der Spannweite sind Grenzschichtzäune angebracht, und auch an den Flügelspitzen sind Grenzschichtzäune montiert. Eine Tandem-Zweisitzerversion der Su-7 wird für Trainingszwecke benützt. Sie führt die NATO-Codebezeichnung Moujik.

Sukhoi Su-9
(NATO-Codebezeichnung Fishpot)

UdSSR

Einsitziges Allwetter-Jagdflugzeug;
im Truppendienst.
Die folgenden Daten sind geschätzt.

Antrieb: 1 TRD 31-Strahltriebwerk von 10 000 kp Schub
(mit Nachverbrennung)
Spannweite: 7,90 m
Länge: 17,00 m
Höchstgeschwindigkeit: 1915 km/h (Mach 1,8) in
11 000 m Höhe
Bewaffnung: 2 Anab-Infrarot- und Radarzielsuch-Luft-
Luft-Lenkwaffen unter dem Tragflügel.

Entwicklung und Truppendienst

Der Prototyp der Su-9, wie er anläßlich der Flugvorführungen zum sowjetischen Luftfahrttag in
Moskau gezeigt wurde, hatte einen kleinen koni-
schen Radom über dem Lufteinlauf. Die Produktionsmuster dieses sowjetischen Deltaflügel-All-
wetterjägers, der von der NATO den Codenamen
Fishpot erhielt, weisen dagegen einen im Zen-
tralkörper des kreisförmigen Lufteinlaufs sitzenden Radom auf. Die Su-9 weist eine entfernte
Ähnlichkeit mit der MiG-21 auf, hat jedoch beträchtlich höheres Gewicht und ein viel schub-
stärkeres Triebwerk. Die Su-7 ist ferner ein aerodynamisch wesentlich saubererer Entwurf als
die MiG-21, hat ein robuster aussehendes Fahrwerk und keine Ausbuchtung an der Wurzel des
Seitenleitwerks. Die Fishpot hat wahrscheinlich
eine größere Reichweite und bessere Allwetter-
Flugeigenschaften als die MiG-21. Normalerweise wird sie mit einem Paar von Außenbehältern
gesehen, die nebeneinander an der Rumpfunterseite angebracht sind. Eine in Tushino zum
ersten Mal gesichtete weiterentwickelte Version
besaß einen neuen Rumpfvorderteil länglicher
und weniger spitz zulaufender Form sowie ein
verlängertes Rumpfmittelteil. Man weiß jetzt, daß
dies die Standardversion der Su-9 ist, die auch
im Einsatz steht.
Das T-431 bezeichnete Flugzeug, das verschiedene Weltrekorde aufgestellt hat, darunter einen
inzwischen wieder eingestellten Geschwindigkeitsweltrekord von 2336 km/h über einen 500
km-Kreis, ist wahrscheinlich eine Fishpot oder
aber eine Weiterentwicklung daraus. Bis heute
hat man die Fishpot nur im Einsatz der sowjetischen Luftstreitkräfte feststellen können.

Sukhoi Su-11   UdSSR
(NATO-Codebezeichnung Flagon)

Einsitziger Interzeptor; im Serienbau und im Truppendienst.
Daten, Foto und Dreiseitenansicht: Flagon-A

Antrieb: 2 Strahltriebwerke mit Nachverbrennung
Spannweite (geschätzt): 9,15 m
Länge (geschätzt): 20,50 m
Keine weiteren Daten erhältlich.

Entwicklung und Truppendienst

Eines von den verschiedenen sowjetischen Flugzeugen, die anläßlich der Flugvorführungen in Domododewo im Juli 1967 ihr Debut in der Öffentlichkeit gaben, war der Hochleistungs-Interzeptor Su-11, ein Produkt des Sukhoi-Konstruktionsbüros. Neben einem einzelnen Muster dieses Typs, in dem Wladimir Iljuschin Kunstflugvorführungen unternahm, erschienen neun Maschinen im Formationsflug, was offensichtlich darauf hinweisen sollte, daß die Su-11 bereits im Einsatz stand. Einige der Flugzeuge waren mit zwei Anab-Luft-Luft-Lenkwaffen unter dem Flügel ausgerüstet. Der Standardjäger führt die NATO-Codebezeichnung Flagon-A. Ferner wurde in Domododewo eine andere, unter der NATO-Bezeichnung Flagon-B bekannte Su-11 vorgeführt, die durch den Einbau von zusätzlichen Hubstrahltriebwerken STOL-Leistungen erreicht. Diese Triebwerke liegen hinter dem Cockpit und zwischen den Abgasrohren der zwei Marschtriebwerke. Wenn die Hubtriebwerke laufen, öffnen sich die auf der Rumpfoberseite liegenden Abdeckklappen. Die Flagon-B, die, wie man glaubt, eher ein Entwicklungs- als ein Serienflugzeug ist, hat Flügelspitzen, die an der Flügelvorderkante im äußeren Bereich geringere Pfeilung aufweisen als bei der Flagon-A. Ansonsten scheint die B jedoch der Standardversion A im wesentlichen zu entsprechen.

Transall C-160   Frankreich/Bundesrepublik

**Mittelstrecken-Transportflugzeug;
im Serienbau.**

Antrieb: 2 Rolls-Royce Tyne R.Ty 20 Mk.22-Turboprop-
triebwerke von je 6100 shp
Spannweite: 40,00 m
Länge: 32,40 m
Leergewicht: 28 758 kg
max. Abfluggewicht: 49 100 kg
Höchstgeschwindigkeit: 536 km/h in 4500 m Höhe
Reichweite: 4558 km mit einer Nutzlast von 8 Tonnen
Unterbringungsmöglichkeit: 4 Mann Besatzung, 93 Solda-
ten, 61 bis 81 Fallschirmjäger, 62 Patienten auf Trag-
bahren oder 16 000 kg Fracht.

Entwicklung und Truppendienst

Die Transall (Transporter Allianz) C-160 ist das
Ergebnis konstruktiver Zusammenarbeit zwischen den Luftfahrtindustrien Westeuropas. Die
Entwicklungsgeschichte der Transall begann im
Januar 1959, als französische und bundesdeutsche Unternehmen die gemeinsame Fertigung
eines mittleren Transporters in Angriff nahmen,
der den Forderungen der Armée de l'Air und der
Luftwaffe entsprechen sollte, wobei auch even-
tuelle zivile Anwendungsmöglichkeiten ins Auge
gefaßt wurden. Die Rolls-Royce Tyne-Triebwer-
ke wurden von einem Konsortium gebaut, dem
Großbritannien, Frankreich, Belgien und die
Bundesrepublik angehörten, und zur Ausrüstung gehört ferner ein Smiths-Flugsteuerungs-
system, das auch für die Ausführung automati-
scher Landungen herangezogen werden kann.
Der Einsatz von halb vorbereiteten Pisten war
eine der ursprünglichen Forderungen an den
Entwurf; zur Reduzierung der Startstrecke können zwei Hilfstriebwerke unter den Außenflügeln
angebracht werden.
Der erste von drei Flugprototypen wurde in Frankreich von Nord-Aviation (jetzt ein Teil der Aérospatiale) montiert und flog am 25. Februar 1963
erstmals. Der zweite Prototyp, der in der Bundesrepublik von VFW (heute VFW-Fokker) zusam-
mengebaut wurde, startete am 25. Mai 1963 zum
Erstflug. Der dritte, vom Hamburger Flugzeugbau, jetzt ein Unternehmensbereich von Messer-
schmitt-Bölkow Blohm, in der Bundesrepublik
montierte Prototyp folgte am 19. Februar 1964.
Bei Nord-Aviation nahm man die Flugerprobung
des ersten der sechs C-160A-Vorserienmuster,
das einen um 0,50 m verlängerten Rumpf aufwies, am 21. Mai 1965 auf. Die erste Produktions-
C-160 war 1967 fertiggestellt. Heute liegen die
Aufträge bei 50 C-160F für Frankreich und bei
110 im wesentlichen ähnlichen C-160D für die
Luftwaffe, die die Noratlas-Flotte ablösen, und
schließlich bei neun C-160Z, die an die südafrikanischen Luftstreitkräfte geliefert wurden (siehe
Foto).

Tupolew Tu-16　　　　　　　　　　UdSSR
(NATO-Codebezeichnung Badger)

Mittlerer Bomber; im Truppendienst.
Foto: Badger-A, Dreiseitenansicht: Badger-C
Die Daten sind geschätzt.

Antrieb: 2 Mikulin AM-3M-Strahltriebwerke von je
9500 kp Schub
Spannweite: 33,50 m
Länge: 36,50 m
max. Abfluggewicht: 68 000 kg
Höchstgeschwindigkeit: 945 km/h in 10 700 m Höhe
Reichweite: 6400 km bei 770 km/h mit 3 Tonnen Bombenzuladung
Unterbringungsmöglichkeit: ca. 7 Mann Besatzung
Bewaffnung: Die Badger-A ist mit 7 23 mm-Kanonen
ausgerüstet, die zu je zwei Stück in Waffenständen auf
der Rumpfoberseite, der Rumpfunterseite und im Heck
untergebracht sind und zu je einem Stück im rechten
Rumpfbug. Ferner führt die Badger-A bis zu 9 Tonnen
Bomben im Bombenschacht mit. Die Badger-B ist ähnlich bewaffnet mit der Ausnahme, daß statt der Bomben
2 strahlgetriebene Kennel- oder 2 raketengetriebene
Kelt-Luft-Boden-Lenkwaffen unter dem Flügel transportiert werden, die gegen Schiffsziele eingesetzt werden.
Die Badger-C besitzt einen großen Bugradom statt der
Kanone im Bug und trägt ferner eine Kipper-Luft-Boden-
Lenkwaffe unter dem Rumpf.

Entwicklung und Truppendienst

Die Tu-16, die zuerst 1954 anläßlich eines Vorbeiflugs über Moskau gesehen wurde, gehört
seitdem zum Standardinventar der Sowjets an
Aufklärer/Bombern mittlerer Reichweite. Die
Tu-16 ist das Flugzeugmuster, aus dem der
Tu-104-Airliner abgeleitet wurde. Ca. 2000 Maschinen sind davon allem Anschein nach gebaut
worden, von denen einige hundert Exemplare
immer noch im Dienst der sowjetischen Langstrecken-Luftstreitmacht und ca. 200 im Dienst
der Marineflieger stehen. Ungefähr 20 Maschinen der Standard-Bomberversion (NATO-Codebezeichnung Badger-A) wurden an Ägypten geliefert und waren die potenteste Bomberflotte im
Mittleren Osten, ehe sie im Krieg vom Juni 1967
zerstört wurden. Die Nachfolgemuster tragen
zwar ägyptische Kennzeichen, sollen aber von
sowjetischen Besatzungen geflogen werden.
Sechs Badger-A wurden an die Luftstreitkräfte
des Irak geliefert. Indonesien hat schätzungsweise 20 Badger-B im Einsatz, die strahlgetriebene,
flugzeugähnliche Luft-See-Lenkwaffen (NATO-
Bezeichnung Kennel) mit sich führen.
Allem Anschein nach verwenden die sowjetischen Marineflieger die Badger-A als Langstrecken-Aufklärer und -Bomber; es stehen jedoch
auch Badger-B und möglicherweise Badger-C
bei der Marine im Einsatz. Diese letzte Badger-
Version wurde 1961 in der Ausstellung in Tushino gezeigt und kann an ihrem großen, im Rumpfbug sitzenden Radom erkannt werden. Die Kipper-Luft-See-Lenkwaffe, die auf der Badger-C
mitgeführt wird, entspricht mit ihrem auf der
Rumpfunterseite liegenden Triebwerk in etwa der
amerikanischen Hound Dog, hat jedoch konventionelle Pfeilflügel und gepfeiltes Leitwerk statt
des Deltaflügel-Layouts des amerikanischen
Typs. Die Badger-D und Badger-E fallen durch
Verkleidungen an der Rumpfunterseite auf, in
denen Elektronikgeräte installiert sind, während
das charakteristische Merkmal der Badger-F die
an Unterflügelstationen mitgeführten Elektronikbehälter sind. Alle Badger-Versionen können
von als Tankflugzeuge verwendeten anderen
Badger aus der Luft betankt werden.

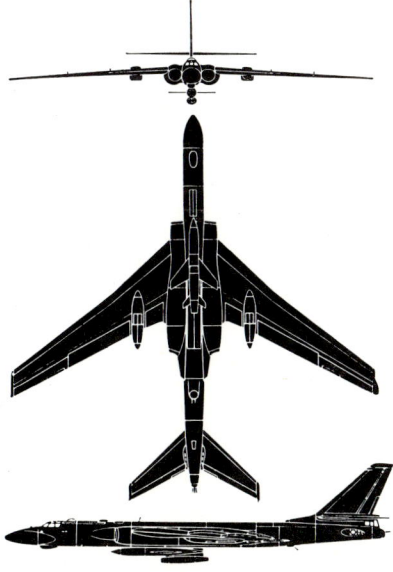

Tupolew Tu-22   UdSSR
(NATO-Codebezeichnung Blinder)

**Überschall-Bombenflugzeug; im Serienbau und
im Truppendienst.**
**Foto: Blinder-B, Dreiseitenansicht: Blinder-A
Die Daten sind geschätzt.**

Antrieb: 2 nicht näher bezeichnete Strahltriebwerke mit
Nachbrenner von je 11 790 kp Schub
Spannweite: 27,70 m
Länge: 40,53 m
max. Abfluggewicht: 83 900 kg
Höchstgeschwindigkeit: 1480 km/h (Mach 1,4) in
12 200 m Höhe
Unterbringungsmöglichkeit: 4 Mann Besatzung
Bewaffnung: Die Blinder-B führt halbverdeckt im Rumpf
eine Kitchen-Lenkwaffe mit; das Heck-MG ist radarge-
steuert.

Entwicklung und Truppendienst

Dieser mit im Heck liegenden Triebwerken ausgerüstete Bomber wurde zum ersten Mal auf der
Luftfahrtschau in Tushino gezeigt; vorher war
von seiner Existenz im Westen nichts verlautet.
10 Exemplare flogen in Tushino. Davon schienen
neun Aufklärer-Bomber mit einem ziemlich kleinen innenliegenden Waffenschacht und einem
spitzen Bugradom zu sein, während die 10. Maschine unter dem Rumpf eine Luft-Boden-Lenk-
waffe (NATO-Code Kitchen) trug und mit einem
beträchtlich größeren und herzförmigeren Radom ausgerüstet war. Bei beiden Versionen waren überraschenderweise große Fenster im
Rumpfboden, unmittelbar hinter dem Radom zu
sehen, die entweder zum Bombenzielwurf oder
als Kamerafenster verwendet werden dürften.
An den Flugvorführungen in Domodedowo nahmen insgesamt 22 Tu-22 teil, wovon die meisten
Kitchen-Luft-Boden-Stand-off-Lenkwaffen mit
sich führten. Alle diese Flugzeuge waren mit
Luftbetankungssonden und dem größeren, herzförmigeren Radom ausgerüstet, den die eine Maschine in Tushino gehabt hatte. Diese Version
wurde jetzt als Blinder-B identifiziert, während
die Version, die intern mitgeführte Freifallwaf-
fen transportiert, als Blinder-A gilt. Eine dritte
Version, die Blinder-C, ist ein mit einem über und
hinter dem Standard-Cockpit liegenden Extra-
Cockpit ausgerüsteter Trainer. Die Blinder steht
heute bei den Einheiten der sowjetischen Marine als küstenstationierter Angriffbomber und
Aufklärer im Einsatz. Eine Version für die Durchführung elektronischer Gegenmaßnahmen soll
ebenfalls existieren.

Tupolew Tu-28P   UdSSR
(NATO-Codebezeichnung Fiddler)

**Zweisitziges Allwetter-Jagdflugzeug;
im Serienbau und im Truppendienst.
Die Daten sind geschätzt.**

Antrieb: 2 nicht näher benannte Strahltriebwerke mit
Nachbrenner von je ca. 12 250 kp Trockenschub
Spannweite: 20,00 m
Länge: 26,00 m
max. Abfluggewicht: 45 000 kg
Höchstgeschwindigkeit: Mach 1,75 in 11 000 m Höhe
Bewaffnung: 4 große Infrarot- bzw. Radar-Zielsuch-Luft-
Luft-Lenkwaffen unter dem Tragflügel (NATO-Codebe-
zeichnung Ash).

Entwicklung und Truppendienst

Dieser furchterregend aussehende Langstrek-
ken-Interzeptor wurde zum ersten Mal auf der
Flugvorführung über Tushino im Jahre 1961 gesehen. Seine Entwicklungslinie läßt sich über
die Tu-16(NATO-Code Badger) bis auf die T-98-
Prototypen (NATO-Code Backfin) zurückverfol-
gen, die im Jahre 1955 gebaut wurden, um einen
Langstrecken-Allwetter-Interzeptor zu schaffen,
der die UdSSR gegen britische und amerika-
nische strategische Bomber verteidigen sollte.
Die Exemplare der Fiddler, die 1961 gezeigt wurden, trugen je zwei Ash-Lenkwaffen, doch die
drei Tu-28P, die 1967 in Domododewo flogen,
waren mit je vier Stück dieses Lenkwaffentyps
ausgerüstet und wiesen die große Verkleidung
an der Rumpfunterseite, die bei früheren Versionen noch vorhanden war, nicht mehr auf.

Tupolew Tu-95   UdSSR
(NATO-Codebezeichnung Bear)

Langstreckenbomber; im Truppendienst.
Daten, Foto und Dreiseitenansicht: Bear-A
Die Daten sind geschätzt.

Antrieb: 4 Kusnetsow NK-12MV-Turboproptriebwerke
von je 14 795 shp
Spannweite: 50 m
Länge: 45 m
max. Abfluggewicht: 154 220 kg
Höchstgeschwindigkeit: 805 km/h in 12 500 m Höhe
Reichweite: 12 550 km mit 11 Tonnen Bombenzuladung
Bewaffnung: 7 23 mm- oder 20 mm-Kanonen zu je zwei
Stück in Waffenständen auf der Rumpfoberseite, auf der
Rumpfunterseite und im Heck. Die Bear-A transportiert
bis zu 11 340 kg Bomben im innenliegenden Bomben-
schacht. Die Bear-B weist statt des vorderen MG einen
Bugradom auf und führt unter dem Rumpf eine Luft-
Boden-Lenkwaffe (NATO-Code Kangaroo) mit.

Entwicklung und Truppendienst

Die Tu-95 stellt unter den schweren Bombern eine Besonderheit dar, denn sie wird von Turboproptriebwerken angetrieben. Diese Maschine
wurde zum ersten Mal anläßlich der Flugvorführungen zum sowjetischen Luftfahrttag 1955 gesehen, als sie – eskortiert von einigen MiG-17-
Jägern – in einigen Exemplaren über Moskau
flog. Die Tu-95 ist jenes Flugzeug, aus dem das
gigantische Transportflugzeug Tu-114 (siehe
dort) abgeleitet wurde. Die vier NK-12MV-Turbo-
proptriebwerke machen die Tu-95 zum schnell-
sten im Militäreinsatz stehenden propellerge-
triebenen Flugzeug der Welt – ihre Reisegeschwindigkeit kommt jener der zweistrahligen
Tu-16 gleich. Die Reichweite und Bombenzuladung sind größer als bei der vierstrahligen
Mya-4 von Myasischtschew.
Man nimmt an, daß mehr als 100 Maschinen der
ursprünglichen strategischen Bomberversion
(NATO-Code Bear-A) gebaut wurden; in einigen
Informationsquellen wird sogar von 300 Einheiten gesprochen. 1961 wurde ein Modernisie-
rungsprogramm in Angriff genommen, das auf
die Indienststellung einer neuen strahlgetriebenen Langstrecken-Luft-Boden-Rakete zurück-
zuführen war (NATO-Codebezeichnung Kangaroo). Die weiterentwickelten Flugzeuge – sie wurden von der NATO in Bear-B umbenannt – nahmen an den Flugvorführungen in Tushino im
gleichen Jahr teil und sind inzwischen oftmals
gesichtet worden, zumeist jedoch mit Lenkwaffen und anläßlich von Langstrecken-Aufklä-
rungsflügen zur Beobachtung der US-Flotten-
aktivität auf See. Die Bear-B hat einen langen
Bugradom und eine Flugbetankungssonde. Eine andere Aufklärerversion, die man im Jahre
1964 identifiziert hat, ist die Bear-C, die unter-
schiedliche Elektronikgeräte mitführt. Eine weitere Version ist mit einem unter dem Rumpfbug
sitzenden Radom wie jenem der Canadair Argus
ausgerüstet und besitzt einen sehr großen Radom
unter der Rumpfmitte.

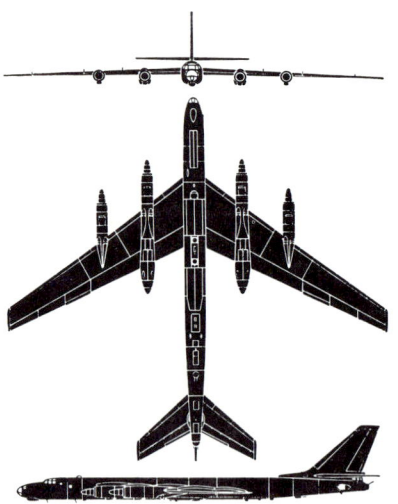

Vought A-7 Corsair II   USA

**Einsitziges leichtes Kampfflugzeug; im Serien-
bau und im Truppendienst.**
Daten und Foto: A-7D, Dreiseitenansicht: A-7A

Antrieb: 1 Allison TF41-A-1 (Rolls-Royce Spey)-Zwei-
kreistriebwerk von 6465 kp Schub
Spannweite: 11,80 m
Länge: 14,06 m
Leergewicht: ca. 8845 kg
max. Abfluggewicht: mehr als 19 050 kg
Höchstgeschwindigkeit: 1123 km/h in Seehöhe
Überführungsreichweite: über 5375 km
Bewaffnung: 1 20 mm M-61-Mehrlaufkanone im Rumpf;
2 Rumpf- und 6 Unterflügelstationen für eine maximale
Außenlast von 9070 kg aus Lenkwaffen, Bomben, Rake-
ten, MG-Behältern oder Treibstoffbehältern.

Entwicklung und Truppendienst

Die A-7 Corsair II gewann im Jahre 1963 einen
Entwurfswettbewerb für ein leichtes Navy-
Kampfflugzeug, das die bei der US Navy im
Dienst stehende McDonnell Douglas A-4 Sky-
hawk ergänzen und ersetzen sollte. Die Corsair
ist von der F-8 Crusader abgeleitet, unterscheidet sich jedoch vom ursprünglichen Crusader-
Entwurf durch einen kürzeren Rumpf, eine – statt
des im Anstellwinkel verstellbaren Flügels der
Crusader – starre Tragfläche, durch Steuerflächen, die auf den Unterschallflug ausgelegt wurden und schließlich durch den Einbau eines Pratt
& Whitney TF30-P-6-Strahltriebwerks ohne Nachverbrennung einer Schubleistung von 5148 kp,
das größere Reichweiten und Flugdauer ermöglicht. Ein Anfangskontrakt auf drei Prototypen
wurde im März 1964 plaziert, und das erste dieser Flugzeuge machte am 27. September 1965
seinen Erstflug. Die Auslieferung an eine Corsair II-Trainingseinheit begann im Oktober 1966.
Die erste Einsatzeinheit (VA-147) wurde im Februar 1967 gebildet und bereits im Dezember 1967
auf den Kriegsschauplatz in Vietnam versetzt.
Bei Vought Aeronautics wurden 199 A-7A gebaut. Die erste A-7B, von der insgesamt 196 Flugzeuge gebaut wurden, hatte am 6. Februar 1968
Erstflug. Den Antrieb lieferte eine TF30-P-8 einer
Schubleistung von 5534 kp. Im Oktober 1966 orderte die US Air Force die A-7D, die mit fortgeschritteneren Avioniksystemen und einem Allison
TF41-Triebwerk (Rolls-Royce Spey) ausgerüstet
war. Die erste mit einem Spey ausgestattete
A-7D flog am 26. September 1968 erstmals, nachdem zuvor zwei A-7D-Zellen, die von TF30-Trieb-
werken angetrieben wurden, erprobt worden waren. Die Auslieferung startete im Dezember 1968.
Die A-7E der US Navy sind ebenfalls mit fortgeschrittenerer Avionik und mit einigen Entwurfsmerkmalen der A-7D ausgestattet. Die ersten
67 A-7E hätten TF-30-P-8-Triebwerke (Erstflug
25. November 1968); die folgenden Maschinen
besitzen TF41-A-2 eines Schubs von 6804 kp. Die
A-7E ging im Juni 1970 in den Kampfeinsatz in
Südostasien.

Vought F-8 Crusader   USA

Einsitziger trägergestützter Tagjäger;
im Truppendienst.
Daten: F-8E, Foto: F-8E(FN), Dreiseitenansicht:
RF-8A

Antrieb: 1 Pratt & Whitney J57-P-20-Strahltriebwerk von
8165 kp Schub
Spannweite: 10,87 m
Länge: 16,61 m
max. Abfluggewicht: 15 422 kg
Höchstgeschwindigkeit: fast Mach 2
Bewaffnung: 4 20 mm-Kanonen; 4 Sidewinder-Lenk-
waffen am Rumpf; Unterflügelstationen zur Aufnahme
von 2 907-kg-Bomben oder von 2 Bullpup A- oder B-
Lenkwaffen oder 24 Zuni-Luft-Boden-Lenkwaffen.

Entwicklung und Truppendienst

Die Crusader war der Gewinner einer im Jahre
1953 abgehaltenen Entwurfskonkurrenz für ein
trägerstationiertes Überschall-Kampfflugzeug.
Ein ungewöhnliches Entwurfsmerkmal der Crusader war der Schulterdeckerflügel, der gewählt
wurde, um eine Vergrößerung des Flügelanstell-
winkels bei niedrigen Fluggeschwindigkeiten zu

gestatten, ohne den Rumpf zu steil anstellen zu
müssen. Die Originalbezeichnung für die Crusa-
der-Baureihe lautete F8U; sie wurde 1962 in F-8
geändert. Der Erstflug des Prototyps erfolgte am
25. März 1955, und die Auslieferung der F-8A, die
mit einem J57-P-12-Triebwerk einer Schubleistung von 7258 kp ausgerüstet war, an die VF-32
Squadron lief im März 1957 an. Die späteren A-
Versionen besaßen ein J57-P-4A von 7375 kp
Schub als Antrieb. Die F-8B entsprach im wesentlichen der A und hatte das gleiche Triebwerk,
war aber mit einem verbesserten Radargerät bestückt. Die Serienfertigung dieser beiden ersten
Modelle belief sich auf 318 bzw. 130 Maschinen.
Dazu kamen noch 144 mit Kameras ausgerüstete
RF-8A-Aufklärer. Die einzige gebaute zweisitzige NTF-8A hatte am 6. Februar 1962 Erstflug —
diese Maschine war früher als Prototyp der F-8E
verwendet worden. Die durch zwei Ventralfinnen
auffallende F-8C, die erstmals das J57-P-16 mit
7866 kp Schub erhielt, startete am 20. August
1958 zum Jungfernflug. Vor dem Erscheinen der
Version F-89 wurden von der F-8C insgesamt
187 Exemplare gebaut. Die F-8D hatte als Antrieb
das J57-P-20 und war beschränkt allwettertaug-
lich (durch Verwendung eines Vought-Autopi-
loten). 152 Maschinen wurden von dieser Version gefertigt. Der mit einem Radar größerer Leistung und einem um 7,6 cm verlängerten Bugradom ausgerüstete F-8E-Prototyp hatte am 30. Juni 1961 Erstflug und ging im Februar 1962 in den
Truppendienst. Die Serienfertigung endete Mitte 1964 — insgesamt wurden 286 F-8E gebaut. Die
französische Marine kaufte 42 F-8E(FN), die die
Matra 530-Lenkwaffe aufnehmen konnten. Der
Erstflug der ersten für Frankreich bestimmten
Maschine ging am 26. Juni 1964 über die Bühne.
Im Rahmen von Modifikations- und Modernisie-
rungsprogrammen, die nach Auslauf der Serienfertigung stattfanden, wurden 73 RF-8A zu RF-8G
umgebaut; ferner wurden insgesamt 225 F-8D
und F-8E in F-8H bzw. F-8J modernisiert — diese
letzteren Muster konnten auch für Erdkampfeinsätze verwendet werden und wiesen eine ganze
Reihe von Verbesserungen gegenüber ihren Vor-
gängermustern auf. Später wurden 87 F-8C in
F-8K und 61 F-8B in F-8L modifiziert, und gegenwärtig rüstet die US Navy ca. 100 F-8J auf Nach-
brenner-Zweikreistriebwerke des Typs TF30-P-
420 aus, die eine Schubleistung von 8437 kp erreichen. Die verbleibenden F-8A werden jetzt als
TF-8A bezeichnet.

Westland Lynx (WG.13)　　Großbritannien

Mehrzweckhubschrauber.
Daten: Lynx H.A.S.Mk.2, Foto und Dreiseitenansicht: Lynx A.H.Mk.1

Antrieb: 2 Rolls-Royce BS.360-07-26-Wellenturbinen
von je 900 shp
Rotordurchmesser: 12,80 m
Rumpflänge: 11,665 m
Leergewicht: 3301 kg
max. Abfluggewicht: 3878 kg
max. Marschgeschwindigkeit: 296 km/h in Seehöhe
taktischer Einsatzradius: bis 289 km ohne Aufenthalt
über Zielgebiet.
Unterbringungsmöglichkeit: normalerweise 2 Mann Besatzung; Transport von 12 Soldaten oder einer entsprechenden Frachtmenge möglich; Umrüstung auf Such- und Rettungseinsätze gegeben.
Bewaffnung: 2 Mk.44-Zielsuchtorpedos oder andere Waffenlasten zu beiden Seiten der Kabine, ferner Erfassungsausrüstung, Sonarbojen usw. Mitführmöglichkeit von Suchradar, Zielsuch-Lenkwaffen, AS-12-Lenkwaffen (drahtgesteuert).

Entwicklung und Truppendienst

Der Lynx-Hubschrauber ist einer von drei Hubschraubertypen, die im Rahmen des anglo-französischen Hubschrauberabkommens gebaut werden – die anderen Muster sind der SA 330 Puma und der SA 341 Gazelle. Anfänglich wurden fünf Entwicklungsmodelle unter der Entwurfsleitung von Westland gefertigt, von denen das erste am 21. März 1971 den Erstflug absolvierte. Zuvor wurde das halbstarre Rotorsystem des Lynx auf einem Scout-Hubschrauber im Flug erprobt.
Die Grundversionen des Lynx sind ein Allwetter-Mehrzweckhubschrauber für die britische Armee und die britischen Marineflieger (Typenbezeichnung Lynx A.H.Mk.1), der mit einem fortgeschrittenen Avioniksystem ausgerüstet ist, ferner einer von Fregatten aus einsetzbarer U-Boot-Jagd- und -Kampfhubschrauber für die Royal Navy (H.A.S.Mk.2) und die französische Marine, der beispielsweise die Wasp-Typen ablösen soll. Zwei Maschinen der letzteren Version sind von der Marine Argentiniens in Auftrag gegeben worden. Ferner wurde eine Trainerversion für die Royal Air Force entwickelt, die die Typenbezeichnung Lynx H.T.Mk.3 führt. Man nimmt an, daß einige hundert Exemplare des Lynx gebaut werden.

Westland Sea King   Großbritannien

U-Boot-Bekämpfungs- und Mehrzweckhub-schrauber; im Serienbau und im Truppendienst.

Antrieb: 2 Rolls-Royce Bristol Gnome H.1400-Wellen-turbinen von je 1500 shp
Rotordurchmesser: 18,90 m
Rumpflänge: 17,42 m
Leergewicht: 7019 kg
max. Abfluggewicht: 9300 kg
normale Einsatzgeschwindigkeit: 211 km/h
max. Überführungsreichweite: 1778 km
Unterbringungsmöglichkeit: 4 Mann Besatzung
(U-Boot-Kampfeinsatz); 27 Soldaten oder 9 Tragbahren
und 2 Mann Pflegepersonal.
Bewaffnung: 4 Mk.44-Zielsuchtorpedos, Bomben oder
4 Mk.11-Wasserbomben usw.

Entwicklung und Truppendienst

Der Westland Sea King ist im wesentlichen der Lizenzbau des Sikorsky SH-3D Sea King in Groß-britannien für die Royal Navy. Der von Westland gefertigte Sea King unterscheidet sich von der US-Version durch die Triebwerke vom Typ Gno-me; durch ein automatisches Flugsteuerungs-system von der Art, wie es im Wessex H.A.S.Mk.3 verwendet wird; ein Sonar großer Reichweite mit Doppler-Datenverarbeitung; durch ein vom A.W. 391-Suchradar, das in einer Verkleidung auf der Rumpfoberseite sitzt, mit Daten beliefertes tak-tisches Darstellungsgerät; und ferner durch ein zugehöriges Doppler-Navigationssystem. Neben der gewöhnlichen U-Boot-Kampf-Einsatzrolle kann der Sea King ferner für taktische und logi-stische Transportmissionen und als Such- und Rettungshubschrauber Verwendung finden. Drei aus den USA importierte SH-3D-Zellen wurden von Westland Helicopters Ltd. im Lauf des Jahres 1967 auf Sea King-Standard gebracht, und der erste von 60 von der Royal Navy bestellten Sea King H.A.S.Mk.1 hatte am 7. Mai 1969 Erstflug. Die No.700S Squadron wurde am 19. August 1969 die erste Sea King-Einheit der Royal Navy. Eben-falls im Jahre 1969 bestellte die deutsche Bun-desmarine 22 Sea King, die für Such- und Ret-tungsdienste eingesetzt werden sollen. Bestel-lungen auf 6 und 10 Sea King gingen von der Ma-rine Indiens bzw. Norwegens ein.

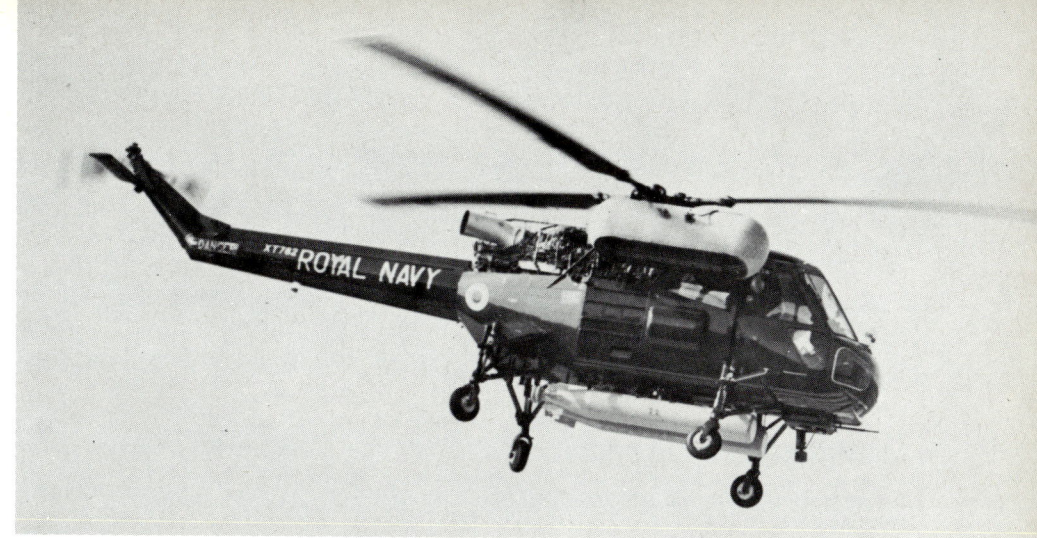

Westland Wasp und Scout   Großbritannien

U-Boot-Kampfhubschrauber (Wasp) und leichter Verbindungshubschrauber (Scout); im Serienbau und im Truppendienst.
Daten, Foto und Dreiseitenansicht: Wasp

Antrieb: 1 Rolls-Royce Bristol Nimbus 503-Wellenturbine mit verringerter Leistung von 710 shp
Rotordurchmesser: 9,83 m
Rumpflänge: 9,24 m
Leergewicht: 1566 kg
max. Abfluggewicht: 2495 kg
Höchstgeschwindigkeit: 193 km/h in Seehöhe
Reichweite: 435 km bei 177 km/h
Unterbringungsmöglichkeit: 2 Mann Besatzung; Mitnahme von 3 Passagieren und 1 Tragbahre (quer im Kabinenheck) möglich.
Bewaffnung: 2 Mk.44-Zielsuchtorpedos oder andere Außenlasten.

Entwicklung und Truppendienst

Wasp und Scout sind Varianten des gleichen Entwurfs, der auf den auf Privatbasis entwickelten Hubschrauber Saunders-Roe P.531 zurückgeht, der am 20. Juli 1958 zum ersten Mal flog. Zwei P.531-Prototypen wurden gebaut. Beide waren mit je einem 325 shp-Turmo-Triebwerk ausgerüstet. Die Evaluation dreier ähnlicher Fluggeräte, darunter eines der Prototypen, durch die Royal Navy führte zu einem Entwicklungs- und Serienfertigungsauftrag des Wasp H.A.S.Mk.1, der mit einem Nimbus-Triebwerk, einem nach vorn klappbaren Heckrotorträger und vier Einzel-Fahrwerkstreben mit Schwenkrädern ausgerüstet war. Ein P.531-Prototyp mit Nimbus-Triebwerk absolvierte am 9. August 1959 den Erstflug; der erste Wasp folgte am 28. Oktober 1962. Die Wasp stehen heute auf den Fregatten der Tribal- und Leander-Klasse als U-Boot-Kampfhubschrauber im Einsatz, von denen jedes Boot einen Wasp mit zwei Piloten an Bord hat. 10 Wasp wurden an die südafrikanische Marine geliefert, die sie ebenfalls von ihren Fregatten aus einsetzt – ein Nachfolgeauftrag auf sieben weitere Maschinen wurde 1971 plaziert. Ferner erhielten Neuseeland drei, die niederländische Marine 12 und Brasilien drei Wasp. Der Scout A.H.1 unterscheidet sich vom Wasp durch die Nimbus 101- oder 102-Turbine von 685 shp Wellenleistung, durch ein Kufenfahrwerk und durch einen nicht klappbaren Heckträger. Die erste Maschine eines Scout-Vorserienloses, das vom Army Air Corps in Auftrag gegeben wurde, hatte am 4. August 1960 Erstflug, während das erste Exemplar der Großserie am 6. März 1961 erstmals flog. Zwei Scout wurden an die Royal Australian Navy für Überwachungsaufgaben geliefert, drei Maschinen gingen an die Luftstreitkräfte Saudi-Arabiens und zwei an die Regierung von Uganda. Der Scout hat ein Bruttogesamtgewicht von 2404 kg und eine Höchstgeschwindigkeit von 210 km/h.

Westland Wessex

Großbritannien

U-Boot-Kampf- und Transporthubschrauber; im Truppendienst.
Daten: Wessex H.U.Mk.5, Foto und Dreiseitenansicht: Wessex Mk.1

Antrieb: 1 Rolls-Royce Gnome 112 gekuppelt mit 1 Gnome 113-Wellenturbine; Gesamtwellenleistung von 1550 shp
Rotordurchmesser: 17,07 m
Rumpflänge: 14,74 m
Leergewicht: 3927 kg
max. Abfluggewicht: 6169 kg
Höchstgeschwindigkeit: 214 km/h in Seehöhe
Reichweite: 769 km
Unterbringungsmöglichkeit: 1 bis 3 Mann Besatzung, 16 Soldaten und 7 Tragbahren oder 1814 kg Fracht
Bewaffnung: MG, Raketen, Torpedos und Nord SS.11-Luft-Boden-Lenkwaffen können mitgeführt werden.

Entwicklung und Truppendienst

Die Entwicklungsgeschichte des Wessex begann 1956, als die Firma Westland die Lizenzrechte für den Bau des Sikorsky S-58 (siehe dort) erwarb. Die Verhandlungen sahen die Lieferung eines Exemplars des HSS-1 an Westland vor, und als die Maschine in Großbritannien eintrat, kam statt des ursprünglich verwendeten Kolbenmotors eine Gazelle N.Ga.11-Wellenturbine zum Einbau. Die auf dieses Triebwerk umgerüstete Maschine hatte am 17. Mai 1957 Erstflug. Die als Wessex H.A.S.Mk.1 bezeichnete Serienmaschine wurde von der Royal Navy bestellt, um als U-Boot-Jagd- und -Kampfhubschrauber eingesetzt zu werden. Das erste von zwei Vorserienmustern absolvierte am 20. Juni 1958 den Erstflug. 1960 lief die Auslieferung des Serien-Wessex 1 an, der für eine Besatzung von vier Mann ausgelegt war, von einem 1450 shp Gazelle 161-Triebwerk angetrieben wurde und mit Tauchsonarboje und Angriffsbewaffnung ausgerüstet war. Die erste einsatzfähige U-Boot-Kampfstaffel, die mit dem Wessex H.A.S.Mk.1 beliefert wurde, wurde im Juli 1961 aufgestellt. 1962 nahm eine Transportversion des Mk.1, die für die Beförderung von 16 Mann ausgelegt war, den Einsatz auf dem Kommandoschiff H.M.S. Albion auf. Der bei der Royal Air Force verwendete Wessex H.C.Mk.2 hat zwei gekoppelte Gnome-Turbinen als Antrieb. Mit dieser Triebwerkanlage flog ein Wessex als Erprobungsträger am 18. Januar 1962 erstmals; am 5. Oktober 1962 folgte der erste Serienhubschrauber Wessex Mk.2. Eine ähnliche Variante, die für das Royal Navy Commando Dienst tut, ist der H.U.Mk.5 (Erstflug am 31. Mai 1963). Der H.A.S.Mk.3 entspricht im wesentlichen dem Mk.1, ist jedoch mit einer 1600 shp Gazelle 165-Turbine und einem großen Radom auf der Rumpfoberseite ausgerüstet. Zwei H.C.C.Mk.4, die durch den Umbau aus Mk.2 entstanden, werden von der Queen's Flight verwendet. Exportmodelle des Wessex sind der Wessex H.A.S.Mk. 31 (27 mit 1540 shp Gazelle 162-Turbinen ausgerüstete Maschinen gingen an die australische Marine), der Wessex 52 (12 Maschinen, die dem Mk.2 entsprechen, wurden an die Luftstreitkräfte des Irak geliefert), der Wessex 53 (drei an Ghana, wie Mk.2) und der Wessex 54 (einer an Brunei, wie Mk.2).

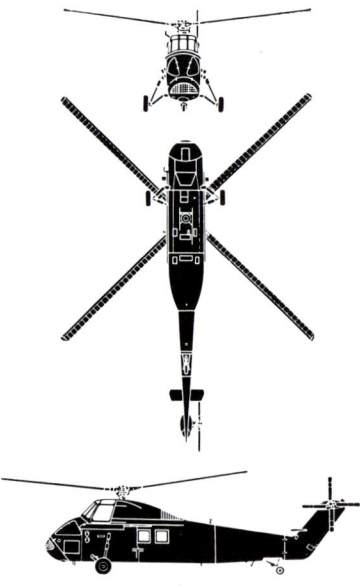

Yakowlew Yak-25, Yak-26 und Yak-27 UdSSR (NATO-Codebezeichnung Flashlight und Mangrove)

Zweisitziger Allwetterjäger, taktischer Aufklärer und Trainer; im Truppendienst.
Daten, Foto und Dreiseitenansicht: Mangrove

Antrieb: 2 RD-9-Strahltriebwerke mit Nachbrenner von
je 4000 kg Schub
Spannweite: 11,75 m
Länge: 18,90 m
Leergewicht: 7710 kg
max. Abfluggewicht: 11 350 kg
Höchstgeschwindigkeit: Mach 0,95 in 11 000 m Höhe
Bewaffnung: 1 30 mm-Kanone im Rumpfvorderteil.

Entwicklung und Truppendienst

Das Yak-25-Ausgangsmuster nahm 1955 den
Dienst als zweisitziger Allwetter-Standardjäger
der Sowjetunion auf (NATO-Code Flashlight A).
Die Yak-25 ist eine ziemlich konventionelle Ganzmetallkonstruktion mit einem mit 45° gepfeiltem
Tragflügel, deren am meisten ins Auge fallendes
Merkmal ein Tandem-Fahrwerk ist. Dieses besteht aus einem einzelnen Bugrad, zwei Hauptfahrwerkrädern unter dem Rumpf im Bereich der
Tragflügelhinterkante und kleinen Auslegerrädern, die in die Flügelspitzenverkleidungen eingefahren werden. Die Triebwerkanlage bestand
ursprünglich aus zwei AM-5-Strahltriebwerken,
die jedoch bei der Yak-25F im Jahre 1957 durch
zwei Klimow RD-9 einer Schubleistung von je
2800 kp ersetzt wurden.
Bei den Flugvorführungen anläßlich des Luftfahrttages 1956 wurden auch Prototypen zweier
Yak-25-Varianten mit größerer Profiltiefe im
Bereich der Flügelwurzeln und längeren Triebwerkgondeln gesichtet. Die Yak-25R (Flashlight-
B) war mit einem einsitzigen Cockpit und einer
verglasten Rumpfspitze ausgerüstet, die einem
Navigator oder Bombenschützen bei Erdkampfeinsätzen Platz bot. Die Yak-27 (Flashlight-C)
war ein Allwetterjäger mit spitzem Bugradom.
Die Yak-27 scheint nicht in größeren Zahlen in
Dienst gestellt worden zu sein; aber eine weiterentwickelte Version der Yak-25R, die über die
Radauslegerverkleidungen hinausragende Flügelspitzen und eine auf nur eine Kanone reduzierte Bewaffnung besaß, wurde als Yak-26 für
taktische Aufklärungseinsätze in Dienst gestellt
– sie erhielt den NATO-Codenamen Mangrove.
Die Weiterentwicklung Firebar/Brewer wird gesondert auf Seite 144 beschrieben.

Yakowlew Yak-28 und Yak-28P   UdSSR (NATO-Codebezeichnung Firebar, Brewer und Maestro)

Zweisitziges Allwetterjagdflugzeug, taktisches Mehrzweckkampfflugzeug und Trainer; im Truppendienst.
Foto und Dreiseitenansicht: Firebar, Daten: Brewer (geschätzt)

Antrieb: 2 Tumansky TDR Mk.R37F-Strahltriebwerke von je 4300 kp Schub (gegenwärtige Versionen besitzen Nachbrennertriebwerke)
Spannweite: 12,95 m
Länge: 21,65 m
max. Abfluggewicht: 15 875 kg
Höchstgeschwindigkeit: 1180 km/h (Mach 1,1) in 11 000 m Höhe
Reichweite: 1930 bis 2575 km
Bewaffnung: 1 30 mm-Kanone an beiden Rumpfseiten; Bomben in innenliegendem Bombenschacht und andere Waffenlasten unter dem Tragflügel.

Entwicklung und Truppendienst

Diese Nachfolgemuster der Yak-25 und Yak-27 wurden zum ersten Mal 1961 in der Öffentlichkeit auf der Luftfahrtschau in Tushino gesehen und können leicht an ihrem Schulterdeckerflügel von der Yak-25/27-Reihe unterschieden werden, die einen Mitteldeckerflügel aufweisen. Die Yak-28 besitzen wie die Yak-26 (NATO-Code Mangrove) über die Stützräder hinausreichende Flügelspitzen, unterscheiden sich jedoch von dieser durch die Tatsache, daß das gesamte Flügelvorderteil zwischen Rumpf und Triebwerkgondel weiter nach vorn reicht. Eine weitere Neuheit an der Yak-28 ist das Vorhandensein zweier zwillingbereifter Hauptfahrwerkeinheiten in Tandemanordnung, wobei die hintere Fahrwerkeinheit viel weiter hinten liegt als bei den früheren Entwürfen. Die Triebwerkgondeln sind außerdem kürzer und haben Lufteinlauf-Zentralkörper.
Die Yak-28P Firebar ist ein Tandem-Zweisitzer, der als Allwetterjäger eingesetzt wird und einen spitzen Radom besitzt sowie mit zwei Anab-Luft-Luft-Lenkwaffen unter dem Flügel ausgerüstet ist. Die Grundausführung der Yak-28 mit der NATO-Codebezeichnung Brewer ist ein taktisches Mehrzweck-Kampfflugzeug mit verglaster Rumpfspitze und kann als „dritte Generation" der Mangrove angesehen werden. Sie ist mit in die Rumpfseiten eingelassenen 30 mm-Kanonen, einem innenliegenden Waffenschacht und gewöhnlich mit einem in einer Verkleidung an der Rumpfunterseite untergebrachten Radar ausgerüstet. Die Firebar hat wahrscheinlich die Flashlight-A, und die Brewer die Il-28 abgelöst. Eine dritte Variante, die die NATO-Bezeichnung Maestro führt, ist eine mit Doppelsteuerung ausgerüstete Trainerversion der Firebar.

Taktisches Kampfflugzeug Vought A-7D Corsair
II der USAF über dem Mount McKinley, dem
höchsten Berg Nordamerikas.

oben: *Einsitziger SAAB J 35 Draken-Jäger der schwedischen Luftstreitkräfte mit vier Falcon-Luft-Luft-Lenkwaffen unter dem Rumpf und unter der Tragfläche.*

unten: *6 Lockheed F-104G Starfighter der Deutschen Luftwaffe.*

oben: *2 De Havilland Venom-Jagdbomber der Schweizerischen Flugwaffe.*

unten: *Einsitziges Kampf- und Aufklärungs-flugzeug der Deutschen Luftwaffe vom Typ Fiat G.91R/3.*

oben: *Marineaufklärer und -bomber Tupolew Tu-16, fotografiert im Flug über dem Mittelmeer.*

unten: *Küstenstationiertes U-Boot-Kampfflugzeug Lockheed P-3B der Königlich-Norwegischen Luftstreitkräfte.*

rechts: *Ein Transporthubschrauber des Typs Boeing Vertol CH-47 Chinook hievt eine Kanone und Nachschub hoch.*

VTOL-Kampfflugzeug vom Typ Hawker Siddeley Harrier G.R.Mk.1 der Royal Air Force führt eine Senkrechtlandung aus.

oben: *2 leichte Kampfflugzeuge vom Typ BAC 167 Strikemaster Mk.84 des Luftverteidigungskommandos von Singapur. Die zivilen britischen Seriennummern waren nur vorübergehend angebracht, während die Maschinen an den Flugvorführungen der Luftfahrtschau in Farnborough im Jahre 1970 teilnahmen.*

unten: *Eine von den Luftstreitkräften der südjemenitischen Volksrepublik eingesetzte De Havilland DHC-2 Mk.1 Beaver.*

Marineaufklärer vom Typ Avro Shackleton
M.R.Mk.2 (vorn) und U-Boot-Kampfflugzeuge
Hawker Siddeley Nimrod M.R.Mk.1 (hinten)
im Dienst bei der No.236 O.C.U. auf dem Royal
Air Force-Stützpunkt St.Mawgan.

KAMPFFLUGZEUGE DER ZWEITEN LINIE

Veraltete Typen, leichte Transport- und Trainingsflugzeuge.

Aerfer/Aermacchi AM.3C   Italien

Dieses dreisitzige Ganzmetallflugzeug wurde als Ersatzmuster für die L-19 und andere Beobachtungsflugzeugtypen entwickelt, die gegenwärtig noch bei der italienischen Armee im Einsatz stehen. Die AM.3C ist ein Gemeinschaftsprodukt von Aerfer und Aermacchi und verwendet den Flügel der Aermacchi-Lockheed AL60. Der Prototyp der AM.3C hatte am 12. Mai 1967 Erstflug. Den Antrieb lieferte ein 340 hp-Continental GTSIO-520-C-Motor. Am 22. August 1968 flog der zweite Prototyp erstmals. Beide Flugzeuge wurden später auf Lycoming GSO-480-B1B6-Motoren umgerüstet. Ein verstärkter Aufhängepunkt unter jedem Flügel unmittelbar außerhalb des Flügelstreben-Anschlußpunkts ermöglicht

es, daß die AM.3 für leichte taktische Unterstützungsaufgaben verwendet werden kann, für die eine Vielfalt von Waffen, darunter zwei drahtgesteuerte Nord AS.11- oder AS.12-Lenkwaffen, zwei 250 lb-Bomben, 122,75 Zoll-Raketen, zwei Minigun-Behälter und 3000 Schuß Munition oder zwei Behälter mit je zwei 7,62 mm-MG und 2000 Schuß Munition befördert werden kann. Die Serienfertigung der AM.3C lief 1970 an, um einem Auftrag von einer nicht genannt sein wollenden Nation des Auslands (wahrscheinlich Südafrika) nachzukommen. Daten: Spannweite 11,73 m, Länge 8,73 m, max. Abfluggewicht 1700 kg, Höchstgeschwindigkeit 278 km/h, max. Reichweite 990 km.

Aermacchi-Lockheed AL.60C5   Italien/Mexiko
und LASA-60

Dieses Ganzmetall-Mehrzweckflugzeug wurde von Lockheed-Georgia entwickelt und als Prototyp geflogen (Erstflug am 15. September 1959). Die Serienfertigung wurde zwei mit Lockheed in Verbindung stehenden Unternehmen übertragen, der Lockheed-Azcarate S.A. in Mexiko und Aermacchi in Italien. Die in Mexiko gebaute Version ist sechssitzig, hat ein Spornradfahrwerk und wird von einem 250 hp-Continental IO-470-R-Motor angetrieben. Nur 18 Maschinen

wurden ausgeliefert. Sie stehen bei der No.209-Such- und Rettungsstaffel der Luftwaffe Mexikos im Einsatz. Andere Versionen werden heute noch bei Aermacchi gebaut. Die Luftstreitkräfte der Zentralafrikanischen Förderation besitzen 10 AL.60C5 mit Spornradfahrwerk und 400 hp-Lycoming IO-720-A1A-Triebwerk (siehe Foto). Daten (AL.60C5): Spannweite 11,99 m, Länge 8,80 m, max. Abfluggewicht 2041 kg, Höchstgeschwindigkeit 251 km/h, Reichweite 1037 km.

Aero 3   Jugoslawien

Dieses Flugzeug ist eine Weiterentwicklung des
zweisitzigen Anfangstrainers Aero 2 und weist
viele gemeinsame Merkmale der Holzkonstruktion seines Vorgängermusters auf, ist jedoch mit
einem leistungsstärkeren Triebwerk (185 hp Lycoming 0-435-A) ausgerüstet, das eine allgemeine Leistungsverbesserung im Gefolge hatte. Die
Produktion lief 1957 an. Die Aero 3 ersetzte
hauptsächlich die im Dienst der jugoslawischen
Luftstreitkräfte stehende Aero 2. Das Hauptun-
terscheidungsmerkmal beider Typen ist neben
der geänderten Triebwerkverkleidung die aus
einem Stück geblasene Cockpitverglasung der
Aero 3, die das konventionelle, mit Streben versehene Cockpit der 2 ablöste. Die Aero 3 ist mit
Doppelsteuerung ausgerüstet; der vordere Sitz
kann mit einer Haube für das Blindflugtraining
abgedeckt werden. Daten: Spannweite 10,49 m,
Länge 8,56 m, Abfluggewicht 1200 kg, Höchstgeschwindigkeit 230 km/h.

Aero L-29 Delfin   CSSR
(NATO-Codebezeichnung Maya)

Der Prototyp dieses Tandem-Anfangstrainers
hatte am 5. April 1959 Erstflug und war mit einem Strahltriebwerk des Typs Bristol Siddeley
Viper ausgerüstet; die Serienmaschinen haben
jedoch das in der CSSR entwickelte M-701 einer
Schubleistung von 870 oder 890 kp als Antrieb.
Die L-29 wurde entworfen, um die kolbenmotor-
getriebenen Trainer abzulösen, die damals noch
im Dienst der Luftstreitkräfte der CSSR standen.
Nach einer Entwurfsbewertung, in der die L-29
mit Strahltrainern anderer Länder verglichen
wurde, wurde die Maschine auch als Standard-
Anfangstrainer der Luftstreitkräfte der Sowjetunion, Bulgariens, DDR, Ägyptens, Ungarns,
Indonesiens, Nigerias, Rumäniens, Syriens und
Ugandas gewählt, und inzwischen sind (Stand
Anfang 1970) ca. 2500 L-29 ausgeliefert worden.
Zwei Unterflügelstationen können Außenbehälter, 220 lb-Bomben, 7,62 mm-Maschinenkano-
nenbehälter oder bis zu acht Raketen aufnehmen. Der für Spezialkunstflugvorführungen verwendete L-29-Akrobat-Kunstflugeinsitzer ist
noch nicht in der Serienproduktion. Daten (L-29):
Spannweite 10,29 m, Länge 10,81 m, max. Abfluggewicht 3540 kg, Höchstgeschwindigkeit
655 km/h, Reichweite 894 km.

Aero L-39 Super Delfin   CSSR

Nach ihrem Erfolg mit dem Anfangstrainer L-29 Delfin – dieser Entwurf wurde nach einem Projektwettbewerb mit sowjetischen und polnischen Konkurrenzentwürfen zum Standardtrainer der Luftstreitkräfte der Sowjetunion und Osteuropas gewählt – entwickelten die Aero-Flugzeugwerke in Vodochody in der Nähe von Prag die L-39, das Nachfolgemuster der L-29. Dies ist ein von einem Walter Titan-Triebwerk (1500 kp Schub, der Entwurf basiert auf dem sowjetischen AI-25W) angetriebener Unterschall-Anfangstrainer, der in ein leichtes Kampfflugzeug umgerüstet werden

kann, wenn er mit Außenlasten bewaffnet ist. Der Erstflug fand am 4. November 1968 statt, und vier weitere Prototypen stießen bis Mitte 1970 zur Flugerprobungsausrüstung. Drei Produktionsprototypen wurden 1970 fertiggestellt, worauf 1971 ein Fertigungslos von 10 und für 1972 die volle Aufnahme der Serienfertigung vorgesehen war. Daten: Spannweite 9,11 m, Länge 12,11 m, max. Abfluggewicht 3800 kg, Höchstgeschwindigkeit 730 km/h, Reichweite 1100 km (mit Flügelspitzentanks 1500 km).

Aero Commander Shrike Commander   USA

Die argentinischen Luftstreitkräfte plazierten im März 1968 als erste Auslandsnation mit 14 Maschinen den ersten bedeutenden Beschaffungsauftrag auf die zweimotorige Shrike Commander-Militärversion; ferner wurde eine Option auf vier weitere Maschinen dieses Typs erteilt. Die Shrike Commander, die ursprünglich als Modell 500U bezeichnet wurde, wird für Verbindungs-, Trainings- und allgemeine Transporteinsätze ver-

wendet. Sie bietet sechs Personen Platz. Die Auslieferung des ersten Fertigungsloses von 14 Maschinen fand zwischen April und Juli 1968 statt. Als Triebwerke finden zwei 290 hp Lycoming IO-540-E1A5-Motoren Verwendung. Daten: Spannweite 14,95 m, Länge 11,15 m, max. Abfluggewicht 3062 kg, Höchstgeschwindigkeit 346 km/h in 3050 m Höhe.

Aèrospatiale N 262   Frankreich

Die Standard-N 262 wurde von der früheren Nord-Aviation (jetzt Aerospatiale) als ein 26- bis 29-sitziges Transportflugzeug mit zwei Turboméca Bastan-Triebwerken als Antrieb ausgelegt. Die N 262 ist eine konventionelle Konstruktion mit einer Druckkabine und Hauptfahrwerkgondeln direkt am Rumpf. Eine ganze Reihe von N 262 wurde als Zivilmaschinen verkauft. Im Januar 1967 bestellte die französische Marine 15 Stück der A-Version (siehe Foto), die von zwei 1065 shp-Bastan VIC-Triebwerken angetrieben

wurden und die sie als Besatzungstrainer bzw. leichte Transportflugzeuge einsetzen wollte. Die französischen Luftstreitkräfte besitzen sechs N 262 A und sollen noch 18 weitere Flugzeuge der Serie D erhalten, die als Antrieb je zwei 1130 shp Bastan VIIA-Turbinen haben und als Trainings- und Verbindungsflugzeuge Verwendung finden sollen. Daten (Srs.D): Spannweite 21,90 m, Länge 19,28 m, max. Abfluggewicht 10 600 kg, Höchstgeschwindigkeit 418 km/h, Reichweite 1825 km bei 397 km/h.

Aérospatiale SE 210 Caravelle   Frankreich

Zwei dieser Flugzeuge, denen bei der Einführung des mit Strahltriebwerken im Heck ausgerüsteten Jet-Typs eine Pionierrolle zukommt, sind als Präsidenten-Transportflugzeuge im Einsatz und werden von militärischem Personal bedient und gewartet. Die französische Groupe des Liaisons Aérienne Ministerielle besitzt eine Caravelle Srs. III (siehe Foto) mit Rolls-Royce Avon 527-Strahltriebwerken von 5170 kp Schub, wie sie von der Air France eingesetzt wird. Die jugoslawischen Luftstreitkräfte betreiben ferner eine Caravelle

VI-N (Antrieb zwei Avon 531 von 6350 kp Schub). Beide Versionen werden von einer 3 Mann-Besatzung geflogen und sind mit einer Spezial-Inneneinrichtung ausgerüstet. 1971 übergab die SAS zwei ihrer Caravelle an die schwedischen Luftstreitkräfte, die sie jetzt als Ausrüstungs-Erprobungsträger einsetzen. Daten (Srs.III): Spannweite 34,30 m, Länge 32,00 m, max. Abfluggewicht 46 000 kg, Höchstgeschwindigkeit 800 km/h, Reichweite mit max. Nutzlast 1700 km.

Aérospatiale SE 313B Alouette II Frankreich
Artouste, SA 315 Lama und SA 318C
Alouette II Astazou

Der fünfsitzige SE 313B mit 360 hp Turboméca Artouste IIC-Wellenturbine hatte am 12.. März 1955 Erstflug. Von den insgesamt 923 gebauten Maschinen dieses Typs waren 363 zur Lieferung an die französischen Streitkräfte und andere für Militär- und Zivilkunden in 33 verschiedenen Ländern bestimmt, darunter 267 für die bundesdeutschen Streitkräfte und 17 für die britische Armee (als Alouette A.H.Mk.2). Die französische Armee hat ferner den SA 318C Alouette II mit 360 hp Turboméca Astazou IIA-Wellenturbine im Einsatz, der bessere Leistungen aufweist als die Vorgängerversion. Diese Version steht heute noch in der Serienfertigung. Der SA 315 Lama hat die Zelle des Aloutte II und ein 870 shp Artouste IIIB-Triebwerk sowie die dynamischen Komponenten der Alouette III. Der Alouette II kann Nord S.S.10- und 11-Panzerabwehrlenkwaffen mit sich führen. Daten (SA 318C): Rotordurchmesser 10,20 m, Rumpflänge 9,75 m, Abfluggewicht 1650 kg, Höchstgeschwindigkeit 205 km/h, Reichweite 720 km.

Aérospatiale/Westland Frankreich/
SA 341 Gazelle Großbritannien

Der fünfsitzige SA 341 wird von der Aérospatiale und Westland für die französischen und britischen Streitkräfte hergestellt. Der Prototyp wurde als modernisierte Weiterentwicklung des Alouette II kopiert, weist eine ähnliche Konfiguration wie dieser auf und verwendet das gleiche, erprobte Getriebesystem und das gleiche 600 shp Astazou IIIN-Triebwerk. Der halbstarre Dreiblattrotor besitzt GFK-Blätter. Der Heckrotor ist verkleidet in der Heckflosse untergebracht. Der Prototyp (SA 340-01), der anfänglich mit einem Alouette II-Heckrotor ausgerüstet war, flog am 7. April 1967 erstmals. Der zweite Prototyp folgte am 17. April 1968 und entspricht dem Serienmodell weitgehend. Darauf wurden vier Vorserien-Gazelle gebaut, von denen der dritte (XW 276) nach britischen Army-Normen ausgerüstet ist. Die britischen Varianten sind der Gazelle A.H. Mk.1 (Army und Marineflieger), H.T.Mk.2 (Navy), H.T.Mk.3 (Royal Air Force) und H.C.C.Mk.4 (Royal Air Force). Daten: Rotordurchmesser 10,50 m, Länge 9,52 m, max. Abfluggewicht 1700 kg, Höchstgeschwindigkeit 257 km/h, Reichweite 670 km.

Aerotec T-23 Uirapuru   Brasilien

Der Prototyp dieses Ganzmetall-Leichtflugzeugs (zwei Sitze nebeneinander) flog am 2. Juni 1965 erstmals, angetrieben von einem 108 hp Lycoming 0-235-C1-Motor. Die zweite Uirapuru besaß einen 150 hp Lycoming 0-320-A-Motor und wurde der brasilianischen Marine als Ersatzmuster der in Brasilien gebauten Fokker S.11 und S.12 Instructor angeboten, die als Anfangstrainer Verwendung fanden. 30 Uirapuru wurden Anfang 1968 bestellt (Militärbezeichnung T-23), und 1969 wurde eine Nachfaßbestellung auf 40 weitere Maschinen erteilt. Diese sind mit einem

160 hp Lycoming 0-320-B2B-Triebwerk ausgerüstet und unterscheiden sich vom Zivilmodell durch voll verstellbare Sitze, Steuerknüppel statt Steuerhörner, ein Bugrad der gleichen Größe wie die Hauptfahrwerkräder und eine modifizierte Cockpitverglasung, bei der nur der Mittelteil nach hinten verschiebbar ist. Nach dem Verlust der ersten Serien-T-23 im Jahre 1968 wurde eine kleine Ventralflosse am Rumpfheck montiert, um das Herausnehmen aus dem Trudeln zu erleichtern. Daten: Spannweite 8,50 m, Länge 6,60 m, Abfluggewicht 840 kg, Höchstgeschwindigkeit 225 km/h.

Agusta A.106   Italien

Seit die Firma Augusta die Lizenzrechte zum Bau der Bell 47 im Jahre 1952 erwarb, hat sich das Unternehmen fast ausschließlich der Produktion von Bell-Entwürfen gewidmet. Später kamen zu dieser Aktivität noch Sikorsky- und Boeing Vertol-Lizenzen dazu. Einer der wenigen Hubschrauber, deren Entwurf von Augusta selbst stammt, ist der A.106, der erstmals im November 1965 flog und auf eine Forderung der italienischen Marine nach einem leichten U-Boot-Bekämpfungshubschrauber zugeschnitten war. In dieser Einsatzrolle kann der A.106 zwei Mk.44-

Torpedos und Ausrüstung zur Kontaktidentifizierung mit sich führen. Zwei Prototypen, die beide von je einer 330 hp Turboméca-Augusta TAA 230-Wellenturbine angetrieben werden, wurden von der italienischen Marine ausgewertet, und 1970 wurde eine bewaffnete Version untersucht, die auf eine Anforderung der Armee hin geschaffen wurde. Daten: Rotordurchmesser 9,50 m, Länge 10,975 m, max. Abfluggewicht 1340 kg, Höchstgeschwindigkeit 177 km/h, Reichweite 249 km (740 km mit Außenbehältern).

A.I.S.A. I-115   Spanien

Die I-115, die am 16. Juli 1952 Erstflug hatte, ging 1954 als Standardtrainer der spanischen Luftstreitkräfte mit der Bezeichnung E-9 in Serie, um die veralteten, damals noch im Dienst stehenden Jungmann-Doppeldecker abzulösen. Insgesamt wurden 450 Maschinen dieses Typs ausgeliefert. Den Antrieb lieferte ein 150 hp ENMA Tigre G-IV-B-Motor. Die I-115 ist eine Holzkonstruktion und ist mit Doppelsteuerung und Doppelinstrumentierung ausgerüstet. Viele I-115 sind später Fliegerclubs übergeben worden; die meisten noch im Dienst stehenden Muster werden für Verbindungsflüge eingesetzt. Daten: Spannweite 9,53 m, Länge 7,34 m, Abfluggewicht (normal) 898 kg, Höchstgeschwindigkeit 240 km/h, Flugdauer 5 h bei 203 km/h.

Antonow An-2   UdSSR
(NATO-Codebezeichnung Colt)

Die An-2 (Erstflugdatum im Lauf des Jahres 1947) wurde als robustes, vielseitiges Flugzeug ausgelegt, das als Ersatz der kleinen Po-2 dienen sollte und insbesondere für Landwirtschaftsflüge in abgelegenen Gebieten verwendet werden konnte. Die Fähigkeit dieses Flugzeugs, dank seiner großen Flügelfläche von kurzen Pisten aus zu operieren und eine Nutzlast von ca. 1 1/4 Tonnen befördern zu können, machte es zum idealen Mehrzwecktransporter für die sowjetischen Luftstreitkräfte. Einige tausend Maschinen dieses Typs wurden gebaut. Viele davon wurden für militärische Einsatzrollen an andere Länder geliefert, darunter an Afghanistan, Bulgarien, Kuba, die CSSR, die DDR, Ungarn, Nordkorea, Polen und Rumänien. In Polen und in der Volksrepublik China wurde die An-2 sogar in Lizenz gebaut. Den Antrieb liefert ein 1000 hp ASh-62-IR-Triebwerk. Die An-2 kann 14 Soldaten, sechs Tragbahren oder Fracht transportieren und auf Ski- oder Schwimmfahrwerk umgerüstet werden. Daten: Spannweite 18,18 m, Länge 12,95 m, max. Abfluggewicht 5500 kg, Höchstgeschwindigkeit 253 km/h, Reichweite 905 km bei 200 km/h.

Antonow An-8
(Nato-Codebezeichnung Camp) UdSSR

Einer von insgesamt fünf gebauten Prototypen dieses von zwei Turboproptriebwerken angetriebenen Frachtflugzeugs wurde zum ersten Mal 1965 anläßlich des großen Luftfahrttags auf dem Flughafen Tushino in Moskau gezeigt. Später wurde nur wenig von der An-8 bekannt, obwohl von den 100 Serienmaschinen, die gebaut worden sein sollen, hin und wieder eine oder zwei im Hintergrund von Fotos auftauchen, die Antonows spätere und größere Flugzeugentwürfe darstellten. Ein Exemplar, das die Nr. 11 trug, wurde ferner als Fallschirmjäger-Transporter gezeigt. Im Jahre 1967 wurde eine An-8 von USAF-Flugzeugen über Nordvietnam ausgemacht und verfolgt, während sie einen Spezialaufklärungseinsatz flog. Einige An-8 stehen immer noch im Dienst, allerdings in anderen Einsatzrollen als jenen, für die sie ursprünglich entwickelt wurden (als Truppen- und Frachttransporter). Die Turboproptriebwerke sind vom Typ Kusnetsow NK-2M und leisten je 5100 hp. Daten (geschätzt): Spannweite 30 m, Länge 26 m, Abfluggewicht 40 000 kg, Höchstgeschwindigkeit 610 km/h.

Antonow An-14
(NATO-Codebezeichnung Clod) UdSSR

Die An-14, die am 15. Mai 1958 zum Erstflug startete, wurde einer langen Flugerprobung unterzogen, während der die Flügel- und Heckkonstruktion beträchtlich abgeändert und leistungsstärkere Triebwerke installiert wurden. Für die Aeroflot, die die Maschine als Lufttaxi, Ambulanz- und Landwirtschaftsflugzeug einsetzt, wurde die An-14 in Großserie gefertigt. Die Serienmuster sind mit je zwei 300 hp Iwtschenko Al-14RF-Motoren ausgerüstet und bieten in der Normalausführung sechs Passagieren in der Kabine Platz. Seit 1967 wurden einzelne Exemplare der An-14 im Dienst der sowjetischen Luftstreitkräfte und der Luftstreitkräfte anderer Ostblockländer, darunter der DDR, gesehen. Daten: Spannweite 21,99 m, Länge 11,32 m, max. Abfluggewicht 3600 kg, max. Reisegeschwindigkeit 190 km/h, Reichweite 470 km mit 720 kg Nutzlast.

Armstrong Whitworth Sea Hawk   Großbritannien

Von den 555 von Armstrong Whitworth und Hawker gebauten Sea Hawk stehen heute nur noch 30 Maschinen im Einsatz, und zwar bei der Staffel der indischen Marine, die zusammen mit einer Breguet Alizé-Einheit an Bord des Marine-Flugzeugträgers Vikrant Dienst tut. Indien beschaffte 21 Sea Hawk FGA Mk.6 des gleichen Serienstandards wie die letzte Sea Hawk-Serienversion, die bei der Royal Navy verwendet wurde. (Die Royal Navy beschaffte insgesamt 434 Maschinen dieses Typs in sechs verschiedenen Marken.)

Weitere Exportaufträge kamen aus der Bundesrepublik (64 Mk.100 und Mk.101) und aus den Niederlanden (36 mit Sidewinder ausgerüstete Mk.50). Zu einem späteren Zeitpunkt übernahm Indien 31 der bundesdeutschen Sea Hawks. Alle Sea Hawk-Versionen hatten als Antrieb ein Rolls-Royce Nene-Strahltriebwerk (in der Sea Hawk F. [G.A.] Mk.6 z.B. das Nene 103 von 2450 kp Schub). Daten: Spannweite 11,89 m, Länge 12,09 m, Abfluggewicht 7348 kg, max. Marschgeschwindigkeit 1093 km/h in Seehöhe.

Auster A.O.P.9. und D-Baureihe   Großbritannien

Einige wenige Exemplare der mit einem Blackburn Bombardier-Motor ausgerüsteten Auster A.O.P.9 fliegen heute noch, davon je zwei bei der britischen Armee und beim Air Support Command der Royal Air Force, das sie für Verbindungsdienste einsetzt. 35 Maschinen gingen an die indischen Luftstreitkräfte, bei der vielleicht auch heute noch einige wenige Dienst tun. 15 Exemplare der mit einem Lycoming-Motor aus-

gerüsteten Auster D5/160 wurden an die portugiesischen Luftstreitkräfte geliefert. Zusätzlich wurde ein Fertigungslos von 150 D4 und D5 in Lizenz von der Firma OGMA in Portugal gebaut, die ebenfalls an die Luftstreitkräfte dieses Landes gingen. Daten (D5/160): Spannweite 10,97 m, Länge 6,75 m, Abfluggewicht 1089 kg, Höchstgeschwindigkeit 201 km/h, Reichweite 933 km.

BAC One-Eleven   Großbritannien

Die Royal Australian Air Force bestellte als erste Luftwaffe der Welt den Kurz- und Mittelstrecken-Airliner BAC One-Eleven für militärische Zwecke, nämlich für den Transport von hochgestellten Persönlichkeiten. Zwei Maschinen dieses Musters lösten die vorher verwendeten kolbenmotorgetriebenen Convair 440 ab, die im Dienst der No. 34 (VIP) Squadron auf dem Luftstützpunkt Fairbairn, Canberra, standen. Diese Staffel führt Transport- und Verbindungsflüge für Persönlichkeiten der australischen Regierung durch. Die von Australien bestellten Maschinen

sind im Grund Modelle der Baureihe 200, haben zwei Rolls-Royce Spey-2Mk.506-Zweikreistriebwerke als Antrieb und besitzen eine Inneneinrichtung, die den Passagieren einen hohen Komfortstandard bietet. Zwei andere BAC One-Eleven wurden – zur Verwendung als VIP- und Präsidentenflugzeuge – von den brasilianischen Luftstreitkräften beschafft (siehe Foto). Daten: Spannweite 26,97 m, Länge 28,50 m, max. Abfluggewicht 35 833 kg, Höchstgeschwindigkeit 871 km/h, max. Reichweite 1858 km.

Beagle Basset C.C.Mk.1   Großbritannien

Die Basset C.C.Mk.1 ist ein fünf- bis achtsitziges leichtes Transportflugzeug. Von diesem Muster wurden 20 Maschinen für die Royal Air Force gebaut, die sie als Nachfolger der Anson für Verbindungs- und Überführungsflüge einsetzt. Die Basset der RAF hatte am 24. Dezember 1964 Erstflug. Die Basset ist ein Mitglied der Beagle B.206-Familie, deren Entwicklungsgeschichte mit der B.206X begann, die am 15. August 1961 Erstflug hatte und von zwei 260 hp Continental IO-470-A-Motoren angetrieben war. Der zweite

Prototyp B.206Y flolg am 12. August 1962 erstmals, und auf ihn folgten zwei B.206Z-Vorserienflugzeuge. Diese drei Flugzeuggruppen waren mit je zwei 310 hp Rolls-Royce Continental GIO-470-A-Motoren ausgerüstet, die auch den Standardantrieb der Zivil- und Militärversionen der B.206 Series I bilden, darunter auch der Basset. Das abgebildete Flugzeug wurde von Prince Charles geflogen. Daten: Spannweite 13,96 m, Länge 10,29 m, Abfluggewicht 3314 kg, Höchstgeschwindigkeit 360 km/h, Reichweite 2647 km.

Beech C-45 Expeditor   USA

Während des Zweiten Weltkriegs wurden ungefähr 5204 Militärversionen des zweimotorigen Transportflugzeugs Beechcraft 18 ausgeliefert, und auch heute noch steht eine ganze Reihe dieser Flugzeuge bei der US Navy und bei ca. 30 Luftstreitkräften der Welt im Einsatz. Die Versionen der US Navy sind die RC-45J und TC-45J, die für Foto- bzw. Trainingsaufgaben ausgerüstet sind. Die am weitesten verbreiteten Versionen sind die C-45G und C-45H. Das sind sechssitzige Mehrzwecktransporter, die nach dem Krieg durch den Umbau von T-7 und T-11 Kansan-Trainern

für die US Air Force produziert wurden. Einige Exemplare der T-11 Kansan stehen noch im Einsatz, insbesondere in den Staaten Südamerikas. An Kanada gingen insgesamt 388 Expeditor; dort tun heute noch 25 Mk.3T, vier Mk.3N, 33 Mk.3TM, 79 Mk.3NM und sechs Mk.3NMT Dienst, und Kanada hat heute auch absolut die meisten Beech 18 im Einsatz. Daten (C-45G): 2450 hp Pratt & Whitney R-985-AN-3-Kolbenmotoren, Spannweite 14,50 m, Länge 10,34 m, Abfluggewicht 408 kg, Höchstgeschwindigkeit 362 km/h, Reichweite 1931 km, Foto: T-11Kansan.

Beechcraft Musketeer   USA

Die Musketeer, der kleinste Vertreter der Beechcraft-Baureihe von Leichtflugzeugen und Geschäftsreiseflugzeugen, steht seit 1962 in der Serienfertigung – über 2000 Maschinen dieses Typs stehen heute in der Welt im Einsatz. Die Mehrzahl dieser Muster wurde an Privatleute, Firmen oder Aero Clubs geliefert (in der zwei- oder viersitzigen Variante). Im Januar 1970 wurden 20 zweisitzige Musketeer Sport an die Fuerza Aérea Mexicana ausgeliefert, wo sie als Instrumententrainer verwendet werden. Dieses Muster wird von einem 150 hp Lycoming O-320-E2C-Motor angetrieben und ist mit einem festen Dreibeinfahrwerk ausgerüstet. Anfang 1971 bestellten die kanadischen Streitkräfte 25 Musketeer. Daten: Spannweite: 9,98 m, Länge 7,64 m, max. Abfluggewicht 1020 kg, Höchstgeschwindigkeit 225 km/h, Reichweite 1416 km.

Beech T-34 Mentor   USA

Die Beech Mentor, die von dem für zivile Aufgaben bestimmten Leichtflugzeug Bonanza abgeleitet wurde, hatte am 2. Dezember 1948 Erstflug. Sie wurde auf privater Basis entwickelt. Drei YT-34 wurden 1950 von der US Air Force für Evaluationszwecke bestellt. Darauf wurden 350 T-34A für die US Air Force gebaut, und die US Navy erhielt 423 T-34B, bevor die Serie im Oktober 1957 auslief. Zusätzlich zu den in den USA in Serie gebauten Maschinen wurde die Mentor von den Firmen Canadian Car und Foundry für die US Air Force (100 Stück) und die Royal Canadian Air Force (25 Stück) gefertigt. Fuji Industries bau-

te 140 Maschinen für die japanischen Luftstreitkräfte und 36 für die philippinischen Luftstreitkräfte; 75 Stück liefen in Cordoba in Argentinien vom Band. Ferner wurde die Mentor von den USA an Chile, Kolumbien, Mexiko, El Salvador, Saudi-Arabien, Spanien und Venezuela geliefert, und 24 der T-34 der kanadischen Luftstreitkräfte gingen an die Türkei. Daten: 1225 hp Continental 0-470-13-Motor, Spannweite 10,0 m, Länge 7,90 m, max. Abfluggewicht 1338 kg, Höchstgeschwindigkeit 304 km/h, Reichweite 1183 km, Foto: von Fuji gebaute Mentor.

Beech T-42A   USA

Im Februar 1965 gab die US Air Force bekannt, daß sie die Beech B55 Baron in ihrer Ausschreibung für einen neuen zweimotorigen Instrumententrainer mit festem Fahrwerk zum Sieger gewählt habe. Diese Entwurfsausschreibung war auf bereits verfügbare Flugzeugmuster beschränkt. Beech erhielt in der Folge einen Auftrag auf die Lieferung von 65 Flugzeugen, die die

Bezeichnung T-42A erhielten. Die Grundausführung der B55 Baron ist ein vier- bis sechssitziges leichtes Transportflugzeug, das von zwei 260 hp Continental I0-470-L-Triebwerken angetrieben wird. Daten: Spannweite 11,53 m, Länge 8,31 m, max. Abfluggewicht 2313 kg, Höchstgeschwindigkeit 380 km/h, Reichweite 1970 km.

Beech U-8 Seminole   USA

Die letzte Version der an die US Air Force gelieferten Seminole ist die U-8F, die als Zivilflugzeug am 28. August 1958 erstmals flog. Diese Version stellte eine Weiterentwicklung der Twin Bonanza mit vergrößertem Rumpf, der bis zu sechs Personen Platz bot, und mit zwei 340 hp Lycoming IGSO-480-Motoren dar. Drei Vorserien- und 68 Serienmuster der U-8F wurden ausgeliefert. Ferner wird eine Zivilversion als Queen Air 65 auf dem Markt angeboten und von den japanischen Marine-Selbstverteidigungsstreitkräften als Standard-Kommandotransporter und Naviga-

tionstrainer verwendet. Andere Muster stehen bei den Lüftstreitkräften Venezuelas und Uruguays im Einsatz. Zu den früheren Seminole-Modellen, die bei der US Air Force Dienst tun, gehören die U-8D mit 340 hp GSO-480- und die U-8E mit 295 hp GO-480-Motor, die den Zivilmustern F50 und D50 Twin Bonanza entsprechen. Daten (U-8F): Spannweite 13,98 m, Länge 10,82 m, max. Abfluggewicht 3493 kg, Höchstgeschwindigkeit 395 km/h, Reichweite 2027 km, Foto: U-8D.

Beech U-21   USA

Beech entwickelte die U-21 aus der U-8 und der Queen Air weiter, um damit den US Army-Forderungen nach einem leichten Transport- und Mehrzweckflugzeug nachzukommen, das speziell für den Einsatz in Vietnam gedacht war. 1963 baute man bei Beech eine Queen Air-Zelle für die Aufnahme zweier Pratt & Whitney PT6A-6-Turboproptriebwerke um, und dieses Flugzeug wurde von der US Army unter der Typenbezeichnung NU-8F evaluiert. In der Serienversion, die im Oktober 1966 unter der Bezeichnung U-21A bestellt wurde, ist die zugrundegelegte Zelle mit einem doppelten Frachtladetor, einer aufwendigen Avionikausrüstung und einer Inneneinrichtung für 10 Soldaten, 6 bis 8 Mann Kommandopersonal oder 3 Tragbahren ausgerüstet. Die

Auslieferung der U-21A lief im Mai 1967 an, und durch entsprechende Nachfolgeaufträge war die Gesamtzahl Ende 1970 bis auf 167 Maschinen angewachsen. Darunter befinden sich die Typen U-21A, RU-21A und RU-21D mit 550 hp PT6A-20-Turbinen und RU-21B, RU-21C und RU-21E, die mit PT6A-29-Triebwerken ausgerüstet sind und ein Gesamtgewicht von 4944 kg haben. Ein Exemplar der druckbelüfteten King Air, die äußerlich der U-21A gleicht, tut bei der VIP-Staffel der US Air Force auf der Andrews Air Force Base als VC-6A Dienst. Mindestens eine andere VC-6A steht bei der US Army im Einsatz. Daten: Spannweite 15,32 m, Länge 10,82 m, max. Abfluggewicht 4377 kg, Foto: RU-21D.

Beechcraft 99   USA

Die erste Bestellung einer Beechcraft 99A, die für militärische Zwecke eingesetzt werden sollte, wurde 1970 angekündigt, als die chilenische Luftwaffe neun Exemplare dieses Typs orderte, die die Beech C-45 ablösen sollte, die bereits mehr als 20 Jahre im Dienst gestanden waren. Die Beechcraft 99A, die von zwei 680 shp Pratt & Whitney PT6A-27-Turbinen angetrieben wird, ist im Grunde ein 15sitziges Zubringer-Verkehrsflugzeug; ca. 150 Stück davon stehen im Zivileinsatz. Der Prototyp hatte im Juli 1966 Erstflug, und die Auslieferung der verfeinerten Serienversion lief im Mai 1968 an. Daten: Spannweite 14,00 m, Länge 13,58 m, max. Abfluggewicht 4717 kg, max. Reisegeschwindigkeit 457 km/h in 3650 m Höhe, Reichweite bis zu 1770 km.

Bell H-13 Sioux   USA

Einige tausend Stück des Bell 47-Hubschraubers wurden seit 1947 gebaut. Die Serienfertigung läuft heute noch, um den Bestellungen von militärischer und ziviler Seite nachzukommen. Mindestens bei 20 Luftstreitkräften steht dieser Hubschrauber in verschiedenen Versionen im Einsatz, wobei die US-Produktion durch Lizenzbau durch Agusta, Italien, durch Kawasaki in Japan und durch Westland in Großbritannien ergänzt wurde. Der OH-13G der US Army und der TH-13M der US Navy basieren auf der Zivilausführung 47G, die einen 200 hp Franklin 6V4-200-C32-Motor als Antrieb besitzt. Der OH-13H geht auf den OH-13-2 mit 240 hp Lycoming VO-435-Triebwerk zurück. Zu den späten Serienmustern gehören der dreisitzige OH-13S, ein Standard-47G-3B mit 260 hp TVO-435-25-Motor, der 1970 noch in der Produktion für die US Army stand, die zweisitzige Instrumententrainerversion des 47G-3B-1, der von einem 270 hp TVO-435-25-Motor angetriebene TH-13T, von dem 415 Exemplare an die US Army geliefert wurden, und schließlich 47J-3 mit vier- bis fünfsitziger Kabine und verkleidetem Heckrotorträger, der von Agusta für die italienische Marine und andere Kunden als U-Boot-Kampfhubschrauber gebaut wurde. Der Sioux A.H.Mk.1 der britischen Armee und der H.T.Mk.2 der Royal Air Force entsprechen im Grunde dem 47G-3B-1, der von Westland gebaut wurde. Daten (47G-3B-1): Rotordurchmesser 11,31 m, Länge 9,62 m, max. Abfluggewicht 1338 kg, Höchstgeschwindigkeit 169 km/h, Reichweite 506 km, Foto: Sioux Mk.1.

Bell TH-57 SeaRanger und OH-58 Kiowa USA

Nach der Wahl des leichten Beobachtungshub-schraubers Hughes OH-6A Cayuse eröffnete die US Army ihre Entwurfsausschreibung um einen leichten Beobachtungshubschrauber im Jahre 1967 von neuem. Dieses Mal hieß der Gewinner Bell, dessen Version des Modells 206A JetRanger das Rennen machte. Die Army plazierte einen Auftrag auf 300 Maschinen (Typenbezeichnung OH-58A). Die Gesamtbeschaffungszahl sollte 1972 bei 2200 Maschinen zu liegen kommen. Die kanadischen Streitkräfte haben 74 Muster bestellt – die Typenbezeichnung in Kanada lautet COH-58A –, die australische Armee und Marine bestellten 75 bzw. 9 Maschinen, wovon einige Muster von der Firma Commonwealth Aircraft Corporation gebaut werden, und das grundsätzlich ähnliche Modell AB-206A wurde in 22 Exemplaren von Schweden, vom Iran, von Österreich, Saudi-Arabien, der Türkei und den italienischen Streitkräften (60) bei Agusta geordert. Eine Version mit einem größeren Rotor, der AB-206A-1, wird für die italienische Marine gebaut. Im Januar 1968 erhielt die US Navy den JetRanger in der Version TH-57A SeaRanger. 40 Stück dieses leichten Trainings-Turbinenhub-schraubers wurden ausgeliefert. Der JetRanger wird von einer 317 hp Allison 250-C18-Turbine angetrieben. Daten (OH-58A): Rotordurchmesser 10,77 m, Länge 12,49 m, max. Abfluggewicht 1360 kg, Höchstgeschwindigkeit 222 km/h in Seehöhe, Foto: OH-58A (Iran).

Beriew Be-6 UdSSR
(Nato-Codebezeichnung Madge)

Das Standard-Hochseeaufklärungs- und U-Boot-Bekämpfungs-Flugboot der sowjetischen Marineflieger ist seit langen Jahren die von zwei 2000 hp Schwetsow ASh-73-Sternkolbenmotoren angetriebene Be-6. Sie hat eine Besatzung von acht Mann an Bord, darunter Schützen zur Bedienung der Abwehrbewaffnung, einer 20 mm-Kanone im Bug und der fernbedienten Waffenstationen auf der Rumpfoberseite. Die Aufhängevorrichtungen für die Waffenlast von Torpedos, Wasserbomben oder Minen befinden sich unter dem Flügel, unmittelbar außenbords der Triebwerkgondeln. Auf der Bootskörperunterseite befindet sich ein einziehbarer Radom; einige Flugzeuge sind mit einer im Heck sitzenden MAD-Sonde ausgerüstet (MAD – Magnetic Anomaly Detection – Erfassung magnetischer Anomalien). 1970 war die Be-6 bereits zur Gänze von der turbopropgetriebenen Be-12 (siehe Seite 17) ersetzt. Daten: Spannweite 33 m, Länge 25,60 m, max. Abfluggewicht 23 360 kg, Höchstgeschwindigkeit 415 km/h, Reichweite 4800 km.

Beriew Be-10
(NATO-Codebezeichnung Mallow)

UdSSR

Dieses Flugboot ist nur in kleinen Zahlen im Dienst der sowjetischen Marineflieger gesichtet worden. Die Be-10 ist das Ergebnis der Anwendung der letzten Erkenntnisse auf dem Gebiet der Hydrodynamik – sie besitzt einen Bootskörper hohen Längen/Breiten-Verhältnisses, einen tiefen Rumpfhinterteil und eine einzelne tiefe Stufe. Die Kombination von negativer V-Stellung des Tragflügels und der Flügelpfeilung machte die Anbringung der Stabilisierungsschwimmer an den Flügelspitzen möglich. Die Be-10, die in der UdSSR die offizielle Bezeichnung M-10 führt, läßt nicht die Verwendung von Angriffswaffen erkennen. Es erscheint aus diesem Grund möglich, daß sie eine rotierende Waffenraumtür an der Unterseite des Bootskörpers besitzt. Logischer-weise erwartet man von einem Flugzeug dieses Typs, daß es Anti-Schiff-Raketen mit sich führt. Die Be-10 oder M-10, die von zwei AL-7PB-Strahltriebwerken angetrieben wird, hält den Weltgeschwindigkeitsrekord von Wasserflugzeugen mit einer in zwei Läufen über einen 15/25 km-Kurs erreichten Durchschnittsgeschwindigkeit von 912 km/h. Zu den weiteren 11 Rekorden, die dieses Flugboot erzielt hat, gehört ein Höhenrekord ohne Nutzlast von 14 962 m, ein Höhenrekord mit einer Nutzlast von nahezu 15 Tonnen von 11 997 m und ein Geschwindigkeitsrekord mit einer Fünftonnen-Nutzlast über einen 1000 km-Kreis von 875,86 km/h. Daten: Spannweite 24,38 m, Länge 32,90 m.

Boeing VC-137 und Modell 707

USA

Ca. 12 Exemplare der zivilen Boeing 707 stehen heute im militärischen Einsatz und führen eine ganze Reihe von Missionen durch. Die berühmteste Maschine dieses Typs ist die vom Präsidenten der USA benützte und vom 89th Military Airlift Wing betriebene „Air Force One" mit der Typenbezeichnung VC-137. Diese Maschine ist im Grunde eine 707-320B mit einer Spezialinneneinrichtung. Drei andere 707, die bei der USAF für den Transport bedeutender Persönlichkeiten verwendet werden, entsprechen im wesentlichen dem kleineren 707-120-Modell; sie wurden als VC-137A beschafft und später zu VC-137B modifiziert, indem man Zweikreistriebwerke einbaute. Vier von der Luftwaffe als Personal- und Frachttransporter hauptsächlich zwischen Europa und jenen US-Stützpunkten, auf denen die Luftwaffen Pilotenausbildung erfolgt, eingesetzte Flugzeuge sind Standard-707-320C. Die Canadian Armed Forces beschafften 1970 fünf 707-320C, von denen zwei Spezialvorrichtungen zum Betanken der CF-5 und der F-101 aufweisen. Zwei 707 wurden ferner von den portugiesischen Luftstreitkräften gekauft. Daten: Spannweite 44,42 m, Länge 46,61 m, max. Abfluggewicht 150 590 kg, max. Reisegeschwindigkeit 966 km/h, Reichweite 6437 km, Foto: CC-137 (707-320C) der kanadischen Luftstreitkräfte.

Breguet Br.765 Sahara   Frankreich

Nach den sehr erfolgreichen Versuchen mit drei Breguet 761S-Transportern (den Antrieb dieser Flugzeuge lieferten vier Pratt & Whitney R-2800-Motoren von je 2020 hp) bestellten die französischen Luftstreitkräfte Ende 1956 15 verbesserte Breguet 765 Sahara, nahmen den Auftrag jedoch später aus budgetären Gründen bis auf vier Maschinen wieder zurück. Die erste Sahara hatte am 6. September 1958 Erstflug – diese Maschine war mit vier 2500 hp R-2800 CB-17-Motoren ausgerüstet. Normalerweise ist dieses Flugzeug mit Flügelspitzentanks ausgestattet; die Nutzlast kann entweder aus 146 voll ausgerüsteten Sol-

daten oder aus 17 Tonnen Fracht bestehen, darunter Panzer, Kanonen und Fahrzeuge, die, wenn die hinteren Ladetore ausgebaut sind, auch aus der Luft abgesetzt werden können. Die französischen Luftstreitkräfte sind ferner im Besitz von sechs früher der Air France gehörenden Br.763, die im wesentlichen der Br.765 entsprechen, aber 2400 hp R-2800 CA-18-Triebwerke als Antrieb haben. Daten: Spannweite 43,05 m, Länge 28,93 m, max. Abfluggewicht 54 000 kg, Höchstgeschwindigkeit 418 km/h, Reichweite 4715 km.

Bristol 171 Sycamore   Großbritannien

Der Bristol-171-Hubschrauber war der erste in Großbritannien nach dem Zweiten Weltkrieg entworfene und gebaute Hubschrauber. Der Erstflug des Prototyps (VL958) fand am 24. Juli 1947 statt. Die erste Militärversion war der Sycamore H.C.Mk.10 (WA578), der von der britischen Armee 1951 in Malaysia für Evakuierungsversuche eingesetzt wurde, und vier H.R.Mk.12 H.C.Mk.11 wurden 1951 an die Royal Army für Verbindungseinsätze geliefert. Vier H.R.Mk.12 gingen 1952 an das RAF Coastal Command, das sie in bezug auf ihre Verwendbarkeit als U-Boot-Kampfhub-

schrauber und hinsichtlich anderer Einsatzmöglichkeiten untersuchte. Zwei H.R.Mk.13 wurden Anfang 1953 der No.275 Squadron des Fighter Command zugeteilt, worauf 1954 die Auslieferung der mit Detailänderungen versehenen fünfsitzigen H.R.Mk.14 folgte. Einige wenige Exemplare des Sycamore H.R.Mk.14 stehen heute noch in Großbritannien bei der Metropolitan Communcations Squadron im Einsatz. Daten: Rotordurchmesser 14,81 m, Länge 14,07 m, Höchstgeschwindigkeit 212 km/h, Reichweite 531 km.

Britten-Norman BN-2A Islander   Großbritannien

Im Jahre 1970 verstärkte sich das Interesse an den Militärversionen der Islander, obwohl nur eine Handvoll der bisher ausgelieferten Maschinen für militärischen Einsatz bestimmt sind – die meisten Islander stehen im zivilen Luftverkehr in Verwendung. Zu den ersten militärischen Kunden gehört die Abu Dhabi Defence Force, die zwei Maschinen für Verbindungsdienste einsetzt (siehe Foto). Zu den weiteren militärischen Aufgaben, die die Islander ausführen kann, gehören Such- und Rettungs-, Grenzpatrouillen-und Aufklärungsflüge. Ein im Rumpfbug installiertes Bendix- oder RCA-Wetterradar kann bei kartographischen Einsätzen als Navigations- und Suchhilfe verwendet werden. Verschiedene Bewaffnungsauslegungen wurden vorgeschlagen, darunter fest eingebaute, seitlich feuernde Kanonen- und Raketenbehälter unter den Trag-

flügeln. Die Grundversion BN-2A wird von zwei 260 hp Lycoming 0-540-E4C5-Motoren angetrieben und hatte am 13. Juni 1965 Erstflug; die mit zwei 300 hp Lycoming IO-540-K-Triebwerken ausgerüstete BN-2A-2-Version flog am 30. April 1970 erstmals. Die Version Defender der Islander, die im Mai 1971 angekündigt wurde, ist für die Ausführung von Küstenpatrouilleflügen und Sicherungseinsätzen im Inneren des Landes vorgesehen, kann auf den zwei innenliegenden Unterflügelstationen eine Waffenlast von je 317kg und an zwei außenliegenden Stationen je 113 kg Waffenlast mitführen. Die Defender kann ferner mit Vorwärtssichtradar und einer Vielfalt von MG-Installationen im Rumpf ausgerüstet werden. Daten: Spannweite 14,94 m, Länge 10,86 m, max. Abfluggewicht 2857 kg, Marschgeschwindigkeit 257 km/h in 2135 m Höhe, Reichweite 1400 km.

CASA 1.131E   Spanien

Die CASA 1.131E ist eine in Spanien in Lizenz gebaute Version der Bücker Bü 131 Jungmann, eines zweisitzigen Doppeldeckertrainers, dessen Prototyp in Deutschland am 27. April 1934 Erstflug hatte. Die Serienproduktion bei der CASA lief 1939 an, und schließlich waren 550 Flugzeuge dieses Typs gebaut, von denen die letzte Maschine 1963 an die spanischen Luftstreitkräfte ausgeliefert wurde. Die im Foto abgebildete letz-

te Version ist mit einem 125 hp ENMA Tigre G-IV-Motor ausgerüstet und wird bei den spanischen Luftstreitkräften als E-3-B bezeichnet. Viele 1.131E wurden inzwischen von neueren militärischen Trainern abgelöst und an zivile Fliegerklubs übergeben. Daten: Spannweite 7,39 m, Länge 6,73 m, max. Abfluggewicht 720 kg, Höchstgeschwindigkeit 200 km/h, Reichweite 500 km.

CASA 207 Azor   Spanien

Die Azor, das größte Flugzeug spanischen Ursprungs, das in Großserie gebaut wurde, hatte
am 28. September 1955 Erstflug. Seit diesem
Zeitpunkt wurde dieses Flugzeug in zwei Versionen für die spanischen Luftstreitkräfte unter der
Bezeichnung T.7 gebaut. Die erste Baureihe von
10 Flugzeugen bestand aus CASA C.207-A (T.7A)
die für die Aufnahme einer Besatzung von vier
Mann und von 30 bis 40 Passagieren in einer kli-
matisierten Kabine ausgelegt war. Die zweite Serie von 10 Flugzeugen, die als CASA C.207-C (T.
7B) bekannt sind, sind Frachtflugzeuge, die mit
einem großen Frachtladetor ausgerüstet sind.
Alle Versionen haben zwei Bristol Hercules 730-
Motoren von 2040 hp als Antrieb. Daten: Spannweite 27,80 m, Länge 20,85 m, max. Abfluggewicht 16500 kg, Höchstgeschwindigkeit 455 km/
h, Reichweite 2610 km.

Cessna O-1 Bird Dog   USA

Die O-1 (früher L-19) Bird Dog, eines der ersten
leichten Verbindungs- und Beobachtungsflugzeuge, die nach dem Zweiten Weltkrieg für die
US Army Field Forces gebaut wurden, gewann
im April 1950 eine entsprechende Entwurfsausschreibung. Im März 1964 waren insgesamt 3431
Maschinen dieses Typs unter den Bezeichnungen O-1A und O-1E an die US Army und an das
US Marine Corps unter der Bezeichnung O-1B
ausgeliefert. Von letzterer Version wurden 60
Einheiten gebaut. Die Marineflieger erhielten
ferner 25 O-1C, die den anderen Versionen entsprachen, aber mit leistungsstärkeren Triebwerken und geraden Leitwerkflächen ausgerüstet
waren. Die US Air Force hat für vorgeschobene
Beobachterflüge über Vietnam modifizierte Bird
Dog-Versionen im Dienst, die die Bezeichnungen O-1F und O-1G führen. Die O-1 wurde in einer Stückzahl von 90 Maschinen an Frankreich
und ferner an Kanada, Kambodscha, Österreich,
Brasilien, Chile, Italien, Südkorea, Laos, Libanon,
Norwegen, Thailand und Südvietnam geliefert;
in Japan wurde dieser Flugzeugtyp von Fuji in
Lizenz gebaut. Daten (O-1E): 1213 hp Continental O-470-11-Motor, Spannweite 10,90 m, Länge
7,89 m, max. Abfluggewicht 1103 kg, Höchstgeschwindigkeit 184 km/h, Reichweite 848 km.
Foto: O-1E.

Cessna O-2   USA

Die US Air Force erhielt diese Version der mit je einem Zug- und Druckpropeller ausgerüsteten Cessna 337 Super Skymaster Ende 1966, um die Cessna O-1 als vorgeschobene Jägerleitflugzeuge abzulösen. Zu diesem Zweck wurde eine Reihe von Modifikationen vorgenommen, darunter vier Unterflügelpylons für die Aufnahme von Kanonenbehältern, Raketen, Leuchtsignalen etc. Die von zwei 210 hp Continental IO-360-C/D-Triebwerken angetriebene O-2 ist mit Doppelsteuerung und ausbaubaren Passagiersitzen ausgerüstet. Die US Air Force hat eine Bestellung auf 299 O-2A aufgegeben (Stand 1970), und 12

Maschinen wurden von den Luftstreitkräften des Iran gekauft. Ferner beschaffte die US Air Force 1967 31 O-2B, die für die psychologische Kriegführung zum Einsatz kommen. Diese Flugzeuge sind mit Hochleistungs-Luft-Boden-Übertragungssystemen ausgerüstet. Weitere Bestellungen wurden zu einem späteren Zeitpunkt aufgegeben. Die FTMA Minirole ist eine bewaffnete STOL-Version der Cessna 337/O-2, die erstmals 1971 von Reims Aviation in Frankreich geflogen wurde. Daten: Spannweite 11,63 m, Länge 9,07 m, max. Abfluggewicht 1952 kg, Höchstgeschwindigkeit 320 km/h, Foto: O-2A (Iran).

Cessna T-41   USA

1964 entschloß sich die US Air Force, die Pilotenschüler ca. 30 Stunden auf kolbenmotorgetriebenen Mustern zu schulen, bevor das Training auf dem Anfangsstrahltrainer T-37B aufgenommen werden sollte. Um dies zu ermöglichen, bestellte sie 170 Standardmuster des Leichtflugzeugs Cessna 172. Diese Maschinen, die die Militärbezeichnung T-41A erhielten, waren alle bis Sommer 1965 ausgeliefert. Sie tragen zivile Kennzeichen, da diese Phase des Trainings der US Air Force von vertraglich verpflichteten Flugschulen durchgeführt wird. Weitere 67 Maschinen folgten 1967. Acht T-41A gingen an Ekuador. Singapur besitzt ähnliche Cessna 172. Die US Army kaufte 255 T-41B, die im wesentlichen der T-41A entsprechen, aber mit einem 210 hp Continental

IO-360-D-Triebwerk ausgerüstet sind. Ähnliche Muster sind die T-41C, die Cessna 1967 und 1968, in einer Stückzahl von 45 Maschinen an die US Air Force Academy ausgeliefert hat, und die T-41D, von der die kolumbianische Luftwaffe 30 Einheiten erhielt. Andere Cessna-Schulterdecker-Leichtflugzeuge sind das Modell 180 mit Spornradfahrwerk und 230 hp Continental O-470 R-Motor, das in Argentinien, Australien, Guatemala, Honduras und Mexiko im Dienst steht, und das Modell 182 mit O-470-R und Bugradfahrwerk, das als L-19L an Kanada verkauft wurde. Daten (T 41 A): 1 Continental O-300-C-Motor von 145 hp, Spannweite 11,02 m, Länge 8,07 m, max. Abfluggewicht 1043 kg, Höchstgeschwindigkeit 224 km/h, Reichweite 1158 km. Foto: T-41D.

Cessna U-3   USA

Die U-3A, die ursprünglich als L-27A bekannt war, ist die zivile Cessna 310A (Erstflug 3.Januar 1953), die für eine Entwurfsausschreibung der US Air Force für ein leichtes zweimotoriges Verbindungs- und Frachtflugzeug modifiziert wurde. Cessna gewann diese Ausschreibung mit der U-3. Der Anfangsauftrag auf 80 Maschinen wurde später verdoppelt. In der geräumigen Kabine der U-3A finden fünf Personen Platz. Diese Version kann leicht an der ungepfeilten Seitenflosse erkannt werden. Der Version A folgte die für Allwetterbetrieb zugelassene U-3B, die auf der mit gepfeilter Seitenflosse ausgerüsteten zivilen Cessna 310E basiert. In beiden Fällen wird der Großteil des Treibstoffs in Flügelspitzentanks mitgeführt. Die blau-weiße, für Kommando und Stabsmaschinen verwendete Bemalung führte dazu, daß die U-3 als „Blue Canoe" bekannt wurde. Die französischen Luftstreitkräfte besitzen 12 sechs- bis achtsitzige Cessna 411 mit 340 hp GTSIO-520-Turboladermotoren, die im wesentlichen der U-3 entsprechen, und 10 Cessna 310, die als Verbindungsflugzeuge auf den Stützpunkten in Bretigny und Istres stationiert sind. Daten (U-3A): Zwei 240 hp Continental O-470-M-Kolbenmotoren, Spannweite 10,97 m, Länge 8,25 m, max. Abfluggewicht 2132 kg, Höchstgeschwindigkeit 372 km/h, Reichweite 1368 km.

Cessna U-17   USA

Das Modell 185 Skywagon, eines der größten Flugzeuge innerhalb der Cessna-Einmotorigenbaureihe, wurde von verschiedenen Ländern für militärische Einsatzrollen gekauft, unter einem US Air Force-Kontrakt in Serie gebaut und im Rahmen des amerikanischen militärischen Hilfsprogramms an Nationen des Auslands geliefert. Die Skywagon hat die militärische Typenbezeichnung U-17. Bis 1963 wurden insgesamt 169 U-17A und 136 U-17B bestellt. Zu den Ländern, die U-17 erhielten, zählen Costarica, Südvietnam und Laos. Flugzeuge des Typs Skywagon, die von einem 300 hp Continental IO-520-D-Motor angetrieben werden, wurden auch von den südafrikanischen Luftstreitkräften (siehe Foto) und Peru direkt bei Cessna gekauft. Das größere Modell 207 Turbo-Skywagon wurde von den indonesischen Luftstreitkräften beschafft. Daten: Spannweite 11,02 m, Länge 7,85 m, max. Abfluggewicht 1497 kg, Höchstgeschwindigkeit 280 km/h.

Chance Vought F4U Corsair   USA

Von den insgesamt 12 571 im Zeitraum von 1940 bis 1952 gebauten Corsair steht nur mehr eine kleine Zahl in Lateinamerika im Einsatz. Die Luftstreitkräfte von Honduras besaßen die F4U-4 mit 2100 hp Pratt & Whitney R-2800-18W-Triebwerk, die F4U-5 mit 2400 hp R-2800-32W und die ihr im wesentlichen entsprechende F4U-5N, die einen Radom an der Vorderseite des rechten Flügels für Nachtjagdeinsätze aufwies. Ein Dutzend Corsair stehen heute immer noch in Honduras im Einsatz. Auch die Luftwaffe von El Salvador hat ungefähr sechs F4U-5. Alle Versionen sind mit vier 20 mm-Kanonen bewaffnet und mit Unterflügelstationen für die Aufnahme von acht Raketen oder zwei Bomben bis zu einem Gewicht von je 680 kg ausgerüstet. Daten (F4U-5): Spannweite 12,48 m, Länge 10,52 m, max. Abfluggewicht 6840 kg, Höchstgeschwindigkeit 744 km/h.

Convair C-131 Samaritan und T-29   USA

Convair baute insgesamt 508 militärische Versionen seiner Verkehrsflugzeugreihe 240/340/440 für die US Air Force und die US Navy. Das erste Militärmuster war die T-29A, ein nicht druckbelüfteter Navigations-, Bombenwurf- und Radartrainer, der am 22. September 1949 erstmals flog und von dem 48 Maschinen gebaut wurden. Die T-29B (Erstflug 30. Juli 1952), die eine druckbelüftete Kabine aufwies, wurde in 105 Exemplaren gefertigt. Die T-29C hatte am 28. Juli 1953 Erstflug, besaß 2500 hp Pratt & Whitney R-2800-99W statt der 2400 hp leistenden R-2800-77- oder R-2800-99-Triebwerke. Von diesem Typ wurden 119 Maschinen gebaut, von denen einige später mit Spezialausrüstung bestückt wurden und die Bezeichnung ET-29C erhielten. Die T-29D, die am 11. August 1953 Erstflug hatte, dient als Navigations- und Bombenwurf-Fortgeschrittenentrainer und hat keine Astrodome – 93 Maschinen davon wurden gebaut. Zu Stabstransportern umgebaute Maschinen werden als VT-29A, B, C und D bezeichnet. Die C-131A Samaritan, von welchem Typ 26 Stück gebaut wurden, sind Evakuierungstransportflugzeuge, die auf der Convair 240 basieren; einige wurden zu VC-131A mit Luxus-Inneneinrichtung umgebaut. Der 48sitzige Transporter und Elektronik-Erprobungsträger C-131B, von dem 36 Maschinen gebaut wurden, und der Transporter C-131D (33 Stück gefertigt) gingen auf das Modell 340 zurück, ebenso wie die beiden YC-131-Turboprop-Erprobungsträger. 10 C-131E wurden als ECM-Trainer gebaut (ECM-Electronic Countermeasures – elektronische Gegenmaßnahmen), aber sechs davon wurden später in Fotoüberwachungs- und Kartographie-Flugzeuge mit der Bezeichnung RC-131F und eines in eine RC-131G umgebaut, die vom Military Air Transport System zur Überprüfung von Navigationshilfen eingesetzt wurde. Die Navy erhielt 36 Fracht-, Personal- und Evakuierungstransporter vom Typ C-131F und zwei C-131G, die dem Zivilmodell 440 entsprachen und als Transport- und Forschungsflugzeuge eingesetzt wurden. Außerdem verwendet die Navy ca. 10 T-29B, die ihr von der US Air Force zur Verfügung gestellt worden sind. Vier VC-131H wurden auf Allison 501D-13-Turboproptriebwerke umgerüstet, um als VIP-Transporter eingesetzt zu werden, und bei den kanadischen Streitkräften operieren acht mit ähnlichen Triebwerken ausgerüstete CC-109 Cosmopolitan. Daten (C-131B): 2 Pratt & Whitney R-2800-99W-Kolbenmotoren von je 2500 hp, Spannweite 32,10 m, Länge 24,12 m, max. Abfluggewicht 21 320 kg, Höchstgeschwindigkeit 472 km/h, Reichweite 724 km.

Convair PBY Catalina USA

Dieses Amphibium steht immer noch bei verschiedenen Luftstreitkräften und Marinefliegereinheiten im Einsatz, darunter bei jenen von Argentinien, Brasilien, China, Nationalchina, Dänemark, Dominique, Ekuador, Indonesien, Mexiko und Peru. Die Catalina-Baureihe wurde mit dem PBY-5-Flugboot gestartet, von dem 1196 Maschinen in den USA und Kanada gebaut wurden. Einige davon wurden während des Zweiten Weltkriegs als Catalina an die Royal Air Force geliefert, und eine Version wurde als GST (NATO-Codebezeichnung Mop) in der Sowjetunion gebaut. Die PBY-5A stellte eine Weiterentwicklung zu einem Amphibium dar, die in Kanada als Canso bekannt war. Von dieser Maschine und der verbesserten PBY-6A wurden insgesamt 944 Maschinen gebaut. Die davon noch im Einsatz befindlichen Muster werden zumeist für Transport- und Rettungsdienste verwendet. Als Antrieb dienen zwei 1200 hp Pratt & Whitney R-1830-Triebwerke. Daten: Spannweite 31,70 m, Länge 19,46 m, max. Abfluggewicht 15 422 kg, Höchstgeschwindigkeit 315 km/h, Reichweite 4055 km.

Curtiss-Wright C-46 Commando USA

Die Commando, die am 26. März 1940 als 36sitziges Passagierverkehrsflugzeug zum ersten Mal flog, wurde zu einem der meistverwendeten USAAF-Transporter des Zweiten Weltkriegs. Insgesamt wurden 3180 Maschinen von diesem Typ gebaut. Obwohl sie weniger gut bekannt ist als die C-47 Dakota, leistete die Commando gute Dienste, vor allem bei Flügen nach China. Die Exemplare, die noch vereinzelt im Einsatz stehen, insbesondere in Brasilien, Nationalchina, Dominique, Honduras, Japan, Südkorea, Peru und Uruguay, sind meistens die Varianten C-46A, C-46D und C-46F. Als Nutzlast konnten 50 Soldaten oder 7260 kg Fracht befördert werden. Daten: zwei 200 hp Pratt & Whitney R-2800-51 oder -75-Motoren, Spannweite 32,94 m, Länge 23,26 m, max. Abfluggewicht 20 412 kg, Höchstgeschwindigkeit 388 km/h, Reichweite 2900 km.

Dassault Fan Jet Falcon   Frankreich

Luftstreitkräfte verschiedener Länder verwenden dieses kleine Hochgeschwindigkeitsflugzeug für VIP-Einsätze. Dazu gehören die australischen Luftstreitkräfte, die drei Maschinen dieses Typs besitzen, die bei der No.34 Squadron in Fairbairn stationiert sind, die Luftstreitkräfte Kanadas (7 Maschinen) und die belgische Luftwaffe. Die Fan Jet Falcon, die von zwei General Electric CF-700-Zweikreistriebwerken von je 1905 oder 1930 kp Schub angetrieben wird, befördert normalerweise zwei Mann Besatzung und acht Passagiere, kann aber in der Hauptkabine in weniger luxuriös ausgestatteten Versionen bis zu 14 Sitze aufnehmen. Die französischen Luftstreitkräfte besitzen eine Falcon, die mit gleichen Radar und den gleichen Navigationssystemen ausgerüstet ist wie die Mirage III und verwendet sie für das Training der Kampfpiloten. Daten: Spannweite 16,30 m, Länge 17,15 m, max. Abfluggewicht 12 400 kg, Höchstgeschwindigkeit 862 km/h, Reichweite 3540 km mit max. Treibstoffzuladung und 725 kg Nutzlast.

Dassault MD-315 Flamant   Frankreich

Diese Version der Flamant, die mit zwei 580 hp SNECMA-Renault 12S-02-201-Motoren ausgerüstet ist, ist ein leichtes Transportflugzeug, das eine Besatzung von zwei Mann und 10 Passagiere oder eine entsprechende Frachtmenge aufnehmen kann. Insgesamt 137 Maschinen dieses Typs wurden gebaut. Einige Flamant MD-312 stehen heute noch bei der französischen Luftwaffe und bei der französischen Marine im Einsatz. Die MD-312 ist ein sechssitziges Verbindungsflugzeug, von der 142 Stück gebaut wurden. Einige wenige andere Flamant stehen bei den Luftwaffen von Kambodscha und Tunesien im Einsatz. Alle Flamant-Versionen können zu Fracht- oder Ambulanzflugzeugen umgebaut werden und stammen ursprünglich vom MD-303-Prototyp ab, der am 10. Februar 1947 Erstflug hatte. Daten (MD-315): Spannweite 20,67 m, Länge 12,45 m, max. Abfluggewicht 5788 kg, Höchstgeschwindigkeit 380 km/h, Reichweite 1054 km, Foto: MD-312.

Dassault MD-450 Ouragan   Frankreich

Die Ouragan, der Vorläufer der Pfeilflügel-Strahl-jägerbaureihe Mystère, hatte am 28. Februar 1949 Erstflug. Insgesamt wurden 12 Vorserienmaschinen und 350 Serienmuster dieses einsitzigen Jagdbombers für die französischen Luftstreitkräfte gebaut. Einige wenige Flugzeuge dieses Typs stehen heute noch in Frankreich für Testzwecke in Verwendung. Von den anderen Maschinen gingen 104 an die indischen Luftstreitkräfte und 75 wurden an die Israel Defence Force verkauft. Die indischen Flugzeuge, die unter dem Namen Toofani bekannt sind, wurden bereits außer Dienst gestellt. In Israel stehen aber immer noch zwei Ouragan-Erdkampfstaffeln im Einsatz. Als Triebwerk findet das Hispano-Suiza (Rolls-Royce) Nene 104B von 2422 kp Schub Verwendung. Die Bewaffnung besteht aus vier 20 mm-Kanonen und 16 Raketen oder aus Bomben eines Gewichts von 1000 kg. Daten: Spannweite mit Flügelspitzentanks 13,16 m, Länge 10,73 m, max. Abfluggewicht 6800 kg, Höchstgeschwindigkeit 940 km/h.

De Havilland DHC-1   Kanada/
Chipmunk   Großbritannien

Die Chipmunk, die ursprünglich eine Konstruktion von De Havilland of Canada war, wurde auf beiden Seiten des Atlantiks in Serie gebaut. Die Muttergesellschaft in Kanada produzierte insgesamt 218 Maschinen dieses Typs, darunter 100 für die Royal Canadian Air Force. Über 50 davon stehen heute noch als DHC-1B-2 Chipmunk Mk.2 bei den kanadischen Streitkräften im Einsatz. Diese Maschinen sind mit einer einteiligen Schiebehaube ausgerüstet. Von de Havilland in Großbritannien wurden im Werk Chester insgesamt 1014 Flugzeuge gebaut, darunter die zivile Mk.21 und die militärische T.Mk.10. Über 100 Maschinen tun heute noch Dienst bei der Royal Air Force und bei der Royal Navy; 20 stehen bei der Army Air Corps Trainings School in Verwendung. Chipmunk wurden ferner an ungefähr ein Dutzend Luftstreitkräfte des Auslands geliefert. Daten (T.Mk.10): ein 145 hp Gipsy Major 8-Kolbenmotor, Spannweite 10,47 m, Länge 7,75 m, max. Abfluggewicht 914 kg, Höchstgeschwindigkeit 222 km/h, Reichweite 450 km.

De Havilland DHC-2 Mk.1 Beaver   Kanada

Die Beaver hatte am 16. August 1947 Erstflug und stellte die zweite Eigenkonstruktion der Firma de Havilland of Canada dar. Ein hoher Anteil der insgesamt 1657 Maschinen wurde an 20 Luftstreitkräfte des Auslands geliefert. 986 Maschinen gingen an die US Air Force und US Army. Diese führten vorher die Bezeichnung L-20A, wurden jedoch später in U-6A umbenannt. Weitere Chipmunk bilden die Standardausrüstung der British Army Air Corps mit Flugzeugen mit festem Fahrwerk. Die Beaver kann mit einem Rad-, Schwimmer-, Ski- oder Amphibienfahrwerk ausgestattet werden. Im Dienst der US-Streitkräfte haben Flugzeuge des Typs Beaver in der Arktis und in vielen anderen Teilen der Welt Dienst getan. Daten: ein 450 hp Pratt & Whitney R-985-AN-1 oder -3-Kolbenmotor, Spannweite 14,64 m, Länge 9,24 m, max. Abfluggewicht 2313 kg, Höchstgeschwindigkeit 229 km/h, Reichweite 1255 km.

De Havilland DHC-3 Otter   Kanada

Die 11sitzige Otter ist der „große Bruder" der Beaver, der sie in der Auslegung sehr nahekommt. Am 12. Dezember 1951 fand der Erstflug dieses Typs statt. Insgesamt 460 Maschinen Militär- und Zivilversionen wurden gebaut. Ca. neun Luftstreitkräfte sind mit diesem Flugzeugtyp ausgerüstet. Die 69 Otter der kanadischen Streitkräfte wurden hauptsächlich für Such- und Rettungsdienste in der Arktis, für das Absetzen von Fallschirmtruppen und für fotografische Aufgaben verwendet. Über 30 Maschinen standen 1970 noch im Einsatz. Die US Army bestellte 1955 ein Testlos von sechs YU-1 und erteilte einen An- schlußauftrag auf 84 U-1A, die als Nachschubflugzeuge für vorgeschobene Kampflinien flogen und heute als Mehrzweck- und Verbindungsflugzeuge Dienst tun. Alle Otter können mit Rad-, Schwimmer- oder Skifahrwerk ausgerüstet werden. Die U-1A sind jedoch im allgemeinen mit Normalfahrwerk ausgestattet, da sie zumeist über Land eingesetzt werden. Daten: ein 600 hp R-1340-Kolbenmotortriebwerk, Spannweite 17,69 m, Länge 12,80 m, max. Abfluggewicht 3629 kg, Höchstgeschwindigkeit 257 km/h, Reichweite 1520 km.

De Havilland DHC-6 Twin Otter   Kanada

Wie der Name schon sagt, wurde dieses Passagierflugzeug, das 19 Personen aufnimmt, aus der einmotorigen Otter abgeleitet. Ein bedeutender Teil der Rumpf- und Flügelstruktur der Otter wurde beibehalten, doch fanden zwei Turbopropmotoren statt des einen Kolbenmotors der Otter Verwendung. Das Ausgangsmuster Series 100 Twin Otter unterscheidet sich von der Series 200 nur geringfügig: die Series 200 hat einen längeren Rumpfbug und damit mehr Gepäckraum. Beide werden von zwei Pratt & Whitney PT6A-20-Turbopropmotoren von je 579 Wellen-PS angetrieben, während die Flugzeuge der Series 300 zwei 652 eshp PT6A-27, erhöhtes Bruttogesamt-gewicht und bessere Flugleistungen haben. Ca. 300 Twin Otter wurden bis heute ausgeliefert. Sie stehen zumeist als Verkehrs- und Geschäftsreiseflugzeuge im Zivileinsatz. Militäraufträge auf die Twin Otter kamen von den argentinischen Luftstreitkräften (5), der argentinischen Armee (3) und der argentinischen Marine (1), von den kanadischen Streitkräften (8 Maschinen mit der Typenbezeichnung CC-138) und von den Luftstreitkräften Chiles (7), Jamaikas (1), Perus (11) und Norwegens (4). Daten: Spannweite 19,81 m, Länge 15,77 m, max. Abfluggewicht 5670 kg, Höchstgeschwindigkeit 338 km/h, Reichweite 1198 km.

De Havilland (Hawker Siddeley)   Großbritannien
D.H.104 Dove, Devon und Sea Devon

Die Dove wurde 1948 bei der Royal Air Force in Dienst gestellt und in der Militärversion als Devon C.Mk.1 bezeichnet. Nach der Umrüstung von den ursprünglich verwendeten 380 hp Gipsy Queen 70-Triebwerken auf Gipsy Queen 175 wurde die Bezeichnung in C.Mk.2 abgeändert. Die Haupteinsatzrolle der Devon ist der Transport von Militärpersonal, und die meisten der ca. 30 Exemplare wurden den entsprechenden Gruppen und Kommandos für den persönlichen Gebrauch der Offiziere zur Verfügung gestellt. Einige wenige Maschinen fliegen bei der Metropolitan Communications Squadron. 13 ähnliche Muster wurden von der Royal Navy beschafft, die sie unter der Bezeichnung Sea Devon C.Mk.20 als Verbindungsflugzeug einsetzt. Ca. ein Dutzend andere Luftstreitkräfte haben die Dove als Verbindungs- und Trainingsflugzeuge verwendet, und einige wenige Maschinen stehen heute noch im Einsatz. Daten: Spannweite 17,37 m, Länge 11,96 m, max. Abfluggewicht 4060 kg, Höchstgeschwindigkeit 370 km/h, Reichweite 1416 km.

De Havilland (Hawker Siddeley) Großbritannien
D.H.114 Heron

Als viermotorige Ergänzung der Dove entwickelt, flog die Heron am 10. Mai 1950 in der ursprünglichen Version D.H.114 Series 1 erstmals, die noch mit festem Fahrwerk ausgerüstet war. Die Heron mit Einziehfahrwerk, die im Jahre 1952 folgte, wurde in einer Stückzahl von insgesamt mehr als 140 Maschinen gebaut. Sie war in zwei Versionen erhältlich. Die Heron steht heute noch bei Luftstreitkräften von acht Ländern in kleinen

Zahlen im Einsatz. Die No.781 Squadron der britischen Marineflieger betreibt noch vier Heron, die für Verbindungsflüge zwischen den Navy-Stützpunkten in Großbritannien verwendet werden. Alle diese Maschinen werden von vier 250 hp Gipsy Queen 30 Mk.2-Kolbenmotoren angetrieben. Daten: Spannweite 21,80 m, Länge 14,80 m, max. Abfluggewicht 6124 kg, Reichweite 1287 km bei 297 km/h.

Dornier Do 27 Bundesrepublik Deutschland

Bevor nach dem Zweiten Weltkrieg die Herstellung von Flugzeugen in der Bundesrepublik wieder erlaubt war, arbeiteten viele deutsche Flugzeugkonstrukteure im Ausland. So wurde auch der Prototyp der Do 27, die von einem 150 hp ENMA Tigre G-IVB-Motor angetriebene Do 25, in Spanien gebaut, um einer Forderung der spanischen Luftstreitkräfte zu entsprechen. Die Do 25 hatte am 25. Juni 1954 Erstflug, und ein Jahr später, am 27. Juni 1955, folgte der Do 27-Prototyp, der mit einem 275 hp Lycoming GO-480-Motor ausgerüstet war. Die Serienfertigung der Do 27 wurde in der Bundesrepublik vorgenommen, wo die erste von insgesamt 428 von der Luftwaf-

fe und dem Heer bestellten Do 27A am 17. Oktober 1956 erstmals flog. Weitere Maschinen wurden an Belgien, den Kongo, Nigeria, Portugal, Schweden, die Schweiz, Südafrika und die Türkei geliefert, und 50 Stück wurden in Spanien als CASA 127 in Lizenz gebaut. Das Grundmuster Do 27A ist ein fünfsitziges Flugzeug, das auch für Fracht- und Evakuierungsflüge eingesetzt werden kann. Die Do 27H besitzt einen 340 hp GSO-480-Motor. Daten (Do 27A): Spannweite 12,00 m, Länge 9,60 m, max. Abfluggewicht 1850 kg, Höchstgeschwindigkeit 226 km/h, Reichweite 1100 km.

Dornier Do 28D
Skyservant

Bundesrepublik
Deutschland

Die Dornier Skyservant ist die letzte Ableitung aus dem STOL-Flugzeug Do 28, von dem ungefähr 120 Exemplare der Versionen Do 28A und Do 28B gebaut wurden. Einige wenige dieser Maschinen stehen als militärische Verbindungsflugzeuge im Einsatz. Die Do 28D Skyservant stellt eine vollständige Umkonstruktion des Vorgängermusters dar und hat einen aufnahmefähigeren Rumpf. Der Prototyp hatte am 23. Februar 1966 Erstflug. Nachdem sieben Do 28D gebaut worden waren, wurde die Produktion auf die Do 28D-1 umgestellt, die einen Tragflügel etwas größerer Spannweite und ein höheres Bruttogesamtgewicht aufweist. Der größte Einzelauftrag auf diese Version stammt von den Streitkräften der Bundesrepublik, die insgesamt 121 Maschinen bestellten. Davon gehen 20 an die Marine, die anderen Maschinen erhält die Luftwaffe und das Heer. Weitere vier Maschinen wurden bereits zu einem früheren Zeitpunkt von der Luftwaffe zur Verwendung bei der Flugbereitschaft beschafft. Zwei Flugzeuge wurden von der türkischen Armee für ihre Flugtrainingsschule bestellt. Die Skyservant wird von zwei 380 hp Lycoming IGSO-540-Motoren angetrieben. Daten: Spannweite 15,50 m, Länge 11,60 m, max. Abfluggewicht 3650 kg, Höchstgeschwindigkeit 320 km/h, Reichweite 1810 km.

Douglas C-47, C-117 Skytrain und Dakota   USA

Insgesamt 10 926 DC-3 wurden in den USA gebaut. Dieses Flugzeug ist in seinen vielen Versionen und Varianten zu einem der bekanntesten Transporter der Welt geworden. Viele 28-sitzige C-47-Standardmuster stehen heute noch bei der US Air Force und bei der US Navy im Einsatz. Weitere Hunderte von Maschinen werden bei über 50 Luftstreitkräften der ganzen Welt verwendet, sehr oft unter der britischen Bezeichnung Dakota. Die C-47 Skytrain war das Grund-Serienmodell der US Air Force, wurde jedoch von den äußerlich ähnlichen Stabs-Transporterversionen C-117A, B und C ergänzt. Die C-117D ist ein verbessertes Modell der US Navy mit neuem Tragflügel und neuem Heck und 1535 Wright R-1820-Motoren. Die schwer bewaffneten „Gunship"-Versionen dieses Typs, die die Bezeichnung AC-47 Spooky führen, stehen äußerst erfolgreich im Vietnamkrieg im Einsatz, wo sie gegen leicht bewaffnete gegnerische Bodentruppen verwendet werden; andere Maschinen dieses Typs (Typenbezeichnung EC-47) fliegen – ebenfalls in Vietnam – Spezialaufklärungseinsätze. Daten (C-47): 2 Pratt & Whitney R-1830-90C-Kolbenmotoren von je 1200 hp. Spannweite 28,96 m, Länge 19,64 m, max. Abfluggewicht 11 790 kg, Höchstgeschwindigkeit 370 km/h, Reichweite 2415 km, Foto: C-47.

Douglas C-54 Skymaster USA

Als die USA 1941 in den Krieg eintraten, wurde das neue Verkehrsflugzeug Douglas DC-4 gerade in Serie gebaut. Sofort wurde dieser Flugzeugtyp auch für militärische Aufgaben verwendet, und schließlich waren für die US Air Force und die US Navy mehr als 1000 Maschinen gebaut. Von den verschiedenen Varianten, die produziert wurden, stehen heute noch viele Maschinen bei mindestens einem Dutzend Luftstreitkräften der Welt im Einsatz. Darunter befindet

sich auch die US Air Force, für die 38 Spezialumbauten mit der Typenbezeichnung HC-54D für Such- und Rettungseinsätze gefertigt wurden. Die Standard-Nutzlast der C-54 besteht aus 50 Soldaten oder 14515 kg Fracht. Daten: vier 1450 hp Pratt & Whitney R-2000-Kolbenmotoren, Spannweite 35,82 m, Länge 28,62 m, max. Abfluggewicht 33 112 kg, Höchstgeschwindigkeit 440 km/h, Reichweite (normal) 2410 km.

EKW C-3605 Schweiz

Die C-3605 ist die letzte Version einer Familie von Mehrzweckflugzeugen, die 1939 bei der schweizerischen „Eidgenössischen Konstruktionswerkstätte" (EKW) ihren Anfang nahm, als die C-3601 zu ihrem Erstflug startete. Die Schweizerische Flugwaffe erhielt zwischen 1942 und 1945 150 C-3603 und 10 C-3604, die sie als Aufklärer bzw. Bomber einsetzte. Nachdem diese Flugzeuge von moderneren Flugzeugtypen abgelöst worden waren, blieben noch 35 C-3603 als Zielschleppflugzeuge und zwei Maschinen als Trainer im Dienst, die als Antrieb je einen His-

pano HS 12Y-51-Motor besaßen. Am 19. August 1968 hatte die C-3605 Erstflug, eine umgebaute C-3603 mit einem 1150 shp Avco-Lycoming T5307A-Turboproptriebwerk, und im Jahre 1970 ordnete die Schweizerische Flugwaffe den Umbau von 23 noch übriggebliebenen C-3603 auf C-3605-Standard an, um sie auch weiterhin als Zielschleppflugzeuge zu verwenden. Daten: Spannweite 13,74 m, Länge 12,03 m, max. Abfluggewicht 3716 kg, Höchstgeschwindigkeit 432 km/h, Reichweite 980 km.

Embraer IPD/PAR-6504 Bandeirante (C-95)

Brasilien

Der Prototyp dieses von zwei Turboproptriebwerken angetriebenen leichten Transportflugzeugs wurde von der Flugzeugabteilung (PAR) des brasilianischen technischen Luftfahrtzentrums entwickelt. Die Entwurfsleitung hatte der bekannte französische Flugzeugkonstrukteur Max Holste. Die mit YC-95 bezeichnete Maschine startete am 26. Oktober 1968 zum Erstflug. Der geringfügig modifizierte zweite Prototyp flog am 19. Oktober 1969 erstmals. Diese Flugzeuge bieten 7 bis 10 Passagieren in der Kabine Platz und haben zwei Pratt & Whitney PT6A-20-Turboproptriebwerke von je 550 Wellen-PS als Antrieb. Die

Serienversion, die an weniger abgerundeten Kabinenfenstern erkannt werden kann, soll mit 680 hp PT6A-27-Triebwerken ausgerüstet werden und wird 12 Passagiere aufnehmen. Auf die erste Serienfertigungslos von 20 Flugzeugen soll ein zweites von 80 Maschinen folgen. Die brasilianischen Luftstreitkräfte werden die Bandeirante als Nachfolgemuster ihrer Beechcraft C-45 einsetzen. Daten: Spannweite 15,30 m, Länge 13,50 m, max. Abfluggewicht 4850 kg, max. Reisegeschwindigkeit 430 km/h, max. Reichweite 2000 km.

Fairchild Hiller FH-1100

USA

Dieser fünfsitzige Mehrzweckhubschrauber hat seinen Ursprung im OH-5A, den Hiller für Evaluationszwecke im Rahmen der US Army-Entwurfsausschreibung um einen leichten Beobachtungshubschrauber konstruierte. Der OH-5A-Prototyp hatte am 26. Januar 1963 Erstflug. Als der Hughes-Entwurf OH-6A in die Serienfertigung übernommen wurde, entschloß sich Fairchild Hiller für eine Fortsetzung der OH-5A-Entwicklung auf Privatbasis mit dem Ziel, einen Hubschrauber für militärische und zivile Verwendung zu schaffen. Die weiterentwickelte Ver-

sion wurde in FH-1100 umbenannt, und das erste Serienmuster war am 3. Juni 1966 fertiggestellt. Die thailändische Grenzpolizei bestellte 16 Maschinen, und der erste rein militärische Auftrag kam von den philippinischen Luftstreitkräften, die acht Exemplare orderten. Weitere Maschinen gingen an die brasilianische Marine (siehe Foto). Den Antrieb liefert eine 317 shp Allison 250-C18-Wellenturbine. Daten: Rotordurchmesser 10,79 m, Rumpflänge 9,08 m, max. Abfluggewicht 1247 kg, max. Reisegeschwindigkeit 204 km/h, Reichweite 560 km.

FMA I.A.35 Huanquero

Argentinien

Die I.A.35 Huanquero, deren Prototyp am 21. September 1953 zum ersten Mal flog, ist ein Mehrzweck-Militärflugzeug, das in vier Versionen für die argentinischen Luftstreitkräfte gebaut wurde. Das erste Serienmuster hatte am 29. März 1957 Erstflug. Die I.A.35 Type IA ist ein Fortgeschrittenen-Instrumenten- und Navigationstrainer, der zwei Piloten, einen Radio Operator, einen Lehrer und vier Schüler an Bord nehmen kann. Type III ist eine Ambulanzversion mit einer Inneneinrichtung für drei Mann Besatzung und vier Patienten sowie einen Krankenpfleger. Type

IV ist eine Fotoaufklärerversion. Jedes dieser drei Modelle wird von zwei 620 hp I.A.19R El Indio-Triebwerken angetrieben. Die vierte Version ist die für das Waffentraining verwendete Variante Type IB, die von zwei 750 hp I.A.19R-Triebwerken angetrieben und mit zwei 0,50 Zoll-MG sowie mit Unterflügelstationen für die Aufnahme von 440 lb-Bomben oder Raketen ausgerüstet ist. Daten (Type IA): Spannweite 19,60 m, Länge 13,98 m, max. Abfluggewicht 5700 kg, Höchstgeschwindigkeit 362 km/h, Reichweite 1570 km.

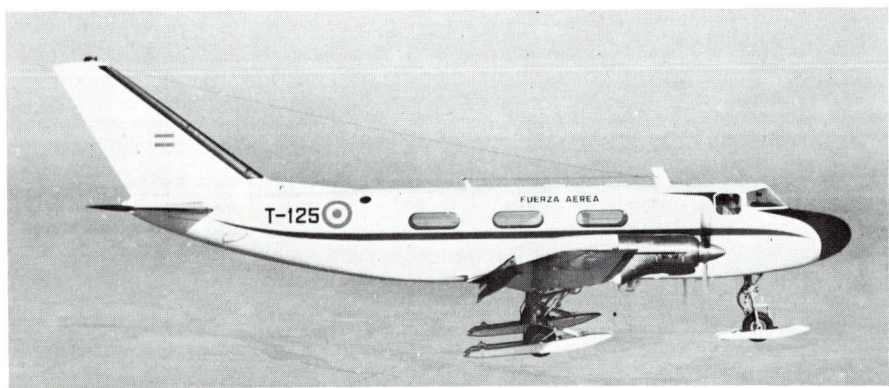

FMA I.A.50 G.II

Argentinien

In der ursprünglichen Version Mk.1 verwendete diese Konstruktion viele Komponenten der Huanquero, darunter auch das doppelte Seitenleitwerk. In der I.A.50 G.II wurden viele Änderungen verwirklicht, so ein gepfeiltes Einzelseitenleitwerk, eine Enteisungsanlage, ein verkürztes Rumpfhinterteil und der Einbau leistungsstärkerer (930 hp) Turboméca Bastan VI-A-Turbopropmotoren. Der erste von zwei gebauten Prototypen hatte am 21. April 1963 Erstflug, gefolgt von einem Vorserienmuster und einem ersten

Serienfertigungslos von 18 Maschinen. Dazu gehören 14 Truppentransporter, ein VIP-Transporter, zwei Überwachungsflugzeuge für die argentinische Luftwaffe und ein Personaltransporter für die argentinische Marine. Das zweite Serienlos von 10 Maschinen wies strukturelle und Inneneinrichtungs-Verfeinerungen auf. Daten: Spannweite 19,53 m, Länge 14,86 m, max. Abfluggewicht 7350 kg, Höchstgeschwindigkeit 500 km/h, max. Reichweite 2575 km.

FMA I.A.58 Pucara   Argentinien

Die Pucara ist das letzte Erzeugnis der argentinischen Militärflugzeugwerke, der Fábrica Militar de Aviones mit Sitz in Cordoba. Diese Maschine ist ein COIN- und leichtes taktisches Kampfflugzeug, das auf die Forderungen der argentinischen Luftstreitkräfte ausgelegt wurde, die die Beschaffung von 80 Pucara planen sollen. Die Flugerprobung der ursprünglich Delfin benannten Konstruktion begann mit einem mit Triebwerkattrappen und festem Fahrwerk ausgerüsteten Prototyp in maßstäblicher Größe ohne Eigenantrieb, der am 26. Dezember 1967 zu seinem ersten „Flug" startete. Am 20. August 1969 folgte der Flug des von zwei 904 hp Garrett AiResearch TPE 331-U-303-Turbinen angetriebenen zweiten Prototyps. Ein dritter Prototyp stand 1970 noch im Bau. Er hat als Antrieb zwei Turboméca Astazou XVIG-Triebwerke einer Wellenleistung von je 1022 hp. Daten: 14,50 m, 13,90 m, max. Abfluggewicht 6200 kg, Höchstgeschwindigkeit 495 km/h, Reichweite 3600 km mit max. Kraftstoffzuladung.

Fokker S.11 Instructor   Niederlande

Die Instructor, die 1947 erstmals flog, ist ein einfacher zweisitziger Anfangstrainer, der von einem 190 hp Lycoming O-435-A-Motor angetrieben wird. Die erste Serie von 40 Maschinen wurde von der Firma Fokker für die niederländischen Luftstreitkräfte aufgelegt. Ferner wurden 41 Maschinen an die Israel Defence Force ausgeliefert. Die Firma Macchi erwarb die Lizenzrechte für den Bau der Instructor in Italien und verkaufte der italienischen Luftwaffe 150 Flugzeuge unter der Bezeichnung M.416. Im Jahre 1954 gründete Fokker eine Tochtergesellschaft in Brasilien, die 100 S.11 und 70 S.12 fertigte. Letztere Version entspricht bis auf die Verwendung eines Bugradfahrwerks der S.11. Daten: Spannweite 11,00 m, Länge 8,13 m, max. Abfluggewicht 1100 kg, Höchstgeschwindigkeit 200 km/h, Reichweite 643 km, Foto: S.12.

Fokker F.28   Niederlande

Wie ihr bekanntes Vorgängermuster F.27 Friendship wurde auch die F.28 vor allen Dingen für den Einsatz als ziviles Verkehrsflugzeug- und Geschäftsreiseflugzeugmuster entworfen, kann jedoch auch als VIP-Transporter und für andere militärische Spezialeinsätze verwendet werden. Der erste militärische Auftrag wurde 1970 bekanntgegeben. Er stammte von den argentinischen Luftstreitkräften, die eine F.28 bestellten, die als Präsidentenflugzeug verwendet wird. Eine weitere F.28 wurde von der Dutch Royal Flight in Auftrag gegeben, wo sie die bisher in dieser Einsatzrolle fliegende F.27 ablösen soll. Schließlich wurde eine F.28 an den Präsidenten von Kolumbien ausgeliefert (siehe Foto). Der F.28-Prototyp hatte am 9. Mai 1967 Erstflug. Die Auslieferung an zivile Kunden lief am 24. Februar 1969 an, am gleichen Tag, an dem die niederländische Zulassung erteilt wurde. Die ersten Serienmaschinen entsprechen dem Mk.1000-Standard und können bis zu 65 Personen befördern. Die neue Version Mk.2000 besitzt einen verlängerten Rumpf für die Aufnahme von 79 Passagieren. Beide Varianten werden von je zwei Rolls-Royce RB.183-2 Spey Mk.555-15-Strahltriebwerken angetrieben. Daten: Spannweite 23,58 m, Länge 27,40 m, max. Abfluggewicht 28 580 kg, max. Reisegeschwindigkeit 849 km/h in 6400 m Höhe, Reichweite 2038 km.

Fuji LM-1/LM-2 Nikko und KM-2   Japan

Die LM-1 Nikko ist ein von Fuji aus der Beech T-34 Mentor abgeleitetes Verbindungsflugzeug, die in Japan in Lizenz gebaut worden war. Das Standardtriebwerk des Mentor-Trainers, der 225 hp Continental O-470-13A-Motor, wurde beibehalten. Der einzige Unterschied zur Mentor liegt in der Rumpfmittelteilstruktur, die für die Aufnahme von vier Personen ausgelegt ist und seitliche Türen sowie eine ausbaubare Luke für die Beladung mit sperrigen Frachtstücken besitzt. Die erste Nikko hatte am 6. Juni 1955 Erstflug, und in der Folge wurden 27 Maschinen an die Japanese Ground Selfe Defence Force ausgeliefert. Einige Nikko wurden in die Version LM-2 umgebaut, die mit einem leistungsstärkeren Triebwerk und einem auf Wunsch lieferbaren fünften Sitz ausgestattet ist. Die 28 gebauten zwei- bis viersitzigen Anfangstrainer KM-2 der Maritime Self Defence Force Japans gleichen äußerlich im wesentlichen der Nikko, besitzen jedoch einen 340 hp Lycoming IGSO-A1C6-Motor. Daten (KM-2): Spannweite 10,00 m, Länge 7,94 m, max. Abfluggewicht 1750 kg, Höchstgeschwindigkeit 365 km/h, Reichweite 1235 km. Foto: KM-2.

Fuji T1 Japan

Der Prototyp dieses mittleren Strahltrainers mit zwei Sitzen in Tandem-Anordnung, der die kolbenmotorgetriebenen T-6-Trainer der japanischen Luftstreitkräfte ablösen sollte, wurde 1956 in Auftrag gegeben und hatte am 19. Januar 1958 Erstflug. Die ersten 40 Serienmaschinen hatten je ein Bristol Siddeley Orpheus 805-Strahltriebwerk von 1814 kp Schub als Antrieb und führen die Firmenbezeichnung T1F2 (die Militärbezeichnung lautet T1A). Das zweite Serienlos von 22 T1F1 (T1B) war mit Ishikawajima-Harima J3-IHI-3-Triebwerken einer Schubleistung von 1200 kp ausgerüstet. Der Prototyp dieser zweiten T1-

Version hatte am 17. Mai 1960 Erstflug. Der von einem J3-IHI-7 von 1400 kp Schub angetriebene dritte Prototyp T1F3 (T1C) flog im April 1965 zum ersten Mal; der Vorschlag, alle T1F1 auf diesen Standard zu bringen, wurde aber nicht befolgt. Alle Versionen können mit einem 0,50 Zoll-MG und einer Unterflügelbombenlast von 1500 lb sowie mit Raketen oder Lenkwaffen statt der normalerweise mitgeführten Zusatztanks bestückt werden. Daten (T1A): Spannweite 10,50 m, Länge 12,12 m, max. Abfluggewicht 5000 kg, Reichweite 1950 km, Foto: T1A.

Gloster Meteor Großbritannien

Die Meteor hatte am 5. März 1943 Erstflug und stand 10 Jahre lang für die Royal Air Force und für den Export im Serienbau. Die einsitzigen Jägerversionen dieses Flugzeugtyps stehen noch bei den argentinischen Luftstreitkräften im Einsatz, die ca. 20 mit je vier 20 mm-Kanonen bewaffnete Meteor besitzen. Die Luftwaffe von Ekuador fliegt heute noch einige bewaffnete Aufklärerversionen des Typs F.R.9, während die No.85 Squadron der Royal Air Force die F.8 als Interzeptorziele für die Strike Command-Staffeln und einige wenige T-7-Tandemtrainer benützt. Die Meteor-Umbauten T.T.20 der Nachtjägerversion N.F.11 werden von Zivilpiloten im Auf-

trag der Royal Air Force und der Royal Navy – mit einer M.L.-Winde über dem rechten Tragflügelmittelteil ausgerüstet – in Zielschleppeinsätzen geflogen. Mehr als 200 F.4 und F.8 wurden in Zielflugkörper umgebaut. Davon existieren noch einige wenige Maschinen. Die zweisitzigen Jägervarianten der Meteor und die Zielschleppflugzeuge wurden von Armstrong Whitworth hergestellt. Daten (F.4): 2 Rolls-Royce Derwent 5 - Strahltriebwerke von je 1588 kp Schub, Spannweite 11,32 m, Länge 12,60 m, max. Abfluggewicht 6883 kg, Höchstgeschwindigkeit 941 km/h, Foto: Meteor T.T.20.

Grumman F9F-2 Panther USA

Dieser mit geradem Tragflügel ausgerüstete einsitzige Jäger war das erste von Grumman für die US Navy gebaute Strahlflugzeug. Die Panther führten die Typenbezeichnungen F9F-1 bis -5, aber das erste Serienmuster war die F9F-2, die normalerweise von einem Pratt & Whitney J42-P-8 von 2608 kp Schub angetrieben wurde. Dieses Triebwerk ist ein Lizenzbau des Rolls-Royce Nene. Insgesamt 437 F9F-2 wurden an die US Navy und an das Marine Corps ausgeliefert. Von der mit einem J48-Triebwerk einer Schubleistung von 2835 kp ausgerüsteten F9F-5 wurden 641 Maschinen gebaut. Heute stehen nur mehr ein Dutzend F9F-2 bei der argentinischen Marine im Einsatz (siehe Foto). Daten: Spannweite 11,58 m, Länge 12,80 m, max. Abfluggewicht 7144 kg, Höchstgeschwindigkeit 920 km/h.

Grumman HU-16 Albatross USA

Die Albatross wurde 1947 in die Serienfertigung übernommen, als Grumman den XJR2F-1-Prototyp als Mehrzwecktransport-Amphibium produzierte. Dieser Prototyp hatte am 24. Oktober 1947 Erstflug. Die US Air Force bestellte dieses Flugzeug unter der Bezeichnung SA-16 für die Ausführung von Such- und Rettungseinsätzen. Schließlich waren 305 Maschinen dieses Typs gebaut, von denen die meisten in SA-16B mit größerer Flügelspannweite und höherem Gewicht umgeändert wurden. Die Typenbezeichnungen wurden 1962 in HU-16A bzw. HU-16B abgewandelt. Die US Navy beschaffte eine Reihe von Flugzeugen, die der SA-16A ähnelten, unter der Typenbezeichnung UF-1 und unternahm ein ähnliches Umbauprogramm, das die UF-2 zur Folge hatte. Diese Maschinen werden heute als HU-16C bzw. HU-16D bezeichnet; die Coast Guard-Version heißt HU-16E. Zu den Nationen des Auslandes, die die Albatross verwenden, gehören Kanada (10 CSR-110), Argentinien, Brasilien, Chile, die Bundesrepublik Deutschland, Indonesien, Italien, Nationalchina, die Philippinen, Portugal, Spanien und Japan. Ein Spezialmuster zur Ausführung von U-Boot-Bekämpfungseinsätzen wurde 1961 gebaut. Dieses Flugzeug besaß einen großen Bugradom, einen einziehbaren MAD-Träger im Heck (MAD – Magnetic Anomaly Detection – Erfassung von magnetischen Abweichungen), einen Suchscheinwerfer und einen ECM-Radom auf der Tragfläche (ECM – Electronic Countermeasures – Elektronische Gegenmaßnahmen) und konnte Wasserbomben an Bord nehmen. 16 Maschinen dieses Typs wurden an Norwegen und sieben an Spanien geliefert. 1969 wurden fast alle norwegischen Albatross an Griechenland geliefert. Die Albatross wird von zwei 1425 hp Wright R-1820-76A-Motoren angetrieben. Daten: Spannweite 29,46 m, Länge 19,18 m, max. Abfluggewicht 17 010 kg, Höchstgeschwindigkeit 379 km/h in Seehöhe. Foto: U-Boot-Kampfversion.

Grumman TC-4C USA

Zwei Exemplare des Geschäftsreiseflugzeugs Grumman Gulfstream wurden vom US Coast Guard 1963 beschafft, um – unter der Militärbezeichnung VC-4A – als VIP-Transporter eingesetzt zu werden. Die Pläne der US Navy, eine Trainerversion TC-4B der Gulfstream zu kaufen, wurden wieder fallengelassen; aber im Dezember 1966 bestellte die Navy neun TC-4C als „fliegende Klassenzimmer" für die Ausbildung von Bombenschützen und Navigatoren, die später auf der A-6 Intruder fliegen sollten. Zu diesem Zweck wurde ein großer Radom im Rumpfbug eingebaut und die Kabine zur Aufnahme eines kompletten A-6-Avioniksystems modifiziert. Die mit zwei Rolls-Royce Dart 529-8X-Turbopropmotoren einer Wellenleistung von je 2185 hp ausgerüstete TC-4C machte am 14. Juni 1967 ihren Jungfernflug. Daten: Spannweite 23,87 m, Länge 19,50 m, max. Abfluggewicht 15 920 kg, max. Reisegeschwindigkeit 560 km/h.

Grumman TF-9J Cougar USA

Die Cougar ist eine Pfeilflügel-Weiterentwicklung der mit geradem Flügel ausgerüsteten Panther, des ersten von Grumman an die US Navy gelieferten Strahljägers. Die einsitzigen Cougar-Jägerversionen führten ursprünglich die Bezeichnungen F9F-6 bis -8 (spätere Bezeichnung F-9). Heute steht keine einzige Maschine dieses Typs mehr im Dienst. Der Tandemzweisitzer TF-9J, eine Einsatztrainerversion der Cougar, die am 4. April 1956 zum Erstflug startete, wurde für Kampfeinsätze in Vietnam verwendet und steht heute noch bei einer Reihe von Trainingseinheiten der USA im Einsatz. Einige wenige Muster dieses Typs fliegen noch als Fortgeschrittenentrainer bei der argentinischen Marine (siehe Foto). Sie sind mit je einem Pratt & Whitney J48-P-8A-Strahltriebwerk einer Schubleistung von 3856 kp ausgerüstet und können mit zwei 20 mm-Kanonen bzw. einer Bombenlast von 907 kg an Unterflügelstationen bewaffnet werden. Daten: Spannweite 10,52 m, Länge 14,78 m, max. Abfluggewicht 9344 kg, Höchstgeschwindigkeit 1135 km/h, Reichweite 1610 km.

Grumman VC-11A Gulfstream II   USA

1965 startete Grumman sein zweites Geschäftsreiseflugzeugprogramm nach der Gulfstream I, das der strahlgetriebenen Gulfstream II. Trotz des gleichen Namens haben die zwei Flugzeuge nur wenig gemeinsam. Mit zwei Rolls-Royce Spey Mk.511-8-Zweikreistriebwerken ist die Grumman Gulfstream II heute das leistungsstärkste Strahlgeschäftsreiseflugzeug, das direkt im Hinblick auf diesen Markt konstruiert wurde. Mitte 1970 war die 100. Gulfstream II ausgeliefert, darunter eine Maschine, die als VC-11A vom US Coast Guard eingesetzt wird. Daten: Spannweite 20,98 m, Länge 24,36 m, max. Abfluggewicht 26 081 kg, max. Reisegeschwindigkeit 909 km/h, Reichweite 5568 km.

Handley Page Hastings   Großbritannien

Die Entwurfsarbeiten am schweren Frachter und Truppentransporter Hastings liefen noch während des Zweiten Weltkriegs an, und der Prototyp startete am 7. Mai 1946 zum Erstflug. Die erste Maschine eines auf 100 Stück bezifferten Fertigungsloses mit der Typenbezeichnung C.Mk.1 wurde beim Transport Command in Dienst gestellt, rechtzeitig, um eine wichtige Rolle in der Berlin-Luftbrücke der Jahre 1948 und 1949 zu spielen. Darauf folgte eine zweite Serie von 50 C.Mk.2 mit leistungsstärkeren Triebwerken und anderen Änderungen. Die Hastings standen lange Zeit mit Erfolg beim Transport Command im Einsatz, bis sie 1967 von der Hercules abgelöst wurden. Einige wenige Maschinen tun jedoch bei der No. 90 (Signals) Group des Strike Command immer noch Dienst. Andere Muster werden für Trainingszwecke verwendet, darunter die Hastings T.Mk.5 (siehe Foto), von der acht Einheiten 1959 durch Umbau aus C.Mk.1 entstanden, indem Radarbombenzielgeräte und Ausrüstung zur Schulung von V-Bomberbesatzungen installiert wurden. Die T.Mk.5, die von vier Bristol Hercules-Triebwerken von je 1640 hp angetrieben wird, kann an dem langen Radom an der Rumpfunterseite erkannt werden. Daten: Spannweite 34,34 m, Länge 25,02 m, max. Abfluggewicht 36 287 kg, Höchstgeschwindigkeit 570 km/h, Reichweite 5246 km bei 444 km/h.

Handley Page Herald   Großbritannien

Die Herald Series 400 ist eine Militärtransporter-Weiterentwicklung der Airliner-Standardversion der von zwei Dart-Turboproptriebwerken angetriebenen Herald, deren Prototyp erstmals am 11. März 1958 flog. Die Militärausführung ist mit einem verstärkten Spezial-Kabinenboden zur Aufnahme von schweren Frachtstücken ausgerüstet, und die im hinteren Kabinenteil gelegene Tür kann während des Flugs geöffnet werden, um Versorgungsgüter oder Fallschirmjäger abzusetzen. Wenn Rollensysteme im Kabinenbo-

den eingebaut werden, können 32 136 kg-Nachschubpakete in weniger als 10 Sekunden per Fallschirm abgeworfen werden, wobei das Flugzeug eine Geschwindigkeit von etwa 160 km/h fliegt. Die Luftstreitkräfte Malaysias besitzen acht Herald Series 400, die von je zwei 2105 hp Rolls-Royce Dart 527-Turboprops angetrieben werden. Daten: Spannweite 28,88 m, Länge 23,01 m, max. Abfluggewicht 19 500 kg, Höchstgeschwindigkeit 438 km/h in 4575 m Höhe, Reichweite 2775 km mit maximaler Treibstoffzuladung.

Hawker Siddeley 748   Großbritannien

Die Hawker Siddeley-Gruppe begann im Januar 1959 mit den Entwurfsarbeiten an diesem von zwei Dart-Propellerturbinen angetriebenen Transportflugzeug, nachdem die Firma Avro mehr als ein Jahr lang entsprechende Studien und Marktuntersuchungen durchgeführt hatte. Der erste Prototyp hatte am 24. Juni 1960 Erstflug, und die Airliner-Version nahm im Frühjahr 1962 den Dienst auf. Zusätzlich zu der für die Royal Air Force durchgeführten Spezialentwicklung Andover C.Mk.1 (siehe Seite 68) stehen auch Standard-H.S. 748 im Dienst des Air Support Command der Royal Air Force (4 Stück) und bei der Flugbereitschaft der britischen Königin (2 Stück). Diese Maschinen führen die Bezeich-

nung CC.Mk.2. Ähnliche Ausführungen wurden an die brasilianischen Luftstreitkräfte (6), an die australischen Luftstreitkräfte (8 T.Mk.2 und 2 C.Mk.2) und an einige Präsidenten- bzw. königliche Flugbereitschaftseinheiten anderer Länder geliefert. Die indische Luftwaffe erhielt 45 von HAL in Lizenz produzierte Versionen. Das Standard-Triebwerk in diesen Flugzeugen ist das 2105 hp Rolls-Royce Dart 531. In der Hawker Siddeley 748 können bis zu 62 Passagiere Platz finden. Daten: Spannweite 30,02 m, Länge 20,42 m, max. Abfluggewicht 20 182 kg, max. Reisegeschwindigkeit 462 km/h, Reichweite 1110 km mit max. Nutzlast.

191

Hawker Siddeley HS.125 und Dominie T.Mk.1

Großbritannien

Die Hawker Siddeley 125 Srs.2 wurde im September 1962 für die Royal Air Force bestellt, und zwar als Navigationstrainer mit der Typenbezeichnung Dominie T.Mk.1. Das erste von 20 Serienmustern hatte am 30. Dezember 1964 Erstflug, und die Auslieferung an die No. 1 Air Navigation School in Stradishall, Suffolk, lief im Herbst 1965 an. Die Dominie T.Mk.1 ähnelt den zweistrahligen Geschäftsreiseflugzeugversionen der HS.125 mit zwei Bristol Siddeley Viper 520 Triebwerken von je 1360 kp Schub, ist jedoch für die Aufnahme eines Piloten-Assistenten, von zwei Flugschülern und eines Lehrers ausgerüstet. Die Maschine ist mit einer sehr aufwendigen Elektronikausrüstung ausgestattet und besitzt Decca- und Doppler-Antennen in einer Rumpfverkleidung vor der Tragfläche. Andere Luftstreitkräfte setzen die HS.125 als VIP-Transporter ein (siehe Foto). Daten: Spannweite 14,33 m, Länge 14,45 m, max. Abfluggewicht 10 568 kg, Höchstgeschwindigkeit 821 km/h, Reichweite 2835 km.

Helio U-10

USA

Das Interesse an einer Militärausführung des STOL-Flugzeugs Helio Courier wurde 1952 augenscheinlich, als die US Army ein Exemplar mit der Originalbezeichnung YL-24 für Evaluationszwecke anschaffte. Sechs Jahre später kaufte die US Air Force drei der mit einem leistungsstärkeren 295 PS-Motor, dem Lycoming GO-480-G1D6, ausgerüsteten fünfsitzigen Super Courier, um sie unter der Bezeichnung L-28A (jetzt U-10A) auf STOL-Einsatztechniken hin zu untersuchen. Die über die volle Spannweite laufenden Vorflügel, großflächige Klappen, das einteilige Höhenleitwerk und ein langsamdrehender Propeller großer Spannweite ermöglichen dieser Version eine Startstrecke von 100 m und eine Landestrecke von 64 m bei voller Nutzlast, wobei bis zu einer Geschwindigkeit von 48 km/h volle Steuerbarkeit verfügbar ist. Große Stückzahlen dieser Maschine wurden von der US Air Force für COIN-Einsätze in Vietnam, Südamerika und anderswo verwendet, darunter auch die Version U-10B mit Fallschirmabsprung-Tür und zusätzlichem Treibstoff, der die Flugdauer auf 10 Stunden schraubt. Eine spätere Serienversion führt die Bezeichnung U-10D. Diese Variante hat ein Bruttogesamtgewicht von 1633 kg. Daten: Spannweite 11,89 m, Länge 9,45 m, max. Abfluggewicht 1542 kg, Höchstgeschwindigkeit 269 km/h, Reichweite 965 km.

Hiller H-23 Raven   USA

Von der Hiller UH-12-Baureihe wurden über 2000 Maschinen in Serie gebaut, von denen die meisten an die US Army und an die Streitkräfte eines Dutzends anderer Länder geliefert wurden. Die wichtigsten Versionen unter den noch im Dienst stehenden H-23 sind der OH-23D mit 250 hp Lycoming VO-435-Motor und der mit einem 305 hp Lycoming VO-540-Triebwerk ausgerüstete OH-23 G. Ersteres Modell wurde von der US Army für verschiedene Einsatzrollen verwendet, darunter für das Einsatztraining aller Army-Hubschrauberpiloten, wurde aber später vom OH-23 G abgelöst. Die Royal Navy hat 21 ähnliche Versionen als Trainer im Einsatz, die unter der Zivilbezeichnung Hiller 12E bekannt sind. Die von der Royal Navy verwendeten 27 OH-23G führen die Typenbezeichnung CH-112 Nomad. Diese Versionen nehmen in ihrer Kabine drei Personen nebeneinander auf. Ebenfalls noch im Einsatz steht der viersitzige Hiller E4, der von der US Army unter der militärischen Bezeichnung OH-23F hauptsächlich für Mehrzwecktransporte verwendet wird. Daten (OH-23G): Rotordurchmesser 10,80 m, Länge 8,53 m, max. Abfluggewicht 1497 kg, Höchstgeschwindigkeit 153 km/h, Reichweite 800 km, Foto: OH-23F.

Hindustan HAOP-27 Krishak Mk.2   Indien

Dieses zwei- bis dreisitzige Beobachtungsflugzeug wurde von der indischen Firma Hindustan aus dem bekannten zweisitzigen Leichtflugzeugentwurf Pushpak abgeleitet und besitzt den gleichen stoffbespannten Metallflügel wie dieser. Der erste von zwei gebauten Prototypen hatte im November 1959 Erstflug und war mit einem 190 hp Continental-Motor ausgerüstet. Die 68 Serienmodelle der Krishak, die an die indische Armee geliefert wurden, besitzen dagegen je einen 225 hp Continental 0-470-J-Motor. Die Krishak ist standardmäßig mit Doppelsteuerung ausgerüstet. Die Kabine kann für die Aufnahme einer Tragbahre für Ambulanzzwecke umgerüstet werden. Daten: Spannweite 11,43 m, Länge 8,41 m, max. Abfluggewicht 1270 kg, Höchstgeschwindigkeit 240 km/h, max. Reichweite 926 km.

Hindustan HJT-16 Mk.II Kiran   Indien

Dieser mit zwei Sitzen nebeneinander ausgerüstete Anfangs-Strahltrainer wurde entworfen, um die bei den indischen Luftstreitkräften verwendeten Vampire abzulösen. Die Detailkonstruktionsarbeiten liefen 1961 unter der Entwurfsleitung von Dr.V.M. Ghatage an, doch die höhere Dringlichkeitsstufe, die damals dem H-24-Jägerprojekt zuerkannt wurde, verzögerte den Erstflug des Kiran-Prototyps bis 4. September 1964. Ein zweiter Prototyp flog wenig später, und die Auslieferung der Anfangsserie von 24 Vorserienflugzeugen lief im März 1968 an. Diese kann man an ihrer stark gewölbten Cockpitverglasung und an den Grenzschichtzäunen auf der Tragfläche erkennen. Der Erstauftrag auf 36

Serienmaschinen wurde bereits erteilt. Die Serienfertigung von insgesamt 150 Kiran ist geplant. Das Standardtriebwerkmuster ist zur Zeit noch das Rolls-Royce Bristol Viper 11 einer Schubleistung von 1134 kp, doch hat man bei Hindustan einen Triebwerkeigenentwurf in Arbeit, der die Bezeichnung HJE-2500 führt und eine Schubleistung von 1360 kp entwickelt. Dieses Triebwerk soll später zum Einbau gelangen. Die zwei Besatzungsmitglieder finden in der druckbelüfteten Kabine auf Schleudersitzen Platz. Daten: Spannweite 10,70 m, Länge 10,60 m, max. Abfluggewicht 3928 kg, Höchstgeschwindigkeit 718 km/h, Reichweite 788 km.

Hindustan HT-2   Indien

Die HT-2, Indiens erstes im eigenen Land entwickeltes Flugzeug, ist ein Produkt der Firma Hindustan Aeronautics in Bangalore, die vor dem Zweiten Weltkrieg gegründet wurde, um Wartungs- und Servicearbeiten durchzuführen und US-Flugzeuge in Lizenz zu bauen. Nach dem Krieg baute man bei Hindustan für die indischen Luftstreitkräfte Flugzeuge vom Typ Vampire und Prentice. Heute wird eine ganze Reihe von Eigenentwürfen produziert. Ferner wird der Lizenznachbau der MiG-21, der Gnat, der HS.748 und des Alouette-Hubschraubers von Hindustan durchgeführt. Die erste HT-2, ein konventioneller,

mit zwei Sitzen in Tandemanordnung ausgerüsteter Tiefdecker-Anfangstrainer, hatte am 13. August 1951 mit einem de Havilland Gipsy Major 10-Motor Erstflug. Der zweite Prototyp, der am 19. Februar 1952 erstmals flog, war mit einem Blackburn Cirrus Major III-Motor von 155 hp Leistung ausgerüstet. Die Serien-HT-2 für die indischen Luftstreitkräfte und die indische Marine entsprechen diesem Standard. Daten: Spannweite 10,72 m, Länge 7,53 m, max. Abfluggewicht 1000 kg, Höchstgeschwindigkeit 200 km/h, Reichweite 563 km.

Hispano HA-200 Saeta und HA-220   Spanien

Die HA-200 steht bei den spanischen Luftstreitkräften unter der Militärbezeichnung E-14 im
Einsatz und wird als zweisitziger Trainer für Fortgeschrittenenschulung und Waffenschulung
verwendet. Der erste Prototyp dieses Musters
startete am 12. August 1955 zum Erstflug, worauf
fünf Vorserienmaschinen und 30 Serien-HA-200A
gebaut wurden. Letztere Version hatte am 11. Oktober 1962 Erstflug und ist mit zwei Turboméca
Marboré IIA-Strahltriebwerken von 400 kp Schub
und mit einer Bewaffnung von zwei 7,7 mm-Ma-
schinenkanonen und Raketen unter der Fläche
ausgerüstet. Die für die ägyptischen Luftstreitkräfte entwickelte HA-200B, die von der ägyptischen Firma Helwan in Al-Kahira in Serie gebaut wurde, besitzt eine 20 mm-Kanone und un-
terschiedliche Ausrüstung. Auf die 10 von His-
pano gelieferten Maschinen folgten 90 HA-200,
die in Ägypten gebaut wurden. Die 55 HA-200D
sind mit modernisierten Ausrüstungssystemen
und schwerer Bewaffnung ausgerüstet. Die HA-
200E Super Saeta mit Marboré VI-Strahltrieb-
werken einer Schubleistung von 480 kp und mo-
dernerer Ausstattung befindet sich noch in der
Entwicklung. Aus ihr wurde der einsitzige Erdkämpfer HA-220 abgeleitet, von dem 25 Stück
von der spanischen Luftwaffe bestellt wurden.
Daten (HA-200E): Spannweite 10,42 m, Länge
8,97 m, Abfluggewicht 3600 kg, Höchstgeschwindigkeit 665 km/h, Reichweite 1500 km, Foto:
HA-220.

Hughes OH-6A Cayuse   USA

Der OH-6A wurde im Mai 1965 in die Serienfertigung übernommen. Die Auslieferung startete
1966. Nach Ende des Serienbaus waren insgesamt 1415 Maschinen dieses Typs produziert
worden. Der OH-6A wird von einer 250 hp Allison
T 63-A-5A-Wellenturbine angetrieben und transportiert eine Besatzung von zwei Mann, zwei
Passagiere (oder vier Soldaten, die auf dem Kabinenboden sitzen) oder eine entsprechende
Frachtmenge. Zwei MG-Packs oder Granatwer-
fer können an der Rumpfseite angebracht werden. Das ähnliche Hughes-Modell 500M wurde
von verschiedenen Streitkräften des Auslands
bestellt und wird bei Kawasaki in Japan und bei
Nardi in Italien in Lizenz gebaut. Daten: Rotordurchmesser 8,03 m, Länge 7,01 m, max. Abfluggewicht 1225 kg, Höchstgeschwindigkeit 241
km/h, Reichweite 665 km.

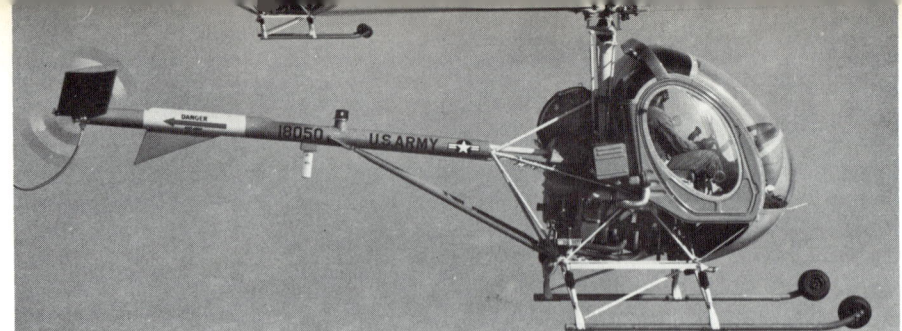

Hughes TH-55A   USA

Die Hughes Tool Company betätigte sich zum
ersten Mal 1955 auf dem Hubschraubersektor,
als man die Entwurfs- und Entwicklungsarbeiten
am zweisitzigen Hubschrauber-Modell 269 startete. Der Prototyp dieses Musters hatte im Oktober 1956 Erstflug. Der Entwurf wurde im Anschluß
daran für die Serienfertigung reif gemacht. Die
US Army beschaffte fünf Stück des daraus resultierenden Modells 269A für Evaluationszwecke
(Army-Bezeichnung YHO-2HU). Der Zivilverkauf
lief 1961 an, und bis Mitte 1968 wurden insgesamt 1175 Maschinen ausgeliefert. Zur Zeit
stehen einige weiterentwickelte Versionen in
der Serienfertigung, die mit zwei oder drei
Sitzen und einem 180 hp Lycoming HIO-360-

Motor ausgerüstet sind. Mitte 1964 bestellte
die US-Army 20 Stück des Modells 269A-1, das
die Militärbezeichnung TH-55A führt. Entsprechende Nachfaßaufträge brachten 1965 die
Gesamtzahl der gelieferten TH-55A auf 391. Der
TH-55A steht bei der Army als leichter Standard-
Hubschraubertrainer für die Anfangsschulung
im Dienst. In kleinen Stückzahlen wurde dieser
Hubschrauber auch von anderen Luftstreitkräften bestellt, darunter von Algerien, Brasilien
Ghana und Schweden. Daten: Rotordurchmesser
7,71 m, Gesamtlänge 8,80 m, Abfluggewicht 757
kg, Höchstgeschwindigkeit 138 km/h, Reichweite 320 km.

Hunting Pembroke   Großbritannien
und Sea Prince

Die Royal Navy bestellte zuerst die Militärversion
des Zubringerflugzeugs Prince, und zwar drei
Standardmuster Sea Prince C.Mk.1 (Erstflug
24. März 1950) und vier C.Mk.2 mit verlängertem
Rumpfbug und größerem Gesamtgewicht (Erstflug 1. April 1953). Diese Flugzeuge waren für die
Ausführung von Verbindungsflügen ausgerüstet.
Die Navy beschaffte ferner 41 Sea Prince T.Mk.1
(Erstflugdatum 28. Juni 1958), die für das Radar-
und Navigationstraining als „fliegende Klassenzimmer" eingerichtet waren und leicht an ihren
"Fingerhut"-Radom am Rumpfbug erkannt werden können. Alle Versionen haben je zwei 550 hp
Alvis Leonides 125-Motoren als Antrieb. Der
größte Unterschied des Stabs-Transport- und
leichten Frachtflugzeugs Pembroke C.Mk.1

(Erstflug 20. November 1952) zur Sea Prince war
die von 17,07 m auf 19,66 m vergrößerte Flügelspannweite. Die Royal Air Force beschaffte 46
Muster dieses Typs, der für die Beförderung von
zwei Mann Besatzung und acht Passagieren ausgelegt war. 1969 wurde ein Modernisierungspro-
gramm in Angriff genommen mit dem Ziel, die
Lebensdauer dieser Stabtransporter zu verlän-
gern. Die Pembroke wurde ferner an die Luftstreitkräfte Belgiens, Finnlands, der Bundesrepublik, des Sudans, Schwedens und Zambias
geliefert. Daten (Pembroke): Spannweite 19,66 m,
Länge 14,02 m, Abfluggewicht 6123 kg, Höchstgeschwindigkeit 360 km/h, Reichweite 1850 km,
Foto: Pembroke.

Hunting Provost   Großbritannien

Die Provost, der letzte von der Royal Air Force verwendete Anfangstrainer mit Kolbenmotorantrieb, wurde inzwischen in Großbritannien von der turbinengetriebenen Weiterentwicklung Jet Provost abgelöst. Die Exportmodelle T.Mk.51, 52 und 53 tun jedoch noch bei den Luftstreitkräften von Burma, Irland, Malaysia (siehe Foto), der Scheichtümer Muskat und Oman, Rhodesiens und des Sudan Dienst. Alle Versionen sind Zweisitzer mit nebeneinander angeordneten Plätzen und haben je einen 550 hp Alvis Leonides 126-Motor als Antrieb. Die Versionen Mk.52 und 53 können auch für leichte Kampfeinsätze verwendet werden, da sie mit zwei 0,303 Zoll-MGs und Unterflügelstationen zur Aufnahme eines Bombengewichts von 227 kg oder von acht 60 lb-Bomben ausgerüstet werden können. Der Provost-Prototyp flog, mit einem A.S. Cheetah-Motor ausgestattet, am 23. Februar 1950 erstmals. Insgesamt wurden 461 Maschinen dieses Typs gebaut. Daten: Spannweite 10,72 m, Länge 8,74 m, Abfluggewicht 1995 kg, Höchstgeschwindigkeit 322 km/h.

Junkers Ju 52/3m   Deutschland

Dieser 16- bis 18-sitzige Veteran unter den Militärtransportern hatte 1932 Erstflug, steht aber heute noch bei den Luftstreitkräften Portugals, Spaniens und der Schweiz (siehe Foto) im Einsatz. Die drei Ju 52/3 m, die als Schwertransporter bei der Schweizerischen Flugwaffe fliegen, sind die einzigen „Überlebenden" des in 3234 Exemplaren in Deutschland gebauten Flugzeugtyps, die heute noch in vorderster Linie im Einsatz stehen. Die in Spanien Dienst tuenden Maschinen - sie werden hauptsächlich für Trainingszwecke verwendet - wurden von der Firma Construcciones Aeronauticas S.A. in Lizenz gebaut und führen in Spanien die Bezeichnung CASA 352-L (Militärbezeichnung T-2B). Das Standard-Triebwerkmuster der Ju 52/3m war der BMW 132A-Sternmotor von 725 PS. Die CASA 352-L ist mit ähnlichen Triebwerken ausgerüstet, die in Spanien unter der Bezeichnung ENMA Beta B-4 in Lizenz gebaut wurden. Daten: Spannweite 29,21 m, Länge 18,90 m, Abfluggewicht 10 977 kg, Höchstgeschwindigkeit 290 km/h, Reichweite 885 km.

Kaman H-43 Huskie　　　　　　　　　　　　　USA

Die Entwicklungsgeschichte dieses Hub-
schraubers begann 1950, als die US Navy die
Version OH-43D (ursprüngliche Bezeichnung
HOK-1) orderte, die fünf Personen, Fracht oder
zwei Tragbahren plus zwei Personen auf Sitzen
transportieren kann. Als Antrieb dient ein 600 hp
Pratt & Whitney R-1340-48 Kolbenmotor. 81
Maschinen dieses Typs wurden gebaut; davon
stehen heute einige immer noch im Dienst beim
US Marine Corps. Später folgten große US Air
Force-Aufträge auf den mit 825 hp Lycoming
T-53-L-1B-Triebwerk ausgerüsteten HH-43B und
auf den HH-43F, der ein 1150 hp T53-L-11A-
Triebwerk besaß, dessen Leistung auf 825 hp
herabgesetzt wurde, um für Einsätze in großen

Höhen oder unter extrem heißen Klimabedingungen entsprechende Leistungsreserven zur
Verfügung zu haben. Die US Air Force-Versionen
werden hauptsächlich für Absturz-Rettungsein-
sätze auf Flugplätzen verwendet und sind zu
diesem Zweck mit zwei Mann Besatzung und
zwei Feuerwehrmännern besetzt und mit Feuer-
lösch- und Rettungsgeräten von insgesamt
454 kg Gewicht ausgerüstet. Der HH-43B und der
HH-43F wurden ferner an Burma, Kolumbien,
Marokko, Iran, Pakistan und Thailand geliefert.
Daten (HH-43F): Rotordurchmesser 14,33 m,
Länge 7,67 m, Abfluggewicht 4150 kg, Höchstgeschwindigkeit 193 km/h, Reichweite 810 km,
Foto: HH-43B.

Kaman UH-2 Seasprite　　　　　　　　　　　USA

Der Seasprite, der am 2. Juli 1959 Erstflug hatte,
wird in zwei Versionen eingesetzt. Der UH-2A,
von dem 88 Stück gebaut wurden, besitzt ein
1250 hp General Electric T58-GE-8B-Triebwerk
und kann zwei Mann Besatzung, 11 Passagiere
oder vier Tragbahren und Ausrüstung für All-
wetter-Mehrzweck- und Rettungseinsätze an
Bord nehmen. Der UH-2B (in 102 Exemplaren
gebaut) ist mit weniger aufwendiger Elektronik
ausgerüstet und kann im Instrumentenflug
geflogen werden. Nach der Evaluation eines von
zwei T58-GE-8B-Triebwerken angetriebenen
Prototyps ordnete die US Navy den Umbau vieler
Seasprite auf diesen Standard an (Typenbezeichnung UH-2C). Anfang 1970 waren von dieser Version 59 Maschinen ausgeliefert. Sechs
UH-2 wurden in HH-2C-Gunships mit Vierblatt-

Heckrotor statt des früher verwendeten Drei-
blattrotors umgebaut und unterscheiden sich
von früheren Seasprite-Versionen ferner durch
doppelt bereifte Hauptfahrwerkräder, ein verbessertes Getriebe, einen Minigun-Kinnturm,
zwei weitere Maschinenkanonen und entsprechende Panzerung. Diese Maschinen finden für
bewaffnete Rettungseinsätze Verwendung. Weitere 67 Seasprite wurden zu HH-2D modifiziert,
die im wesentlichen der Version HH-2C entsprechen, aber nicht bewaffnet und nicht gepanzert
sind. 10 SH-2D wurden 1971 gebaut, um von kleinen Schiffen aus U-Boot-Kampfeinsätze zu fliegen. Daten (HH-2C): Rotordurchmesser 13,41 m,
Rumpflänge 11,48 m, Abfluggewicht 5670 kg,
Höchstgeschwindigkeit 252 km/h, Reichweite
632 km, Foto: HH-2D.

Kamow Ka-15
(NATO-Codebezeichnung Hen)

UdSSR

Der Ka-15 war der erste wirklich in der Praxis eingesetzte Hubschrauber aus dem Konstruktionsbüro von Nikolai Kamow, der sich bereits früher mit Arbeiten an ultraleichten einsitzigen Hubschrauberentwürfen befaßt hatte. Der Ka-15 hatte 1952 Erstflug und wurde sehr bald darauf für die sowjetische Marine und - als Kamow Ka-15M - für landwirtschaftliche, Ambulanz-, Post- und verschiedene andere zivile Einsatzrollen in Großserie gebaut. Die Marine-Version wird von Schiffplattformen aus eingesetzt und bietet zwei Personen nebeneinander in der Kabine Platz. Als Antrieb dient ein 255 hp Iwtschenko AI-14V-Sternmotor. Wie alle Kamow-Hubschrauber ist auch der Ka-15 mit zwei Koaxial-Dreiblattrotoren ausgerüstet. Daten: Rotordurchmesser 9,96 m, Rumpflänge 5,94 m, Abfluggewicht 1134 kg, Höchstgeschwindigkeit 150 km/h, Reichweite 467 km.

Lockheed C-140 JetStar

USA

16 JetStar wurden an die US Air Force ausgeliefert. Davon werden fünf Maschinen, die als C-140A bezeichnet werden, vom Air Force Communications Service eingesetzt, der für die weltweite Überprüfung von Navigationshilfen verantwortlich zeichnet. Die anderen 11 Muster dieses Typs (Bezeichnung VC-140B) sind 11- bis 16-sitzige Standard-Transportflugzeuge, die beim Special Air Missions Wing des Military Airlift Command (früher Military Air Transport Service) Dienst tun. Drei JetStar wurden von der bundesdeutschen Luftwaffe bestellt und fliegen dort als VIP-Transporter. Weitere Maschinen wurden an Indonesien (2), Libyen (1) und Saudi-Arabien (3) geliefert. Der JetStar-Prototyp hatte am 4. September 1957 Erstflug und war von zwei Bristol Siddeley Orpheus-Strahltriebwerken angetrieben. Die Serienmuster besitzen entweder vier Pratt & Whitney JT12A-6A von je 1360 kp oder vier Pratt & Whitney JT12A-8 von je 1497 kp Schub, die paarweise an beiden Rumpfseiten montiert sind. Daten: Spannweite 16,60 m, Länge 18,42 m, Abfluggewicht 19051 kg, Höchstgeschwindigkeit 920 km/h, Reichweite 3410 km. Foto: C-140A.

Lockheed F-80C Shooting Star und T-33A   USA

Die Shooting Star ist Amerikas erster Einsatz-Strahljäger. Diese Maschine steht heute noch bei den Luftstreitkräften von Brasilien, Chile, Ekuador und Uruguay in der F-80C-Version im Dienst. Die F-80C, deren Erstflug am 1. März 1948 erfolgte, ist ein mit einem Allison J33-A-35-Strahltriebwerk von 2450 kp Schub ausgerüsteter Einsitzer und hat sechs 0,50 Zoll-MG und zwei 1000 lb-Bomben oder 10 Raketen als Bewaffnung. Der Fortgeschrittenentrainer T-33A ähnelt der F-80C, ist jedoch mit zwei Sitzen in Tandemanordnung ausgestattet und wird von ca. 35 Luftstreitkräften der Welt geflogen. Insgesamt 5691 T-33A und T-33B wurden von Lockheed für die US Navy gebaut. Weitere 210 Maschinen wurden von Kawasaki in Japan in Lizenz hergestellt. Canadair produzierte 656 T-33 unter der Bezeichnung CL-30 Silver Star, die mit dem Rolls-Royce Nene-Strahltriebwerk von 2268 kp Schub ausgerüstet war. In Kolumbien, im Iran, in Thailand und Jugoslawien befindet sich noch der einsitzige Fotoaufklärer RT-33A im Einsatz, der mit einer Kamerarumpfspitze ausgerüstet ist. Einige wenige T-1A SeaStar, die von je einem J33-A-24-Triebwerk von 2767 kp Schub angetrieben werden und mit einem erhöhten hinteren Sitz, angeblasenen Klappen und anderen Veränderungen ausgestattet sind, tun immer noch bei der US Navy Dienst, hauptsächlich bei den Air Reserve Training-Einheiten. Daten (T-33A): Spannweite 11,85 m, Länge 11,51 m, Abfluggewicht 6550 kg, Höchstgeschwindigkeit 965 km/h, Reichweite 2165 km, Foto: T-33A.

Lockheed PV-2 Harpoon   USA

Die Harpoon, eine Weiterentwicklung der Weltkriegsmaschine Ventura, wurde bei der US Navy 1944 als Patrouillenbomber in Dienst gestellt. 535 Einheiten dieses Typs wurden gebaut. Den Antrieb lieferten zwei 2000 hp Pratt & Whitney R-2800-31-Motoren. Zu der typischen Harpoon-Bewaffnung zählten fünf 0,50 Zoll-Kanonen im Rumpfbug, ein zweiläufiger Waffenstand auf der Rumpfoberseite, Bomben im innenliegenden Waffenschacht und Unterflügel-Bomben und -Raketen. Einige wenige Maschinen dieses Typs stehen noch bei den peruanischen Luftstreitkräften im Einsatz, wo sie für Küstenpatrouillenflüge und U-Boot-Bekämpfung verwendet werden. Weitere Exemplare stehen in Angola bei der portugiesischen Luftwaffe im Dienst, wo sie Bomben- und Erdkampfeinsätze fliegen. Daten: Spannweite 22,86 m, Länge 15,89 m, Abfluggewicht 16 330 kg, Höchstgeschwindigkeit 454 km/h, Reichweite 2880 km.

Lockheed U-2   USA

Die Einreihung dieses Lockheed-Entwurfs in die „Utility" (also Mehrzweck)-Kategorie ist ein offensichtliches Täuschungsmanöver der US Air Force, wurde er doch von Anfang der Serienfertigung im Jahre 1945 an speziell auf die Ausführung von strategischen Aufklärungsflügen über der Sowjetunion und anderem gegnerischen Territorium ausgelegt. Eine ganze Reihe von U-2 war in dieser Einsatzrolle bis 1960 tätig, als eine Maschine beim Flug über der UdSSR abgeschossen und der Pilot gefangengenommen wurde. Darauf wurden einige Maschinen in die WU-2-Konfiguration umgebaut, die für Wetterflüge in großen Höhen verwendet wurden. Einige wenige U-2 wurden an die nationalchinesische Luftwaffe geliefert, die sie für Aufklärungsflüge über der Volksrepublik China einsetzt. Von diesen wurden ebenfalls einige Maschinen abgeschossen. Die Serienfertigung dieses Typs soll 53 Einheiten betragen haben. Zu den verschiedenen Versionen zählen fünf zweisitzige U-2D. Die erste U-2A hatte zwei J57-P-37A-Strahltriebwerke eines Schubs von 5897 kp zum Antrieb. Die U-2B ist mit leistungsstärkeren J75 ausgerüstet. Von diesem Typ stehen noch einige Muster für die Ausführung von Spezialaufklärungs- und Wetterflügen in großen Höhen im Einsatz. Daten: Spannweite 24,38 m, Länge 15,11 m, Abfluggewicht 9072 kg, Höchstgeschwindigkeit 837 km/h in 11 000 m Höhe.

McDonnell Douglas C-9A Nightingale   USA

Die US Air Force, die 1967 Bedarf an einem neuen Ambulanz-Transportflugzeug anmeldete, wählte dafür eine Version des Verkehrsflugzeugs DC-9 Series 30 aus. Der Erstauftrag belief sich auf 12 Maschinen dieses Typs, die vom 375th Aeromedical Airlift Wing auf Ambulanzflügen innerhalb der USA eingesetzt wurden und die C-131 Samaritan ablösten. 1970 wurden neun weitere Flugzeuge bestellt. Die C-9A kann bis zu 40 Patienten befördern, die auf Tragbahren oder Standardsitzen untergebracht werden können. Den Antrieb liefern zwei Pratt & Whitney JT8D-7-Zweikreistriebwerke von je 6350 kp Schub. Der Prototyp der DC-9 Series 30, des Ausgangsmusters der C-9A, hatte am 1. August 1966 Erstflug. Die erste C-9A wurde am 10. August 1968 auf der Scott AFB ausgeliefert. Daten: Spannweite 28,47 m, Länge 36,37 m, Abfluggewicht 44 450 kg, Höchstgeschwindigkeit 909 km/h in 7620 m Höhe.

McDonnell Douglas DC-8-55F   USA

Zwei frühere Verkehrsmaschinen vom Typ DC-8-55F stehen bei der Escadron 3/60 des Commandement Transport Aérien Militaire (CoTAM) der französischen Luftstreitkräfte im Einsatz. Neben der Ausführung von VIP-Flügen werden die beiden Maschinen zwischen dem französischen Mutterland und dem im Pazifik liegenden französischen Nukleartestzentrum in Direktflügen eingesetzt, die von Pointe-a-Pitre bis Papeete auf Tahiti 11 1/4 Stunden dauern. Die zivile Standardversion der DC-8-55F transportiert mehr als 40 Tonnen Fracht oder bis zu 189 Passagiere. Den Antrieb liefern vier Pratt & Whitney JT3D-3B-Zweikreistriebwerke von je 8172 kp Schub. Daten: 43,41 m Spannweite, Länge 45,87 m, Abfluggewicht 147 415 kg, max. Reisegeschwindigkeit 932 km/h, max. Reichweite 11 260 km.

Max Holste M.H.1521 Broussard   Frankreich

Die Broussard, die der gleichen Flugzeugklasse wie etwa die De Havilland Beaver angehört, ist ein sechssitziges Mehrzweck-Transportflugzeug, das auch in Gebieten eingesetzt werden kann, wo es wenige Flugplätze und Wartungsstationen gibt. Sie wird von einem 450 hp Pratt & Whitney R-985-Motor angetrieben und ist mit groß dimensionierten Spaltklappen ausgerüstet, die Startstrecken von unter 200 m ermöglichen. Baut man zwei Sitze aus, so erhält man Platz zur Unterbringung von zwei Tragbahren. Alle Passagiere finden auf fest Frachteinsätze ausbaubaren Sitzen Platz. Der Prototyp der Broussard hatte am 17. November 1952 Erstflug. Später folgten ein zweiter Prototyp und 24 Vorserienmaschinen.

Der Erstauftrag belief sich auf 180 Serien-Broussard für die französische Armee und die französischen Luftstreitkräfte. 1957 wurden Anschlußaufträge erteilt, die die Gesamtzahl der bestellten Maschinen auf 335 brachte. Die Auslieferung war 1959 abgeschlossen. Die Broussard wurde in kleinen Mengen an die Luftstreitkräfte vieler ehemaliger französischer Kolonien übergeben, um dort die Anfänge für die Schaffung einer Luftwaffe zu bilden. In Marokko und Portugal stehen heute noch Broussard im Dienst. Daten: Spannweite 13,74 m, Länge 8,65 m, Abfluggewicht 2700 kg, Höchstgeschwindigkeit 260 km/h, Reichweite 1200 km.

Messerschmitt-Bölkow-Blohm HFB 320 Hansa Jet

Bundesrepublik Deutschland

Der außergewöhnliche, nach vorn gepfeilte Tragflügel des Hansa Jet wurde gewählt, um zu vermeiden, daß der Flügelkasten durch die Passagierkabine verläuft. So gewann man in der Passagierkabine mehr Platz und lieferte gleichzeitig den Fluggästen eine außerordentlich gute Sicht nach unten. Die Standardversion des Hansa Jet kann sieben bis zwölf Passagiere befördern, doch sind auch Trainer- und andere Spezialversionen des Flugzeugs erhältlich. Der Prototyp hatte am 21. April 1964 Erstflug, und die Auslieferung der Serienmaschinen lief im September 1967 an. Die gegenwärtigen Hansa-Versionen sind mit je zwei General Electric CJ610-9-Strahltriebwerken von 1406 kp Schub ausgerüstet, die in heckmontierten Gondeln untergebracht sind. Acht Maschinen dieses Typs wurden als VIP-Transporter und militärische Flugerprobungsmuster an die Luftwaffe geliefert. Daten: Spannweite 14,49 m, Länge 16,61 m, Abfluggewicht 9200 kg, Höchstgeschwindigkeit 825 km/h, Reichweite 2370 km bei 675 km/h Fluggeschwindigkeit.

MIL Mi-1 und Mi-3 (NATO-Codebezeichnung Hare)

UdSSR

Dor Mi-1 war der erste in der Sowjetunion in Serienproduktion gefertigte Hubschrauber. Der Prototyp wurde im September 1948 fertiggestellt. Die Serienfertigung lief 1950 an. Die Erstlieferungen gingen an die sowjetischen Luftstreitkräfte; später wurde der Mi-1 jedoch auch an die Aeroflot geliefert, die ihn für eine Vielfalt von Einsätzen verwendet. Die Grundversionen sind der viersitzige Mi-1, der dreisitzige Mi-1T und der Mehrzweckhubschrauber Mi-1NKh, der an den Rumpfseiten zwei Behälter mit Tragbahren oder andere Außenlasten, z.B.150 Liter-Treibstofftanks, befördern kann. Eine weitere Variante ist der Moskwitsch-Hubschrauber, der mit Hydrauliksteuerung und aufwendigerer Ausrüstung bestückt ist. Alle vier Versionen haben einen 575 hp AI-26V-Motor als Antrieb. In Polen wurde der Mi-1 unter der Bezeichnung SM-1 gebaut. Hubschrauber dieses Typs wurden an Afghanistan, China, Kuba, Ägypten, Finnland, Ungarn, den Irak, Nordkorea, Syrien und Jemen geliefert. Bei den polnischen Luftstreitkräften steht ferner der mit modifiziertem Rumpfbug ausgerüstete SM-2 im Einsatz, der fünf Personen Platz bietet. Daten (SM-1): Rotordurchmesser 14,32 m, Rumpflänge 12,12 m, Abfluggewicht 2460 kg, Höchstgeschwindigkeit 170 km/h, Reichweite 563 km, Foto: SM-2.

MIL Mi-2 (NATO-Codebezeichnung Hoplite)   Polen

Durch Verwendung zweier kleiner, leichten Wellenturbinen, die oberhalb der Passagierkabine montiert sind, schuf man bei MIL einen Hubschrauber, der die 2 1/2-fache Nutzlast des kolbenmotorgetriebenen Mi-1 transportieren kann, ohne daß bedeutende Änderungen der Abmessungen notwendig werden. Der in der Sowjetunion als V-2 bekannte Mi-2 wurde im Herbst 1961 der Öffentlichkeit vorgestellt und wurde bei der polnischen Firma WSK-Swidnik in die Großserienfertigung genommen, und zwar sowohl für den Militär- als auch den Zivileinsatz. Die Grundversion des Mi-2 befördert neben einem Piloten bis zu acht Passagiere und wird von zwei 437 shp Isotow GTD-350-Wellenturbinen angetrieben. Die Ambulanzversion nimmt vier Tragbahren und einen Krankenpfleger in der Kabine auf; Fracht kann entweder in der Kabine oder an einem Frachthaken unter dem Rumpf transportiert werden. Zu den Luftstreitkräften, die den Mi-2 im Einsatz haben, gehören jene von Bulgarien, Ungarn, Polen, Rumänien und der Sowjetunion. Daten: Rotordurchmesser 14,49 m, Länge 11,39 m, normales Abfluggewicht 3550 kg, Höchstgeschwindigkeit 240 km/h, max. Reichweite 580 km bei einer Fluggeschwindigkeit von 190 km/h.

MIL Mi-8 (NATO-Codebezeichnung Hip)   UdSSR

Der vom kolbenmotorgetriebenen Mi-4 abgeleitete Mi-8 gehört zur gegenwärtigen sowjetischen Hubschrauber-Baureihe, die auch in Zivilversionen erhältlich ist und bei der Aeroflot im Einsatz steht. Im Dienst der sowjetischen Streitkräfte stehende Mi-8 wurden erstmals 1967 gesehen, und obwohl man nicht weiß, in welchen Zahlen der Mi-8 in militärischer Verwendung steht, wird er bereits bei der Luftwaffe der CSSR eingesetzt und könnte sehr wohl den Mi-4 als Standard- Mehrzweck- und Leichthubschrauber auch bei anderen Streitkräften des Ostblocks ablösen. Als der Mi-8 1961 zum ersten Mal in der Öffentlichkeit zu sehen war, war er mit einer Solowiew-Wellenturbine ausgerüstet; die Serienmuster besitzen jedoch zwei 1500 shp Isotow TB-2-117A, die nebeneinander über der Kabine angeordnet sind. Bis zu 28 Personen oder 12 Tragbahren können in der Kabine untergebracht werden. Der Erstflug dieser Version wurde am 17. September 1962 durchgeführt. Eine Heckladerampe erleichtert das Be- und Entladen von sperrigen Frachtstücken oder von kleinen Fahrzeugen. Daten: Rotordurchmesser 21,29 m, Rumpflänge 18,31 m, Abfluggewicht 12 000 kg, Höchstgeschwindigkeit 250 km/h, Reichweite 360 bis 940 km.

Mitsubishi Mu-2   Japan

Der erste Prototyp dieses sechs- bis 14sitzigen STOL-Mehrzweckflugzeugs flog am 14. September 1963 erstmals. Den Antrieb des Prototyps lieferten zwei 562 shp Turboméca Astazou-Turboproptriebwerke. Die Serienversion MU-2C ist mit leistungsstärkeren AiResearch TPE-331-Propellerturbinen und mit einem Flügel größerer Spannweite als der Prototyp ausgerüstet (Spannweitenvergrößerung 1,0 m). Die Militärversion ist die MU-2C, die in 10 Exemplaren an die Japanese Ground Selfe-Defence Force geliefert wurde, wobei fünf Maschinen mit Aufklärungskameras und die anderen fünf mit Seitensichtradar ausgestattet sind. Alle 10 Flugzeuge kön-

nen mit zwei Maschinenkanonen im Bug, mit Bomben, Raketen etc. bewaffnet werden. Das Such- und Rettungsmodell MU-2E, von dem 17 Maschinen für die Japanese Air Self-Defence Force gebaut wurden, ist mit einem Bugradom, Zusatztreibstoff, nach außen gewölbten Beobachtungsfenstern und einer Schiebetür zum Absetzen von Rettungsbooten ausgerüstet. Die Militärbezeichnungen lauten LR-1 bzw. MU-2S. Daten (zivile MU-2D mit 605 shp TPE-331-25-Triebwerken): Spannweite 11,95 m, Länge 10,13 m Abfluggewicht 4445 kg, Höchstgeschwindigkeit 500 km/h, Reichweite 2100 km, Foto: MU-2E.

Mitsubishi XT-2   Japan

Dieser Überschalltrainer und leichter Erdkämpfer, der mit einem Tandem-Cockpit ausgerüstet ist, wird seit September 1967, als Mitsubishi zum Hauptauftragnehmer in diesem Programm ernannt wurde, für die japanischen Luftstreitkräfte entwickelt. Die Attrappe (siehe Foto) wurde 1969 fertiggestellt, und der erste von zwei gebauten Prototypen flog am 20.7.1971 erstmals. Man erwartet, daß Aufträge in Höhe von 50 bis 60 Trainern plaziert werden, die 1974 in Dienst gestellt werden sollen, und daß 100 Erdkampfversionen gebaut werden, die die F-86F der japanischen Luftstreitkräfte ablösen sollen. Ferner zieht man die Entwicklung einer Auf-

klärerversion in Erwägung, die die Nachfolge der jetzt noch im Dienst stehenden RF-86F Sabre antreten soll. Die XT-2 ist Japans erstes im eigenen Land entwickeltes Überschallflugzeug. Sie wird von zwei Rolls-Royce-Tuboméca Adour Strahltriebwerken von 3150 kp Schub angetrieben (mit Nachbrennung). Zwei Kanonen im Rumpfvorderteil und Unterflügelbewaffnung können zum Einbau gelangen. Daten: Spannweite 8,00 m, Länge 17,00 m, normales Abfluggewicht 9500 kg, Höchstgeschwindigkeit Mach 1,6 in 10 000 m Höhe, Überführungsreichweite 2575 km.

Morane-Saulnier M.S.733 Alcyon   Frankreich

Die Entwicklung der Alcyon erfolgte beginnend mit der M.S.730, einem zwei- bis dreisitzigen Anfangstrainer mit einem 180 hp Mathis-Motor und festem Fahrwerk, der am 11. August 1949 Erstflug hatte. Dieses Flugzeug wurde durch Umrüstung auf einen 240 hp Argus As 10-Motor zur M.S.731. Darauf folgten die M.S.732, deren Erstflug am 13. Februar 1951 stattfand und die mit einem 250 hp Salmson 8.A.S.02-Motor und nach hinten einfahrendem Fahrwerk ausgerüstet war, und fünf Vorserienmaschinen des Typs M.S.733 Alcyon (Erstflugdatum 25. September 1951) mit einem 240 hp Potez 6D.30-Motor und nach außen einfahrenden Hauptfahrwerkbeinen. Insgesamt wurden 130 Alcyon für die französischen Luftstreitkräfte und die französische Marine gebaut, von denen 70 auch für das Waffentraining verwendet werden konnten. Einige wenige Exemplare davon tun heute noch Dienst. Ferner wurden 27 Maschinen an Kambodscha ausgeliefert (siehe Foto), von denen einige mit zwei Maschinenkanonen und auf Schienen befestigten Unterflügelraketen bestückt waren, um Polizei-Einsätze fliegen zu können. Diese Maschinen werden heute jedoch nur mehr für Ausbildungszwecke eingesetzt. Daten: Spannweite 11,28 m, Länge 9,32 m, Abfluggewicht 1670 kg, Höchstgeschwindigkeit 260 km/h.

Morane-Saulnier M.S.760 Paris   Frankreich

Der erste von zwei gebauten Prototypen dieses viersitzigen Verbindungs- und zweisitzigen Trainingsflugzeugs hatte am 29. Juli 1954 Jungfernflug. Die erste Serienmaschine, die M.S.760A Paris I, die mit zwei Turboméca Marboré II-Strahltriebwerken einer Schubleistung von je 400 kp ausgerüstet war, folgte am 27. Februar 1958. Diese Version steht heute bei der französischen Luftwaffe und Marine für Trainings-Verbindungs- und Fotoeinsätze im Einsatz, wozu noch einige wenige M.S.760B Paris II kommen, die als Antrieb je zwei Marboré VI-Triebwerke von 480 kp Schub haben. Ingesamt wurden in Frankreich 165 Paris I und II für den Zivil- und Militäreinsatz produziert, darunter viele Exemplare für die Streitkräfte Brasiliens und Argentiniens. Diese beiden Länder führten auch den Lizenzbau der Paris durch, die aber heute nur mehr in Argentinien im Dienst ist. Die Luftstreitkräfte Paraguays betreiben eine einzige Paris für die Strahltrainer-Ausbildung der Besatzungen. Zum Zweck der Waffenausbildung und des leichten Erdkampfeinsatzes können zwei Maschinenkanonen und eine 30 mm-Kanone im Rumpf montiert werden. Ferner können ein Bombengewicht von 408 kg oder Raketen unter dem Flügel mitgeführt werden. Daten (Paris): Spannweite 10,13 m, Länge 10,24 m, Abfluggewicht 3470 kg, Höchstgeschwindigkeit 650 km/h, Reichweite 1500 km.

NAMC XC-1A   Japan

Dieser mittlere Truppen- und Frachttransporter wird entwickelt, um die gegenwärtige Flotte von Curtiss C-46, die bei den japanischen Luftstreitkräften Dienst tun, bis zu den frühen siebziger Jahren zu ersetzen. Die Entwurfsarbeiten begannen 1966, und der erste von zwei gebauten Prototypen hatte am 12. November 1970 Erstflug. Die Serienfertigung sollte 1971 aufgenommen werden, wobei der gegenwärtige Bedarf auf 44 C-1A-Transporter, auf fünf weitere ECM-Versionen (ECM - Electronic Countermeasures - Elektronische Gegenmaßnahmen) und drei Wetteraufklärer beziffert wird. Weitere fünf Flugzeuge dieses Typs werden an die japani-

schen Marinesteitkräfte gehen, wo sie für Minenlege- und Frühwarneinsätze verwendet werden sollen. In der Transporterversion finden eine Besatzung von fünf Mann und 60 Soldaten, 45 Fallschirmjäger, 36 Tragbahren plus Krankenpfleger Platz oder eine entsprechende Frachtmenge, z. B. drei beladene Paletten, ein 2 1/2-Tonnen-Lastwagen oder eine 105 mm-Haubitze. Die Triebwerkanlage dieses Flugzeugtyps besteht aus zwei Pratt & Whitney JT8D-9-Zweikreisern von je 6575 kp Schub. Daten: Spannweite 31,00 m, Länge 29,00 m, Abfluggewicht 39 000 kg, Höchstgeschwindigkeit 815 km/h, Reichweite 1297 bis 3336 km.

NAMC YS-11   Japan

Die Grundversion YS-11-100 flog als Prototyp am 30. August 1962 erstmals und ist ein 52- bis 60-sitziger Kurzstreckentransporter, der von zwei 3 060 ehp-Rolls-Royce Dart Mk.542-10K-Turboproptriebwerken angetrieben wird. Er nahm den Dienst bei den Japan Domestic Airlines im Frühjahr 1965 auf und wurde auch von den japanischen Luftstreitkräften bestellt. Die Militärversionen werden als YS-11-103/105, YS-11-112, YS 11A-218, YS-11A-206, YS-11A-305 und YS-11A-402 bezeichnet. Das sind (in der gleichen Reihenfolge) ein 32 bis 48-sitziger

VIP-Transporter, von dem vier Einheiten für die japanischen Luftstreitkräfte bestimmt sind, ein Frachttransporter (2 für die Marine), ein Transporter (1 für die Luftwaffe), ein U-Boot-Kampftrainer (4 für die Marine), ein Passagier- und Frachttransporter (1 für die Luftwaffe) und ein reiner Frachttransporter (8 für die Luftwaffe). Daten (Standardausführung YS-11-100): Spannweite 32,00 m, Länge 26,30 m, Abfluggewicht 24 500 kg, max. Reisegeschwindigkeit 469 km/h, max. Reichweite 3215 km, Foto: YS-11A-206.

Neiva Paulistinha L-6   Brasilien

Das Paulistinha-56-Leichtflugzeug stand in verschiedenen Versionen von 1942 bis 1968 in der Serienfertigung. Die erste Version dieses mit Tandemsitzen ausgerüsteten Flugzeugtyps war die Paulistinha L-6 (siehe Foto), von der 19 Stück an die brasilianischen Luftstreitkräfte für Verbindungs- und andere Einsätze geliefert wurden. Die Auslieferung dieses Typs war 1959 abgeschlossen; alle Versionen waren von einem 100 hp Lycoming-Motor angetrieben. Einige wenige Maschinen stehen noch im Dienst, werden aber nach und nach von der Regente (siehe unten) ersetzt. Daten: Spannweite 10,75 m, Länge 6,76 m, max. Abfluggewicht 640 kg, max. Reisegeschwindigkeit 160 km/h, Reichweite 900 km.

Neiva C-42 und L-42 Regente 360C   Brasilien

Im Gegensatz zu der mit Holzflügel ausgestatteten Paulistinha L-6 ist die Regente eine Ganzmetallkonstruktion. Diese Maschine hatte am 7. September 1961 Erstflug und wurde in zwei Versionen von den brasilianischen Luftstreitkräften bestellt. Bis Februar 1970 waren insgesamt 80 C-42, das sind viersitzige Mehrzweckmuster, ausgeliefert, worauf 40 Beobachtungsflugzeuge mit der Bezeichnung L-42 und mit tiefer gesetztem Rumpfheck folgten, um die Rundumsichtverhältnisse zu verbessern. Der Regente-Prototyp war mit einem 145 hp Continental O-300-Motor ausgerüstet, doch alle Serienmodelle besitzen einen 210 hp Continental IO-360-D (in der C-42) oder einen 180 hp Lycoming O-360-A1D (in der L-42) Daten: Spannweite 9,13 m, Länge 7,04 m, Abfluggewicht 1040 kg, Höchstgeschwindigkeit 240 km/h, Reichweite 950 km, Foto: L-42.

Neiva IPD-6201 Universal (T-25) Brasilien

Dieser zwei- bis dreisitzige Anfangstrainer wurde 1968 in die Serienfertigung übernommen, um einer Forderung der brasilianischen Luftstreitkräfte nach einem Nachfolgemuster der T-6 Texan zu entsprechen. Der Prototyp flog am 29. April 1966 erstmals und hatte bereits ausgedehnte Flugerprobungs- und Evaluationsergebnisse vorzuweisen, als der offizielle Kontrakt über die Lieferung von 150 Maschinen unterzeichnet wurde. Als Triebwerk findet ein 300 hp Lycoming IO-540-K1D5-Kolbenmotor Verwendung, und die Maschine ist eine Ganzmetallkonstruktion. Der Pilot und der Lehrer sitzen nebeneinander; hinter den beiden Sitzen ist noch Platz für einen dritten Sitz. Die Militärbezeichnung der brasilianischen Luftstreitkräfte lautet T-25. Daten: Spannweite 11,00 m, Länge 8,49 m, Abfluggewicht 1400 kg, Höchstgeschwindigkeit 338 km/h, max. Reichweite 1000 km.

Nord 3202 und 3212 Frankreich

100 Stück dieses zweisitzigen Trainers für die Anfangsschulung wurden beschafft, um die Stampe SV-4-Doppeldecker abzulösen, die bisher an den Flugschulen der französischen Armee für die Anfangs-, Kunstflug- und Blindflugschulung Verwendung fanden. Die Grundversion war die Nord 3200, die am 10. September 1954, ausgerüstet von einem 260 hp Salmson 8.AS.04-Triebwerk, zum Erstflug startete. Darauf folgte das Muster Nord 3201 (Erstflug am 22. Juni 1954), das der 3200 entsprach, aber von einem 170 hp SNECMA-Régnier-Motor angetrieben wurde. Eine weitere Triebwerkumrüstung - auf den 240 hp Potez 4D.32-Motor bei den ersten 50 und auf einen 260 hp Potez 4D.34 bei den letzten 50 Maschinen - hatte das Serienmuster Nord 3202 zur Folge, das am 17. April 1957 den Erstflug absolvierte. Bei Einbau eines für das Instrumentenflugtraining benötigten Radiokompasses ändert sich die Typenbezeichnung in Nord 3212. Das Foto zeigt eine modifizierte Spezialversion, die vom Kunstflugteam der französischen Armee geflogen wird. Daten (4D.32-Motor): Spannweite 9,50 m, Länge 8,13 m, Abfluggewicht 1220 kg, Höchstgeschwindigkeit 258 km/h, Reichweite 1000 km.

North American B-25J Mitchell   USA

Insgesamt wurden im Zeitraum von 1943 bis 1954 4318 B-25J Mitchell gebaut. Dieser Flugzeugtyp steht heute nur noch in Venezuela in vorderster Linie im Einsatz, aber immerhin fliegt die brasilianische Luftwaffe der Mitchell unter der Bezeichnung CB-25J (siehe Foto) noch in Transportmissionen. Die von zwei Wright R-2600-29-Triebwerken von je 1700hp angetriebene Standardversion B-25J befördert eine Besatzung von fünf oder sechs Mann, 1360 kg Bomben in der Kabine und weitere 454 kg Bomben oder Rake-

ten an Aufhängestationen unter dem Tragflügel. Die Standardbewaffnung bestand ursprünglich aus fünf fest montierten und sieben schwenkbaren 0,50 Zoll-Maschinenkanonen, aber einige Flugzeuge waren mit einem Rumpfbug ausgerüstet, in dem acht Kanonen eingebaut waren, was die Zahl der Kanonen auf 18 Stück steigerte. Daten: Spannweite 20,59 m, Länge 16,13 m, Abfluggewicht 15 875 kg, Höchstgeschwindigkeit 442 km/h, Reichweite 2900 km.

North American T-6 Texan   USA

Dieser zweisitzige Anfangstrainer-Veteran, der in Großbritannien unter der Bezeichnung Harvard bekannt ist, stand in den USA und später in Kanada von 1938 bis 1954 in der Serienproduktion. Insgesamt wurden mehr als 10 000 Maschinen dieses Typs gebaut. Von 1949 bis 1950 wurden 2068 frühere T-6-Muster zu T-6G Texan modifiziert, und diese Maschinen stehen heute

noch bei fast 40 Luftstreitkräften der Welt im Einsatz. Die Texan wird von einem 550 hp Pratt & Whitney R-1340-AN-1-Motor angetrieben und führt Unterflügel-Raketen und leichte Bomben für Waffentraining und Erdkampfunterstützungseinsätze mit sich. Daten: Spannweite 12,80 m, Länge 9,00 m, Abfluggewicht 2547 kg, Höchstgeschwindigkeit 340 km/h, Reichweite 1400 km.

North American Rockwell T-2 Buckeye   USA

Von der Buckeye wurde kein Prototyp gebaut. Das erste Flugzeug der Anfangsserie von insgesamt 217 T-2A hatte am 31. Januar 1958 Erstflug. Diese Version, ein Tandem-Zweisitzer, der ein Westinghouse J34-WE-36-Strahltriebwerk von 1542 kp Schub zum Antrieb hat, ist für den gesamten Bereich des Marinetrainings verwendbar. Am 30. August 1962 brachte North American den ersten von zwei aus der T-2A abgeleiteten Prototypen der T-2B zum Erstflug, um die Möglichkeiten der Zelle zu evaluieren, wenn sie mit dem Pratt & Whitney J6P-P-6-Strahltriebwerk von 1540 kp Schub ausgerüstet ist. Die Serien-

aufträge auf die T-2B beliefen sich auf 100 Maschinen und wurden im Zeitraum von 1964 bis 1967 plaziert. Die erste dieser Serienmaschinen hatte am 21. Mai 1965 Erstflug. 1968 wurde ein neuer Prototyp erstellt, indem man ein General Electric J85-GE-4-Triebwerk von 1339 kp Schub in eine T-2B installierte. Kurz darauf wurde der Beschluß gefaßt, 84 dieser mit T-2C bezeichneten Muster zu bauen, um den T-2B-Kontrakt zu ergänzen. Daten (T-2B): Spannweite 11,62 m, Länge 11,67 m, Abfluggewicht 6025 kg, Höchstgeschwindigkeit 869 km/h, Foto: T-2C.

North American Rockwell T-39 Sabreliner   USA

Der Sabreliner-Prototyp wurde auf Privatinitiative gebaut, um der US Air Force-Spezifikation UTX für ein Trainer- und Mehrzweckflugzeug zu entsprechen. Der Prototyp hatte am 16. September 1958 Erstflug. Er war von zwei General Electric J85-Strahltriebwerken von 1134 kp Schub angetrieben; die Serienmuster für militärischen Einsatz besitzen jedoch zwei Pratt & Whitney J60 (J12)-Triebwerke einer Schubleistung von 1360 kp. Für die US Air Force und die US Navy wurden drei Versionen in einer Stückzahl von 191 Maschinen gebaut. Die T-39A, von der 143 Maschinen ausgeliefert wurden, ist ein Mehrzwecktrainer für die Anfangsschulung, der beim US Air Force Air Training Command, beim Strategic Air Command, beim Systems Command, beim US Air Force Headquarters und beim Mili-

tary Airlift Command im Einsatz ist. Sechs T-39B sind mit Dopplerradar und NASARR-Allwetter-Such- und Entfernungsmeßradar ausgerüstet und werden vom Tactical Air Command dazu benützt, die für die F-105 Thunderchief-Staffeln bestimmten Besatzungen auszubilden. Die 42 T-39D der US Navy sind mit einem Magnavox-Radarsystem ausgestattet, das für das Marineradar-Training bestimmt ist. Sieben CT-39E, die später von der US Navy beschafft wurden, entsprachen im wesentlichen der Zivilausführung Sabreliner 40. Eine weitere im Dienst stehende Variante ist die T-39F, die mit nicht näher bekannten Sensoren im Bug ausgerüstet ist (siehe Foto). Daten: Spannweite 13,54 m, Länge 13,34 m, Abfluggewicht 8055 kg, Höchstgeschwindigkeit 808 km/h, Reichweite 3140 km.

Northrop T-38A Talon   USA

Die Struktur der T-38 ist nahezu mit jener des taktischen Kampfflugzeugs F-5 identisch (siehe Seite 111), das aus der T-38 abgeleitet wurde. Zu den wichtigeren Unterschieden zählen die beim T-38-Trainer fehlenden Klappen an der Tragflügelvorderkante und die Triebwerkanlage: Die Nachbrennertriebwerke General Electric J85-GE-5A liefern weniger Schub als die beiden F-5-Triebwerke (1748 kp mit Nachverbrennung). Zwei Jahre lang wurden die Konstruktionsarbeiten an der T-38 auf eigene Initiative durchgeführt, bis 1965 die US Air Force ihre Ausschreibung für einen zweisitzigen Überschalltrainer für die Anfangsschulung veröffentlichte, der die Nachfolge der Lockheed T-33A antreten sollte, und T-38-Prototypen bei der Firma Northrop in Auftrag gab. Der erste Prototyp startete - angetrieben von zwei YJ85-GE-1-Triebwerken - am 10. April 1959 zum Erstflug. Die Triebwerke besaßen noch keinen Nachbrenner. Das zweite Flugzeug entsprach im wesentlichen dem ersten Prototyp. Darauf wurden vier YT-38-Versuchsmaschinen gebaut, denen man Nachbrennertriebwerke vom Typ YJ85-GE-5 einer Schubleistung von 1633 kp als Antrieb gab. Die erste Serien-T-38A war im März 1961 einsatzbereit, und die 1000. von insgesamt 1138 an die US Air Force ausgelieferten T-38 ging im Januar 1969 an die Truppe. 46 Maschinen wurden von der Luftwaffe beschafft, die auf der T-38 deutsche Piloten in den USA ausbildet. Die NASA verwendet die T-38 als Raumflugtrainer für die Astronauten und hat 24 Maschinen dieses Typs im Einsatz. Die US Navy besitzt fünf T-38. Daten: Spannweite 7,70 m, Länge 14,13 m, Abfluggewicht 5465 kg, Höchstgeschwindigkeit 1384 km/h (Mach 1,3), Reichweite 1770 km.

Pazmany/CAF PL-1B   Nationalchina

1968 dachte die nationalchinesische Luftwaffe an die Beschaffung eines kleinen Anfangstrainers, der - als erste Phase einer nationalchinesischen Luftfahrtindustrie - im eigenen Lande gebaut werden sollte. Der für diese Zwecke ausgewählte Flugzeugtyp war die PL-1, deren Konstruktionspläne vom Flugzeugkonstrukteur Ladislao Pazmany aus San Diego im US-Bundesstaat California stammen. Der geringfügig modifizierte, mit PL-1A bezeichnete Prototyp, der von einem 125 hp Lycoming O-290-D-Motor angetrieben wurde, wurde in einem Zeitraum von 100 Tagen in Aeronautical Research Laboratory in Taitschung gebaut und hatte am 26. Oktober 1968 Erstflug. Auf ihn folgten zwei weitere PL-1A-Prototypen und 35 mit breiterem Cockpit, größerem Ruder und leistungsstärkerem Triebwerk – einem 150 hp Lycoming O-320-E2A – ausgerüstete Serienmaschinen des Typs PL-1B. Die PL-1B (siehe Foto) ist mit zwei Sitzen nebeneinander ausgestattet und wurde in Ganzmetallbauweise erstellt. Daten: Spannweite 8,53 m, Länge 5,99 m, Abfluggewicht 655 kg, Höchstgeschwindigkeit 240 km/h, max. Reichweite 651 km/h.

Piaggio P.148   Italien

Die italienischen Luftstreitkräfte wählten 1951 die P.148 zusammen mit der von Macchi gebauten Version der Fokker Instructor (siehe Seite 185) zum Standard-Anfangstrainer. Der erste Prototyp hatte am 12. Februar 1951 Erstflug. Insgesamt wurden 100 Serien-P.148 ausgeliefert. Einige wenige wurden 1962 an das Somali Air Corps abgegeben, und 12 weitere Maschinen gingen an die kongolesischen Luftstreitkräfte (Kinshasa). Die P.148 quittierte ihren Dienst als Anfangtrainer der italienischen Streitkräfte, als ein reiner strahlgestützter Ausbildungszyklus, der auf der Aermacchi MB.326 basiert, ausgearbeitet wurde. Allerdings wurde sie 1970 wie-

dereingeführt, als man - wie in anderen Luftstreitkräften auch - erkannte, daß ein kurzes Training auf kolbenmotorgetriebenen Mustern von großem Wert ist. Die P.148 ist im Grund ein Zweisitzer mit nebeneinander angeordneten Sitzen, doch kann ein dritter Sitz im hinteren Teil des Cockpits Platz finden. Den Antrieb liefert ein 190 hp Lycoming O-435-A-Motor. Die P.148 ist mit einer aufwendigen Instrumenten- und Funkausrüstung bestückt. Daten: Spannweite 11,12 m, Länge 8,75 m, Abfluggewicht 1200 kg, Höchstgeschwindigkeit 236 km/h, Reichweite 917 km.

Piaggio P.149D   Italien

Die P.149 stellt eine viersitzige Reiseflugzeugentwicklung aus der P.148 dar, die mit einem Bugradfahrwerk und einem leistungsstärkeren 270 hp Lycoming GO-480-Motor ausgerüstet ist. Der von einem 260 hp GO-435-Motor angetriebene Prototyp startete am 19. Juni 1953 zum Erstflug; es folgte allerdings kein Großserienauftrag, bevor die Bundesrepublik die P.149D als Standardtrainer für die Grundschulung und als Verbindungsflugzeug für die Luftwaffe auswählte. Die erste von 72 gebauten P.149D wurde

im Mai 1957 an die Bundesrepublik ausgeliefert. Sechs Monate später folgte die erste von 190 von Focke-Wulf in Deutschland in Lizenz gebauten Maschinen. Davon stehen noch viele Flugzeuge im Einsatz. Ferner werden die P.149D von den Luftstreitkräften Nigerias, Tansanias und Ugandas geflogen. Bei Verbindungsflügen können bis zu fünf Personen Platz finden. Daten: Spannweite 11,12 m, Länge 8,80 m, Abfluggewicht 1680 kg, Höchstgeschwindigkeit 309 km/h, Reichweite 1094 km.

Piaggio P.166M   Italien

Piaggio leitete den leichten Transporter P.166 aus dem zweimotorigen Amphibium P.136 ab, stattete ihn jedoch mit einem normalen Rumpf statt des Bootskörpers aus. Im Grund blieb jedoch die Rumpflinie erhalten. Mehr als 100 Maschinen dieses Typs wurden gebaut, darunter 51 P.166M für Trainings-, Ambulanz- und Verbindungseinsätze bei den italienischen Luftstreitkräften. Die P.166M, die von zwei auf Schubpropeller wirkenden 340 hp Lycoming GSO-480-

B1C6-Triebwerken angetrieben wird, kann bis zu 10 Personen oder eine entsprechende Frachtmenge - z. B. auch ein Orpheus-Strahltriebwerk - transportieren. Neun Maschinen werden von den südafrikanischen Luftstreitkräften für Patrouillenflüge verwendet (siehe Foto). Daten: Spannweite 14,52 m, Länge 11,90 m, Abfluggewicht 3800 kg, Höchstgeschwindigkeit 357 km/h, Reichweite 1930 km.

Piaggio PD-808   Italien

Die El Segundo Division der Douglas Aircraft Company zeichnet für den Grundentwurf dieses 6- bis 10-sitzigen zweistrahligen Mehrzweck-Transportflugzeugs verantwortlich, während Detailkonstruktion und Fertigung an Piaggio übertragen wurden. Die italienische Regierung finanzierte den Bau von zwei Prototypen, von denen der erste am 29. August 1964 erstmals flog. Von den 24 daraufhin von der italienischen Luftwaffe georderten PD-808 werden 12 für

Überprüfung der italienischen Luftstraßen und Navigationssystemen in großen Höhen verwendet. Die restlichen Maschinen führen Mehrzweck- und Trainingsflüge durch. Die Triebwerkanlage besteht aus zwei Rolls-Royce Bristol Viper 526 einer Schubleistung von je 1524 kp, die zu beiden Seiten des Rumpfhecks installiert sind. Daten: Spannweite 13,20 m, Länge 12,85 m, Abfluggewicht 8165 kg, Höchstgeschwindigkeit 852 km/h, Reichweite 2045 km.

Pilatus P-3

Schweiz

Die mit zwei Tandemsitzen ausgerüstete Pilatus P.3 wird von der schweizerischen Flugwaffe als mittlerer Trainer verwendet, auf dem die Piloten nach dem Anfangstraining schulen, bevor sie auf den Fortgeschrittenen-Strahltrainer Vampire umsteigen. Der erste von zwei gebauten Prototypen hatte am 3. September 1953 Erstflug, und daraufhin wurden 72 Serienmaschinen von der Schweizerischen Flugwaffe in Auftrag gegeben, die die P.3 zur Ablösung der T-6 Texan benötigte. Als Triebwerk findet ein 260 hp Lycoming GO-

435-C2A-Kolbenmotor Verwendung. Für das Waffentraining können eine 7,9 mm-Kanone und Aufhängevorrichtungen für zwei Raketen und vier kleine Bomben installiert werden. Sechs P-3 wurden 1963 an die brasilianischen Luftstreitkräfte geliefert, und fünf davon tun immer noch bei einer Verbindungs- und Beobachtungsstaffel Dienst. Daten: Spannweite 10,39 m, Länge 8,74 m, Abfluggewicht 1497 kg, Höchstgeschwindigkeit 310 km/h.

Pilatus PC-6 Porter, PC-6/A/B/C Turbo-Porter und Fairchild Hiller Porter

Schweiz/ USA

Die Grundversion PC-6/340 Porter dieses STOL-Mehrzwecktransporters, der mit einem 340 hp Lycoming GSO-480-B1A6-Motor ausgerüstet ist, benötigt mit voller Zuladung von bis zu 10 Personen eine Startstrecke von nur 200 m und landet in 152 m. Dieses Flugzeug kann ferner auf eine ganze Reihe von Verwendungszwecken umgerüstet werden, z. B. Frachttransport, Absetzen von Fallschirmtruppen und Luftfotografie, und kann auf Rädern, Ski oder Schwimmern operieren. Die gleiche Grundzelle ist mit einem 700 shp Turboméca Astazou XII-Turboproptriebwerk, mit einem 550 shp Pratt & Whitney PT6A-20 oder einem AiResearch TPE 331-25D ausrüstbar, wodurch die Versionen (in gleicher Reihenfolge) PC-6A1/H2 Turbo-Porter, PC-6B1/H2 Turbo-Porter und PC-6C1/H2 Turbo-Porter entstehen. Die letzteren beiden Versionen wer-

den auch von Fairchild Hiller in Amerika als Porter gebaut, der auf Wunsch auch mit einem 680 hp PT6A-29-Turboproptriebwerk ausgerüstet werden kann. Die letzte kolbenmotorgetriebene Version Pilatus PC-6/D-H3 hat eine gepfeilte Seitenflosse und einen 500 hp Lycoming TIO-720-Motor. Ein Porter tut bei den Luftstreitkräften Kolumbiens Dienst, 14 Stück des Typs PC-6B1 Turbo Porter wurden an die australischen Streitkräfte geliefert und andere Turbo-Porter-Versionen gingen an Israel (2), Sudan (8) und Peru (1). Im Foto abgebildet ist eine bewaffnete Version des Fairchild Hiller Porter, der für COIN-Einsätze eingesetzt werden soll. Daten (PC-6B1): Spannweite 15,13 m, Länge 11,00 m, Abfluggewicht 2200 kg, Höchstgeschwindigkeit 280 km/h, Reichweite 1100 km.

Piper L-4, L-18 und U-7A   USA

Zumindest zwei Luftstreitkräfte - die von Indonesien und Paraguay - setzen immer noch die Originalversion L-4 Piper Cub dieses Flugzeugs ein, die mit 65 hp Continental O-170-3-Triebwerk ausgerüstet ist. In weitaus größeren Mengen - bei ca. 16 Luftstreitkräften - stehen die L-18 und die U-7 im Einsatz, die auf der Nachkriegs-Super Cub basieren. Die 105 Standard-Super Cub 95, die einen 90 hp Continental C90-Motor als Antrieb besaßen, wurden alle an die Türkei geliefert. Darauf folgte die ihr im wesentlichen entsprechende L-18C, die in Stückzahlen von 838 Maschinen an die US Army und an die US-Alliierten, darunter Belgien, Dänemark, Frankreich, die Bundesrepublik. Iran, Israel, Norwegen und Thailand, geliefert wurde. Die letzte Version der Super Cub, die bei den amerikanischen

Streitkräften im Dienst ist, ist die U-7A (frühere Bezeichnung L-21A), die 1951 mit einem 125 hp Lycoming O-290-11-Motor in die Serienproduktion ging. 30 Maschinen dieses Typs wurden an die US Army und 120 an die US Air Force ausgeliefert. Auf diese Version folgte die in 582 Exemplaren gebaute U-7B (ursprüngliche Bezeichnung L-21B) mit 135 hp O-290-D2-Motor. 70 Stück davon wurden mit Tandemrädern an jedem Fahrwerkbein ausgestattet, um auch von unbefestigtem Terrain aus eingesetzt werden zu können. Alle Cub-Varianten sind Tandem-Zweisitzer, die für Beobachtungs- und Verbindungsflüge zum Einsatz gelangen. Daten (U-7A): Spannweite 10,74 m, Länge 6,88 m, Abfluggewicht 617 kg, Höchstgeschwindigkeit 198 km/h, Reichweite 1240 km.

Piper U-11A Aztec   USA

Die Piper PA-23-250 Aztec wurde von Piper 1959 als fünfsitzige Weiterentwicklung des leichten viersitzigen Zweimots Apache auf den Markt gebracht und war mit leistungsstärkeren Motoren als diese und mit gepfeilter Flosse ausgerüstet. Die US Navy orderte 20 Maschinen der Grundversion mit 250 hp Lycoming O-540-A1A-Motoren für die Ausführung von Mehrzwecktransporteinsätzen. Diese Maschinen stehen heute unter der Bezeichnung U-11A (früher UO-1)

im Dienst. Die spätere Version, die sechssitzige Aztec C mit 250 hp IO-540-C4B5-Motoren und verlängertem Rumpfbug, fliegt bei der argentinischen Armee, die sechs Exemplare davon im Jahre 1964 bestellte. Auch die französischen Luftstreitkräfte operieren Aztec (zwei Stück). Daten (U-11A): Spannweite 11,28 m, Länge 8,41 m, Abfluggewicht 2177 kg, Höchstgeschwindigkeit 346 km/h, Reichweite 1930 km, Foto: U-11A.

Piper PA-31 Turbo Navajo   USA

Im Rahmen ihres Umrüstungsprogramms, das die Ablösung älterer Flugzeugtypen wie z.B. der Piper L-4 Cub und Apache zum Gegenstand hatte, beschaffte die argentinische Armee 1969 fünf Leichtflugzeuge des Typs Turbo Navajo. Dies sind sechs- bis neunsitzige leichte Transportflugzeuge mit je zwei 310 hp Lycoming TIO-540-A-Motoren als Antrieb. Der Prototyp des Navajo-Ausgangsmusters hatte am 30. September 1964 Erstflug und war das erste Mitglied einer neue Piper-Flugzeugfamilie größerer, für den Geschäftsreise- und Zubringerdienst geeigneter Maschinen. Auf die Navajo folgten die mit Turboladermotoren bestückte Turbo Navajo und - 1970 - die PA-31P Pressurised Navajo, die eine Druckkabine aufweist. Insgesamt wurden bis Anfang 1970 mehr als 500 Flugzeuge dieses Typs ausgeliefert. Daten (Turbo Navajo): Spannweite 12,40 m, Länge 9,94 m, Abfluggewicht 2948 kg, Höchstgeschwindigkeit 418 km/h, max. Reichweite 2415 km.

Potez/Aérospatiale CM 170 Magister   Frankreich
Super Magister und CM 175 Zephyr

Der erste von drei Prototypen des zweisitzigen Tandem-Strahltrainers Magister startete am 23. Juli 1952 zum Jungfernflug. Elf Monate später plazierte die französische Luftwaffe einen Vorserienauftrag auf 10 Maschinen, deren erste am 7. Juli 1954 Erstflug hatte, und später Serienaufträge auf insgesamt 387 Maschinen dieses Typs. Die ursprüngliche Entwurfs- und Herstellerfirma Fouga wurde schließlich in die Potez-Gruppe aufgenommen, die die Serienfertigung fortführte, bis die Magister 1967 von der Sud-Aviation, der heutigen Aérospatiale, übernommen wurde. Die jeweiligen Herstellerfirmen der Magister haben ferner 62 Maschinen für die Bundesrepublik, 16 für Israel, 18 für Österreich, 20 für Finnland, 48 für Belgien und Holland, 4 für Kambodscha, 6 für den Kongo, 8 für Marokko, 7 für Brasilien und 4 für den Libanon gebaut. Weitere 188 Flugzeuge wurden in der Bundesrepublik von Heinkel und Messerschmitt für die Luftwaffe in Lizenz gefertigt. Andere Lizenznehmer sind die finnische Firma Valmet und die Israel Aircraft Industries, die 62 bzw. 36 Maschinen dieses Typs herstellten. Die Standardausführung CM 170 Magister wird von zwei Turboméca Marboré IIA-Strahltriebwerken von je 400 kp Schub angetrieben und kann zwei Maschinenkanonen sowie zwei 110 lb-Bomben, vier 55 lb-Raketen, bis zu 36 kleinere Raketen oder zwei AS.11-Lenkwaffen an Unterflügelstationen mit sich führen. Die letzten 130 für die französischen Luftstreitkräfte und für Brasilien gelieferten Maschinen sind Super Magister mit Marboré IV-Triebwerken von je 480 kp Schub. Die 32 CM 175 Zephyr der französischen Marine, deren erste am 30. Mai 1959 zum ersten Mal flog, unterscheiden sich von der Standard-Magister durch ihre Eignung für Trägeroperationen. Daten (Magister): Spannweite 12,15 m, Länge 10,06 m, Abfluggewicht 3200 kg, Höchstgeschwindigkeit 715 km/h, Reichweite 1200 km.

PZL-104 Wilga CP/Gelatik Polen/Indonesien

Der Prototyp des Ausgangsmusters Wilga 1 hatte am 24. April 1962 Erstflug und hatte einen 180 hp Narkiewicz WN-6B-Motor als Antrieb. Rumpf und Heckbaugruppe wurden später vollständig umkonstruiert, was zu der jetzigen schlanken Linienführung der Wilga 2 führte. Die Wilga 2 hatte am 1. August 1963 – ausgerüstet mit einem 195 hp WN-6RB-Motor – Erstflug. Weitere Prototypen folgten nach, die sowohl als viersitzige Verbindungsflugzeuge als auch als Landwirtschaftsflugzeuge ausgestattet waren. Darunter befand sich auch eine von einem 225 hp Continental

O-470-Motor angetriebene Maschine. 56 Flugzeuge dieses Typs werden in Lizenz in Indonesien gebaut (Bezeichnung Gelatik) und stehen im Dienst der Luftstreitkräfte dieses Landes. Die in Polen hergestellten Standardmodelle sind die Wilga 35 mit 260 hp Iwtschenko AI-14R-Sternmotor und die Wilga 32 mit 230 hp Continental O-470-Motor. Daten (Gelatik): Spannweite 11,20 m, Länge 8,30 m, Abfluggewicht 1150 kg, Höchstgeschwindigkeit 203 km/h, Reichweite 500 km, Foto: Gelatik.

Republik F-84G Thunderjet USA

Die F-84G Thunderjet steht heute noch in Portugal und Jugoslawien im Einsatz. Die Thunderjet ist ein einsitziger, mit einem Allison J35-A-29-Triebwerk von 2540 kp Schub ausgerüsteter Jagdbomber, der mit sechs 0,5 Zoll-Maschinenkanonen und vier 1000 lb-Bomben oder bis zu 32 5 Zoll-Raketen an Unterflügelstationen bewaffnet werden kann. Die Maschine kann im Flug

betankt werden. Die maximale Reichweite liegt bei 3282 km. Der F-84-Prototyp hatte am 28. Februar 1946 Erstflug. In den folgenden sieben Jahren wurden insgesamt 4457 Maschinen dieses Typs gebaut. Daten: Spannweite 11,10 m, Länge 11,60 m, Abfluggewicht 10 680 kg, Höchstgeschwindigkeit 1000 km/h.

SAAB-29 Schweden

Die SAAB-29, der erste in Großserie in Westeuropa gebaute Strahljäger mit Pfeilflügel, hatte am 1. September 1948 Erstflug und trat im Mai 1951 - als einsitziger Interzeptor J29A - in den Dienst der schwedischen Luftstreitkräfte. Später folgten Erdkampf- und Fotoaufklärerversionen. Die SAAB-29 konnte noch Ende der sechziger Jahre in - allerdings abnehmenden - Zahlen in Schweden beobachtet werden: bei Trainingseinsätzen auf dem schwedischen Luftwaffenkolleg in Uppsala und als Zielschleppflugzeuge. Die letzte Serienversion war die J 29F, die mit einem Nachbrennertriebwerk Svenska Flygmotor

R.M.2B (D.H.Ghost) von 2798 kp Schub und einer Bewaffnung von vier 20 mm-Kanonen, zwei Sidewinder-Lenkwaffen, 550 lb-Bomben oder Raketen unter der Tragfläche ausgerüstet ist. 30 J 29F wurden in den Jahren 1961 und 1962 an die österreichischen Luftstreitkräfte für Jagdbomber- und Aufklärereinsätze ausgeliefert. Von diesen ist noch ca. die Hälfte einsatzbereit. Ab 1971 wurden sie jedoch von der SAAB-105Ö abgelöst. Daten (J 29F): Spannweite 11,00 m, Länge 10,12 m, Abfluggewicht 8000 kg, Höchstgeschwindigkeit 1059 km/h, max. Reichweite 2696 km.

SAAB-91 Safir Schweden

Die SAAB-91A, ein zwei- bis dreisitziger Anfangstrainer, startete am 20. November 1945 zum Erstflug. Der Prototyp war mit einem 145 hp D.H. Gipsy Major 10-Motor ausgerüstet. Die SAAB-91B wurde auf einen 190 hp Lycoming O-435-A-Motor umgerüstet. Diese Version wurde zum Standardtrainer der schwedischen Luftwaffe, die davon 75 Stück unter der Bezeichnung Sk50B einführte, der norwegischen (25 Stück) und der äthiopischen Luftstreitkräfte (16 Stück). Die SAAB-91C unterschied sich von der B-Variante lediglich durch vier Sitze - sie wurde an die schwedischen (14 Sk50C) und äthiopischen

Luftstreitkräfte (14 Stück) geliefert. Die letzte Version war die SAAB-91D, die im wesentlichen der C entspricht, aber einen 180 hp Lycoming O-360-A1A-Motor, einen Propellerspinner, einen Generator größerer Leistung und Rudertrimmung besitzt. Aufträge auf die D kamen von den Luftstreitkräften Finnlands (35), Tunesiens (15) und Österreichs (24). Einschließlich der Zivilbestellungen wurden 320 Safir gebaut. Daten (SAAB-91D): Spannweite 10,59 m, Länge 8,03 m, Abfluggewicht 1206 kg, Höchstgeschwindigkeit 258 km/h, Reichweite 1062 km, Foto: österreichische SAAB-91D.

SIAI-Marchetti S.208M   Italien

Der Prototyp des fünfsitzigen Leichtflugzeugs
S.208 flog am 22. Mai 1967 erstmals. Er wies
viele Komponenten der populären SIAI-Mar-
chetti-Baureihe S.205 auf, hatte jedoch eine
größere Sitzplatzkapazität und ein leistungsstärkeres Triebwerk (einen 260 hp Lycoming O-540-
E4A5). Zusätzlich zur zivilen Produktion der
S.208 baut das Unternehmen auch die S.208M

bezeichnete Militärversion für die italienischen
Luftstreitkräfte. Diese unterscheidet sich vom
Standardmodell durch eine abwerfbare Kabinentür und wird für Verbindungs- und Trainingsflüge eingesetzt. Daten: Spannweite 10,86 m,
Länge 8,00 m, Abfluggewicht 1350 kg, Höchstgeschwindigkeit 320 km/h, max. Reichweite
2000 km.

SIAI-Marchetti SF.260M   Italien

Der Prototyp dieses dreisitzigen Leichtflugzeugs, das von Stelio Frati entworfen wurde,
wurde als F.250 von Aviamilano gebaut und flog
am 15. Juli 1964 erstmals. Die Serienfertigung
wurde vom SIAI-Marchetti durchgeführt, wo man
den 250 hp-Originalmotor durch einen 260 hp
Lycoming O-540-E4A5 ersetzte und die Bezeichnung in SF-260 änderte. Zusätzlich zu den 100
zivilen SF.260, die in großer Zahl als Airline-
Trainer verwendet werden, sind bei SIAI-Mar-

chetti Bestellungen auf 56 Militärversionen mit
der Bezeichnung SF.260M eingegangen, die
von den Luftstreitkräften von Belgien (36), des
Kongo (12) und Zambias (8) stammten. Die
Militärversion hat eine größere Ruderfläche und
Spezialausrüstung für militärische Trainingsein-
sätze. Daten: Spannweite 8,25 m, Länge 7,02 m,
Abfluggewicht 1102 kg, Höchstgeschwindigkeit
375 km/h, max. Reichweite 2050 km.

SIAI-Marchetti SM.1019   Italien

Dieses zweisitzige leichte militärische STOL-Flugzeug ist eine Turboprop-Ableitung aus der Cessna L-19/0-1 Bird Dog, die entweder als vollkommen neues Flugzeug angeboten wird oder durch umfangreiche Modifikationsarbeiten an bereits existierenden L-19-Mustern entstehen kann. Die gesamte Zelle wurde modernisiert, um den gegenwärtigen Betriebsanforderungen zu entsprechen, und mit neuen, eckigen Leitwerksflächen ausgerüstet. Ferner wurde der Rumpfbug für die Aufnahme des 317 shp Allison 250-B15G-Turboproptriebwerks verlängert. Bis zu 227 kg Bomben, Leuchtkörper oder Minigun-Behälter können an zwei Unterflügelstationen mitgeführt werden. Der SM.1019-Prototyp hatte am 24. Mai 1969 Erstflug und wurde 1970 einer Bewertung unterzogen, die zu Aufträgen in der Größenordnung von 100 bis 200 Serienmaschinen seitens der italienischen Streitkräfte führen könnte. Daten: Spannweite 10,97 m, Länge 8,43 m, Abfluggewicht 1140 kg, Höchstgeschwindigkeit 302 km/h, max. Reichweite 1230 km.

SAN/Robin Jodel D.140R Abeille   Frankreich

Die Abeille, die erstmals Mitte 1965 flog, ist eine Segelflugschlepp-Spezialversion der D.140E Mousquetaire IV, die ihrerseits von der Société Aéronautique Normande aus der Jodel-Leichtflugzeugfamilie abgeleitet wurde. Die französischen Luftstreitkräfte bestellten bei SAN eine Reihe von Arbeille, um damit ihre Segelfliegerklubs auszustatten. Als das Unternehmen in Konkurs ging, wurden die Vertragsverpflichtungen von Avions Pierre Robin in Dijon übernommen, wo jetzt die Serienfertigung der früheren SAN-Jodel-Typen stattfindet. Die Abeille bietet vier Personen Platz und wird von einem 180 hp Lycoming O-360-A2A-Motor angetrieben. Daten: Spannweite 10,27 m, Länge 7,82 m, Abfluggewicht 1200 kg, Höchstgeschwindigkeit 250 km/h, Reichweite 1400 km.

Scottish Aviation Bulldog   Großbritannien

Dieser zweisitzige Anfangstrainer wurde ursprünglich von der Firma Beagle Aircraft unter der Bezeichnung B.125 Series 1 entwickelt. Die Ganzmetallzelle entspricht im wesentlichen der zivilen Beagle Pup; es wurden nur Struktur- und Ausrüstungsänderungen vorgenommen, soweit es die militärischen Erfordernisse bedingten. Insbesondere ist die Bulldog mit einer abwerfbaren Schiebehaube ausgerüstet und wird von einem 200 hp Lycoming IO-360-A1C-Motor angetrieben. Die Sitze liegen nebeneinander. Der Prototyp hatte am 19. Mai 1969 Erstflug. Als die Firma Beagle Konkurs anmeldete, wurde die Serienfertigung von Scottish Aviation übernommen, um den Aufträgen, die von den Luftstreitkräften Schwedens (58 Bestellungen und 45 Optionen) und Kenias (5) eingegangen waren, zu entsprechen. Die Bezeichnung der schwedischen Luftstreitkräfte für die Bulldog wird SK 61 lauten. Die erste Bulldog der schwedischen Luftstreitkräfte hatte am 14. Februar 1971 Erstflug. Daten: Spannweite 10,06 m, Länge 7,07 m, Abfluggewicht 1065 kg, Höchstgeschwindigkeit 261 km/h, Reichweite 1010 km.

Short Skyvan Series 3M   Großbritannien

Der Prototyp der Militärversion des Mehrzweck-STOL-Transporters Skyvan, die Skyvan Srs. 3, hatte Anfang 1970 Erstflug. Dieses Flugzeug wird von zwei 715 hp AiResearch TPE 331-201-Turboproptriebwerken angetrieben und kann 22 ausgerüstete Soldaten, 12 Tragbahren und zwei Helfer oder ein Gewicht von 2722 kg Fracht transportieren. Die Kabine betritt man über eine Heckladerampe. Zu der verwendeten Spezialausrüstung gehört ein Bendix-Wetterradar im Rumpfbug, nach innen blickende Fallschirmjägersitze, Tragbahreninstallationen und Antriebsrollen im Kabinenboden. Zu den ersten ausgelieferten Militärmaschinen gehörten zwei Exemplare an die österreichischen Luftstreitkräfte und eines für die Luftstreitkräfte des Sultans von Muskat und Oman. Weitere Skyvan werden von der indonesischen Luftwaffe (siehe Foto) und den Luftstreitkräften von Nepal, Ekuador und Argentinien verwendet. Daten: Spannweite 19,79 m, Länge 12,60 m, Abfluggewicht 6577 kg, Höchstgeschwindigkeit 323 km/h, max. Reichweite 1062 km.

Sikorsky S-55 und H-19 Chickasaw   USA

Der H-19 ist das militärische Pendant des zivilen Sikorsky S-55 und ist für die Aufnahme einer Besatzung von zwei Mann im Cockpit und bis zu 10 Soldaten oder sechs Tragbahren in der Kabine ausgelegt. Das Hauptunternehmen baute insgesamt 1281 Maschinen dieses Typs, von denen die meisten an die US-Streitkräfte ausgeliefert wurden. Zu den gebauten Versionen gehören der UH-19B der US Air Force, der UH-19D der Army, der CH-19E des Marine Corps und der UH-19F der Navy, die samt und sonders mit 800 hp Wright R-1300-3-Triebwerken ausgerüstet sind, sowie der UH-19C der Army, der als Antrieb einen 600 hp Pratt & Whitney R-1340 besitzt. 44 Einheiten wurden von Mitsubishi in Japan für militärische und zivile Zwecke gebaut. Mehr als 20 weitere Luftstreitkräfte setzten Versionen des S-55 und H-19 als Mehrzweck-, Such-, Rettungs- und Evakuierungshubschrauber etc. ein. Daten (mit R-1300-Triebwerk): Rotordurchmesser 16,15 m, Länge 12,88 m, Abfluggewicht 4037 kg, Höchstgeschwindigkeit 180 km/h, Reichweite 579 km, Foto: H-19D (Brasilien).

Sikorsky S-62 und HH-52A   USA

Der für 12 Passagiere bestimmte S-62A verwendet viele Komponenten des S-55, darunter das Haupt- und Heckrotorsystem. Sein 730 shp General Electric CT58-110-Triebwerk liefert 130 PS mehr als das Kolbentriebwerk des S-55, ist jedoch viel leichter, so daß der S-62A eine viel größere Nutzlast als dieser transportieren kann. Der Prototyp hatte am 14. Mai 1958 Erstflug. Der S-62B entspricht im wesentlichen dem S-62A, ist jedoch mit dem Hauptrotorsystem des S-58 ausgerüstet, dessen Hauptrotordurchmesser allerdings verringert wurde. Insgesamt 99 mit Spezialausrüstung versehene Such- und Rettungsmodelle tun bei der US Coast Guard unter der Bezeichnung HH-52A Dienst. Der S-62C ist die Zivilversion und die für den Export bestimmte Variante des HH-52A und steht bei den Streitkräften Indiens, Japans und der Philippinen im Einsatz. Ferner fliegt die thailändische Polizei dieses Modell. Davon wurden einige Maschinen in Japan bei Mitsubishi montiert. Daten (HH-52A): Rotordurchmesser 16,16 m, Länge 13,59 m, Abfluggewicht 3756 kg, Höchstgeschwindigkeit 175 km/h, max. Reichweite 763 km.

Soko G2-A und G 3 Galeb   Jugoslawien

Die G2-A Galeb, deren Prototyp erstmals im Mai 1961 flog, ist ein zweisitziger Tandemtrainer für die Anfangsschulung. Diese Maschine ist eine konventionelle Konstruktion und wird - wie viele ähnliche Flugzeuge in anderen Ländern auch - von einem Rolls-Royce Bristol Viper-Strahltriebwerk angetrieben. Der zweite Prototyp, der im Jahre 1962 Erstflug hatte, wies eine Reihe von Verbesserungen auf und entsprach der Serienversion, von der viele Maschinen für die jugoslawischen Luftstreitkräfte gebaut werden und dort bereits Dienst tun. Die Serien-G2-A ist mit dem Viper 11 Mk.22-6 einer Schubleistung von 1134 kp ausgerüstet. Für Waffentraining oder

leichte Erdkampfeinsätze kann die Galeb mit zwei 0,50 Zoll-Maschinenkanonen und Unterflügelstationen für die Aufnahme von Bomben und Raketen ausgerüstet werden. Ferner steht die G 3 Galeb mit einem Viper 20-F20-Triebwerk von 1540 kp Schub in der Entwicklung, die mit dem Rumpfmittel- und -hinterteil der J-1 Jastreb (siehe Seite 126) und einer vergrößerten Waffenzuladung ausgestattet ist. Zwei Galeb wurden an Zambia geliefert. Daten (G2-A): Spannweite 11,62 m, Länge 10,34 m, max. Abfluggewicht 3828 bis 4178 kg, Höchstgeschwindigkeit 812 km/h, Reichweite 1240 km.

Stampe S.V.4   Belgien

Dieser belgische „Zeitgenosse" der Tiger Moth hatte 1933 Erstflug. Den Antrieb lieferte ein 120 hp D.H.Gipsy III-Motor. Dem Prototyp folgte die Serienversion S.V.4B (siehe Foto), die mit einem 130 hp Gipsy Major-Motor ausgerüstet war. 65 Einheiten dieser Version wurden nach dem Krieg an die belgischen Luftstreitkräfte geliefert. Sie hatten ein geschlossenes Tandem-Cockpit für den Flugschüler und den Lehrer.

Ungefähr sieben Maschinen werden heute noch verwendet, um die SIAI-Marchetti SF.260-Trainer auf der Grundflugschule in Gossoncourt zu ergänzen, wo die Flugschüler 30 Flugstunden auf Propellermaschinen ableisten müssen, bevor sie auf die strahlgetriebenen Magister-Trainer umsteigen dürfen. Daten: Spannweite 7,98 m, Länge 6,78 m, Abfluggewicht 772 kg, Höchstgeschwindigkeit 200 km/h.

Sud-Ouest S.O.30P Bretagne   Frankreich

Der Prototyp dieses mittleren Transportflugzeugs wurde noch während des Zweiten Weltkriegs gebaut, hatte jedoch erst nach der Befreiung Frankreichs Erstflug. Die ersten beiden Serienmuster waren als 30-sitzige Verkehrsflugzeuge ausgelegt, aber die Bretagne wurden nie in den Zivildienst gestellt, sondern gingen in überwiegender Mehrheit der insgesamt 40 gebauten Maschinen an die französischen Streitkräfte. Die französischen Luftstreitkräfte setzten die Bretagne für Verbindungsflüge ein. 10 der von der Marine betriebenen Flugzeuge wurden als 43-sitzige Passagiertransporter ausgestattet, die anderen 10 Maschinen taten als gemischte

Passagier-Frachtflugzeuge Dienst; von ihnen stehen heute noch vereinzelte Exemplare im Einsatz. Einige Flugzeuge mit der Typenbezeichnung S.O.30P-1 sind mit zwei 2000 hp Pratt & Whitney R-2800-B43-Motoren ausgerüstet, während die S.O.30P-2 von zwei 2400 hp R-2800-CA18-Triebwerken angetrieben wird. Einige Marinemaschinen können mit einem kleinen Hilfsstrahltriebwerk unter jedem Flügel bestückt werden. Daten (S.O.30P-2): Spannweite 26,87 m, Länge 18,95 m, Gesamtgewicht 20 025 kg, Höchstgeschwindigkeit 463 km/h, Reichweite 2808 km.

TS-11 Iskra   Polen

Die TS-11 Iskra (Funke) hatte am 5. Februar 1960 Erstflug. Bei der Entwurfsausschreibung um einen neuen Strahltrainer der Warschaupaktstaaten belegte diese Konstruktion hinter dem tschechischen L-29-Delfin-Trainer nur den zweiten Platz. Aber Polen entschloß sich dennoch zur Fortführung der Entwicklungs- und Fertigungsarbeiten an der Iskra, und die erste Maschine dieses Typs wurde im März 1963 offiziell den jugoslawischen Luftstreitkräften übergeben. Die Serienfertigung lief im Jahr darauf an und wurde bis 1970 fortgesetzt. Die Iskra ist eine konventionelle, mit zwei Sitzen in Tandeman-

ordnung und einem in Polen konstruiertem SO-1-Strahltriebwerk von 1000 kp Schub ausgerüstete Konstruktion. Frühere Modelle besaßen das HO-10 von 800 kp Schub. Maschinenkanonen und Unterflügelstationen zur Aufnahme von Bomben und Raketen können zum Einbau gelangen. Im September 1964 stellte eine Iskra vier internationale Rekorde in der Klasse C-1-d auf, darunter einen Geschwindigkeitsrekord von 839 km/h über einen 15/25 km-Kurs. Daten: Spannweite 10,06 m, Länge 11,15 m, max. Abfluggewicht 3600 kg, Höchstgeschwindigkeit 800 km/h, Reichweite 1000 km.

Tupolew Tu-114   UdSSR
(NATO-Codebezeichnung Moss)

Dieses bordgestützte Warn- und Leitsystem der Sowjetunion verursachte große Überraschung im Westen. Als es 1968 erstmals in einem sowjetischen Dokumentarfilm gezeigt wurde, hatte die US Air Force zu diesem Zeitpunkt doch gerade erwogen, die Produktion einer ähnlichen Maschine in Angriff zu nehmen, die auf der Boeing 707 basiert. Die Moss - die sowjetische Typenbezeichnung ist unbekannt - leitet sich vom Transporter Tu-114 her, der von vier 14 795 shp-Kusnetsow NK-12MV-Turboproptriebwerken angetrieben wird. Es ist leicht möglich, daß die Moss durch Umbau von ehemaligen Aeroflot-Tu-114 entstand. Sie ist mit einem großen „Unter-

tassen"-Radom über dem Rumpf ausgerüstet, mit dem die gegnerischen einfliegenden Kampfflugzeuge auf große Entfernungen geortet werden können, und kann höchstwahrscheinlich auch für die Leitung der sowjetischen Interzeptoren gegen den Feind benützt werden. Zu der verwendeten neuen Ausrüstung zählen eine Flugbetankungssonde im Rumpfbug, eine Ventralflosse und viele außen am Rumpf angeordnete Antennen und Verkleidungen. Daten (Tu-114-Verkehrsflugzeug): Spannweite 51,10 m, Länge 54,10 m, Abfluggewicht 171 000 m, Höchstgeschwindigkeit 870 km/h, max. Reichweite 8950 km.

Tupolew Tu-124   UdSSR
(NATO-Codebezeichnung Cookpot)

Die maßstäblich verkleinerte Version des ersten Strahlverkehrsflugzeugs der UdSSR, der Tu-104, hatte im Juni 1960 Erstflug und war das erste sowjetische Transportflugzeug, das mit Zweikreistriebwerken ausgerüstet war. Dieser Flugzeugtyp steht in großen Zahlen bei der Aeroflot im Dienst. Drei Exemplare wurden an die tschechoslowakische Luftverkehrsgesellschaft CSA ausgeliefert, und einige Maschinen fliegen für

die Luftstreitkräfte der DDR, des Irak und Indiens. Von einigen Maschinen weiß man, daß sie bei den sowjetischen Luftstreitkräften im Einsatz sind. Die Standard-Airliner-Version wird von zwei Solowiew D-20P von 5400 kp Schub angetrieben und bietet 56 Passagieren Platz. Daten: Spannweite 25,55 m, Länge 30,58 m, Abfluggewicht 38 000 kg, Höchstgeschwindigkeit 970 km/h, max. Reichweite 2100 km.

Typ 214-D   Jugoslawien

Der Prototyp des Typs 214-D hatte - angetrieben von zwei 480 hp Ranger SVG-770-Triebwerken - im Jahre 1951 Erstflug. Der Entwurf entstand aufgrund einer Forderung der jugoslawischen Luftstreitkräfte nach einem zweimotorigen Besatzungstrainer und Transportflugzeug. Bei den Serienmustern wurde eine Umrüstung auf zwei 600 hp Pratt & Whitney R-1340-AN-1-Sternmotoren vorgenommen, und diese Maschinen stehen seit 1957 im Einsatz. Als Transporter kann die 214-D eine Besatzung von zwei Mann und acht Passagiere befördern. In ihrer Haupteinsatzrolle als Besatzungstrainer wird die Maschine für die Ausbildung von Piloten, Navigatoren, Bombenschützen und Funkbesatzungen verwendet. Die 214-D ist eine Holzkonstruktion. Lediglich die Hecksteuerflächen sind Metallkonstruktionen mit Stoffbespannung. Übungsbomben und -raketen können unter der Fläche mitgeführt werden. Daten: Spannweite 16,19 m, Länge 11,20 m, Abfluggewicht 5026 kg, Höchstgeschwindigkeit 364 km/h, Reichweite 1078 km.

UTVA-60 und UTVA-66   Jugoslawien

Die jugoslawischen Luftstreitkräfte haben eine ganze Reihe dieser robusten viersitzigen Mehrzweckflugzeuge im Dienst, die von der Fabrika Aviona UTVA in Pancevo gebaut werden. Die UTVA-60, die von einem 270 hp Lycoming GO-480-B1A6-Motor ausgerüstet ist, wird in der Standardmehrzweck-, Trainings-, Landwirtschafts- und Ambulanzversion hergestellt. Ferner existiert eine Schwimmerversion mit der Bezeichnung UTVA-60H, die von einem 296 hp Lycoming GO-480-G1H6-Motor angetrieben wird. Die UTVA-60H steht ebenso wie die neue UTVA-66, die in den gleichen Versionen wie die 60 gebaut und von einem GSO-480-B1J6-Motor angetrieben wird, im militärischen Einsatz. Die UTVA-66 hat ferner feste Vorflügel, größer bemessene Leitwerkflächen, eine vergrößerte Treibstoffkapazität und weist noch andere Änderungen gegenüber der 60 auf. Daten (UTVA-66): Spannweite 11,40 m, Länge 8,38 m, Abfluggewicht 1814 kg, Höchstgeschwindigkeit 250 km/h, max. Reichweite 750 km, Foto: UTVA-66.

Vertol H-21 Workhorse und Shawnee   USA

Der Erstflug des Prototyps des Piasecki (später Vertol) Model PD-22-Transporthubschraubers erfolgte am 11. April 1952. 18 Maschinen dieses Typs wurden für Evaluationszwecke unter der Bezeichnung YH-21 bestellt. Das Serienmuster Piasecki 42, von dem ungefähr 200 Stück unter der Bezeichnung H-21A (für Rettungseinsätze) und H-21B (für Transportereinsätze) an die US Air Force geliefert wurden, entsprachen im wesentlichen dem Prototyp. Eine große Zahl von H-21 wurden später an das Military Air Transport Service geliefert, um dort als SH-21B für Rettungseinsätze verwendet zu werden. Diese Maschinen erhielten 1962 die Bezeichnung HH-21B. Die US Army beschaffte 334 H-21C (spätere Be-

zeichnung CH-21C) Shawnee für den Transport von 20 Passagieren oder einer entsprechenden Frachtmenge. Das Vertol-Modell 44 war eine verbesserte Version des H-21. Elf Maschinen dieses Typs gingen an die schwedische Marine, wo sie die Bezeichnung HKP-1 führen. Davon stehen noch einige Exemplare im Dienst. Ferner fliegen H-21 und Vertol Modell 44 in immer kleiner werdender Zahl bei den Luftstreitkräften von Kanada, Frankreich (siehe Foto), der Bundesrepublik und Japans. Daten (CH-21C): Rotordurchmesser 13,41 m, Länge 16,00 m, Abfluggewicht 6033 kg, Marschgeschwindigkeit 162 km/h, Antrieb: 1 Wright R-1820-103-Kolbenmotor von 1425 hp.

Vickers Varsity T.Mk.1   Großbritannien

Der Forderung der Royal Air Force nach einem Mehrzweck-Besatzungstrainer konnte durch den Umbau der Vickers Valetta leicht entsprochen werden: Dazu wurde lediglich der Einbau eines Bugradfahrwerks und verschiedener Spezialgeräte für das Besatzungstraining vorgenommen. Der Rumpfbug wurde verlängert, die Spannweite vergrößert, und schließlich wurde eine Verkleidung an der Rumpfunterseite angebracht, die die Bombenschützenstation und 272 kg Übungsbomben aufnehmen konnte. Das Ergebnis war ein Flugzeug, mit dem Piloten,

Funker, Navigatoren und Bombenschützen ausgebildet werden konnten. Der Prototyp der Varsity hatte am 17. Juli 1949 Erstflug. Insgesamt wurden in den nächsten 4 1/2 Jahren 164 Maschinen dieses Typs produziert. Sie stehen heute noch beim Training Command der Royal Air Force im Einsatz. Daten: 2 Bristol Hercules 264-Kolbenmotoren von je 1950 hp, Spannweite 29,15 m, Länge 20,58 m, Abfluggewicht 17 000 kg, Höchstgeschwindigkeit 463 km/h, Reichweite 4264 km.

Vickers Viscount   Großbritannien

Die Viscount steht in großen Zahlen als Verkehrsflugzeug im Dienst der Airlines, wird jedoch auch von den brasilianischen Luftstreitkräften für VIP-Transporteinsätze verwendet. Drei früher bei der Turk Hava Yollari, der türkischen Fluggesellschaft, eingesetzte Maschinen dieses Typs fliegen jetzt für die türkischen Luftstreitkräfte. Die Vickers Viscount 700 wird ferner von der Empire Test Pilots' School in Großbritannien in zwei Exemplaren betrieben. Insgesamt wurden 444

Viscount gebaut, von denen das erste Muster 1953 den Dienst aufnahm und das letzte im Frühjahr 1964 aus der Halle rollte. Die Series 700 wird von vier 1540 shp Rolls-Royce Dart Mk.506-Turboproptriebwerken angetrieben und befördert bis zu 63 Passagiere. Daten: Spannweite 28,56 m, Länge 24,93 m, Abfluggewicht 28 576 kg, Reichweite 2897 km bei einer Fluggeschwindigkeit von 515 km/h.

Westland Whirlwind   Großbritannien

Der Whirlwind Series 1 war ein in Lizenz gebauter Sikorsky S-55-Hubschrauber. Später wurde der Whirlwind-Entwurf jedoch in bedeutendem Umfang weiterentwickelt. Beim Whirlwind Series 2 wurde der ursprünglich verwendete Wright- oder Pratt & Whitney-Kolbenmotor durch einen 750 hp Alvis Leonides Major ersetzt, der der Maschine beträchtlich bessere Flugleistungen verlieh. Der Series 3-Whirlwind, der am 28. Februar 1959 Erstflug hatte, wurde wieder mit einem neuen Triebwerk ausgerüstet, nämlich mit der Wellenturbine Rolls-Royce Bristol Gnome H.1000 von 1050 shp. Insgesamt wurden über 400 Series 1 und Series 2 - Whirlwind für den Zivil- und Militäreinsatz gebaut, darunter eine ganze Reihe für die Royal Air Force und die Royal Navy. Heute stehen Hubschrauber dieses

Typs noch bei sieben Luftstreitkräften als Transporter, die 10 Passagiere, sechs Tragbahren oder die gleiche Menge Fracht befördern können, und ferner als Such- und Rettungshubschrauber etc. im Einsatz. Viele Whirlwind der Royal Air Force und der Royal Navy wurden auf Series 3-Standard gebracht, in H.A.R.Mk.10 bzw. Mk.9 umbenannt und ergänzten die vollkommen neu gebauten Series 3-Muster. Die Ghana Air Force besitzt drei Series 3 Whirlwind (siehe Foto); die brasilianische Marine fliegt fünf und die nigerianischen Luftstreitkräfte eine Maschine dieses Typs. Daten (Series 3): Rotordurchmesser 16,1 m, Länge 13,46 m, Abfluggewicht 3629 kg, Höchstgeschwindigkeit 170 km/h, Reichweite 556 km.

Yakowlew Yak-12 (NATO-Codebezeichnung Creek)

UdSSR

Das Ausgangsmuster der Yak-12, eines viersitzigen Verbindungs- und Beobachtungsflugzeugs, hatte entweder einen M-11FR-1 oder einen M-11L-Motor von nur 160 hp als Antrieb, der in der verbesserten Yak-12R des Jahres 1952 durch einen 240 hp AI-14R-Motor ersetzt wurde. Bis 1954 war die Yak-12 eine in gemischter Holz-Metallbauweise erstellte Maschine. Nach der Änderung in eine reine Ganzmetallkonstruktion wurde der Entwurf in Yak-12M umbenannt. Gleichzeitig wurde der Rumpf um fast 0,6 m verlängert und eine kleine Rückenflosse hinzugefügt. Die Yak-12 führt die NATO-Codebezeichnung Creek-A, die Yak-12R heißt Creek-B

und die Yak-12M wird Creek-C bezeichnet. Eine später entstandene, stark umgebaute Version ist die Yak-12A (Creek-D) mit zulaufenden Außenflügelendkanten und einer Einzelflügelstrebe auf jeder Seite, die eine Geschwindigkeit von 214 km/h und eine Reichweitenleistung von 111km erzielt. Die Yak-12M und die Yak-12A wurden auch in Polen gebaut. Eine modifizierte Version wurde in China produziert, den Antrieb lieferte ein M-11FR-Motor. Daten (Yak-12M): Spannweite 12,60 m, Länge 9,00 m, Abfluggewicht 1450 kg, Höchstgeschwindigkeit 180 km/h, Reichweite 765 km.

Yakowlew Yak-18 (NATO-Codebezeichnungen Max und Mouse)

UdSSR

Dieses robuste Ganzmetallflugzeug war in verschiedenen Ausführungen der Standardtrainer der sowjetischen Luftstreitkräfte für die Anfangsschulung, rüstete aber seit 1946 auch zivile Flugschulen aus und steht heute noch in einem Dutzend anderer Länder im Einsatz. Seit dem ersten Modell, dem Tandem-Zweisitzer Yak-18 (NATO-Codebezeichnung Max) mit 160 hp M-11FR-Motor und Spornradfahrwerk, sind zahlreiche Versionen erschienen. Darunter be-

finden sich die Yak-18U mit Bugradfahrwerk und verlängertem Rumpf, die Yak-18A mit 300 hp AI-14RF-Motor, die Yak-18P-Einsitzerversion der Yak-18A mit nach vorn und nach innen einziehbaren Fahrwerkbeinen, die einsitzige Kunstflugversion Yak-18PM und die viersitzige Yak-18T. Daten (Yak-18A): Spannweite 10,60 m, Länge 8,53 m, Abfluggewicht 1320 kg, Höchstgeschwindigkeit 300 km/h, Reichweite 700 km, Foto: Yak-18P.

Index

Fotos